❋ | FISCHER

Philipp Möller

ISCH GEH BUNDESTAG

Wie ich meiner
Tochter versprach,
die Welt zu retten

FISCHER

Originalausgabe

Erschienen bei FISCHER Taschenbuch
Frankfurt am Main, Oktober 2019

© 2019 S. Fischer Verlag GmbH,
Hedderichstr. 114, D-60596 Frankfurt am Main

Satz: Dörlemann Satz, Lemförde
Druck und Bindung: CPI books GmbH, Leck
Printed in Germany
ISBN 978-3-596-29882-2

Für meine Kinder

Inhalt

Na, das geht ja gut los   9
Wie alles begann   16
Kinder, wie die Zeit vergeht   18
Alle schlechten Dinge sind 12,6   21
Der Super-GAU   26
Wenn's weiter nichts ist …   29
Nix zu lachen   35
Wer macht das Spiel?   39
Eiskalt erwischt   46
Should I stay or should go?   59
Die Heißzeit kommt   70
Das Ende ist Nahles   73
Das Schicksal unseres Landes in den Händen von Workaholics   80
Die Faschos kommen   85
Mein erster echter Bundestag   89
Tschüs, Fritz!   106
#unfassbar   108
Ein Weihnachtsengel namens Greta   113
Erster Tag bei Lukas   118
Die Bienchen und die Blümchen   122
Reingefallen   132
FDP AK 6   138
Umweltausschuss FDP   145
Im Lampenladen   157

Die organisierte Weltrettung 161
Lukas' Rede 166
Mittag mit der AfD 174
Der FDP fehlt die Emoción! 180
Die Uhr tickt 187
Eine grenzwertige Debatte 191
Willkommen in St. Bundestag 194
Auch Meinungen können
   waffenscheinpflichtig sein 202
Stachelmann 213
Johannes' Rede 224
Fitness für Fakten 230
Rosling in der Bibliothek 242
Auf zu neuen Ufern 248
Wozu noch rechnen lernen? 256
Grüner wird's nicht! 268
Die Gretchenfrage mal anders 280
Lukas nervt 291
Todesangst im Bundestag 296
FFF-Demo 305
Der Abschied von den Grünen 314
Sahra Wagenknecht 317

Anmerkungen 325

Na, das geht ja gut los

»Manchmal komm' ich mir hier vor wie im Irrenhaus!« Der junge Mann betritt vor mir eine Treppe im Jakob-Kaiser-Haus, also dem Gebäude, in dem ein Großteil der Abgeordnetenbüros des Bundestages untergebracht ist. Er hat eine tiefe Stimme und ein junges Gesicht und ist 1986 geboren. Ich folge ihm, denn ab heute bin ich sein Weltrettungspraktikant.

»Echt – ist es so schlimm?«, frage ich. Zugegeben, das ist kein Satz, den ich von einem Abgeordneten erwartet hätte, vor allem nicht, weil ich ihn erst seit etwa fünfzehn Minuten kenne. »Meinst du jetzt innerhalb deiner eigenen Partei oder im Gespräch mit den anderen Fraktionen?«

»Alter, nein!« Er lacht schallend durch das ganze Treppenhaus. »Wobei auch das manchmal vorkommt. Mir geht es eher um die Architektur – schau doch mal ...« Er zeigt auf die Stahlgeländer, hinter denen auf allen Etagen rechts und links die Bürotüren liegen. Von der Treppe aus können wir sie gut einsehen. »Stell dir einfach vor, in jeder Tür wär so ein kleines Schiebefensterchen ...«

»... und dann kommen die Wärter«, setze ich seinen Satz nickend fort, »und bringen das Essen!«

»Exakt, kluger Praktikant!« Er lacht wieder, zieht eine Augenbraue hoch und zeigt auf ein Poster mit einer blauweißen bayerischen Fahne, das im fünften Stock an einer Bürotür hängt.

»CSU?«, frage ich ihn, doch er schüttelt den Kopf und zeigt auf das Türschild, auf dem drei ganz andere Buchstaben stehen. Mein Lächeln fällt mir aus dem Gesicht. »Ach du Sch...«

»Sch!«, unterbricht er mich und zeigt dezent auf einen hageren, jungen Mann mit grauem Anzug und blondem Seitenscheitel, der gerade aus einem gläsernen Fahrstuhl steigt und uns entgegenkommt.

Und weil der Typ höchstwahrscheinlich zu der Partei gehört, deren Einzug in den Bundestag mich unter anderem zu der Erkenntnis gebracht hat, diese Welt müsse vor ihm und seinesgleichen gerettet werden, senke ich lieber meinen finsteren Blick und beiße mir auf die Unterlippe, als wir an ihm vorbeigehen. Er hingegen nickt uns zu.

»Hey!«, sagt er im Vorbeigehen – und bleibt dann stehen. »Philipp Möller?« Er lächelt mich aus blauen Augen an und streckt mir seine Hand entgegen. »Wir haben uns ja ewig nicht gesehen.«

Fuck. Woher kenne ich den Kerl doch gleich? Doch nicht etwa privat? Und was soll jetzt mein vorübergehender Vorgesetzter von mir denken?!

»J... Ja.« Mehr fällt mir erst mal nicht ein. »Der bin ich.«

»Wir kennen uns doch«, sagt er freundlich und schaut dann meinen Begleiter an. »Ich bin Felix Thiessen von der AfD, hallo.«

»Ich bin Lukas«, sagt mein vorübergehender Vorgesetzter mit Bariton-Stimme. Auf den Zusatz, dass er hier Abgeordneter ist, verzichtet er genauso wie auf die drei Buchstaben, die seine Zugehörigkeit zu einem der Bundestags-Teams verraten würden. »Ich geh schon mal vor, bis gleich!«

»Äh... Wo muss ich denn genau hin?«

»Ist ganz easy«, sagt Lukas. »Du gehst hier bis zum Fahrstuhl, fährst ins UG, nimmst den Tunnel durchs JKH Nord, und bevor's zum RTG geht, biegst du zu, PLH ...« Er blinzelt. »Frag einfach jemanden oder ruf mich an.«

So kommt es, dass ich ungefähr in meiner siebzehnten Minute als Weltrettungspraktikant allein mit einem AfD-Mann auf dem Flur des Bundestags stehe und ein Pläuschchen halte. Und keinen blassen Schimmer habe, wer er ist.

»Wir sind uns vor zehn Jahren mal begegnet«, erkennt er wohl meine Ratlosigkeit, »damals wollte ich mich auch in Sachen Atheismus engagieren ...«

»Aha.« Ich schaue auf den kleinen Schwarzrotgold-Button an seinem Revers und grinse ihn frech an. »Und dann bist du versehentlich rechts abgebogen, ja?«

»So hätte ich das jetzt nicht gesagt ...« Er rollt lächelnd mit den Augen. »Ich bin dann zur Jungen Alternative gegangen, und damit war ich nicht mehr so gern gesehen in euren Kreisen.«

»Ach, du warst das!« Jetzt erinnere mich an ihn. Wollte bei unserer saugeilen Buskampagne mitmachen, der Typ, weil er sich so über den Islam aufgeregt hat. Ich hatte aber schon damals den Eindruck, es gehe ihm nicht nur um die Ideologie des Islam, sondern auch um Muslime – was den gravierenden Unterschied ausmacht. Daher war ich ganz froh, dass er auf einmal von meiner Bildfläche verschwunden war. »Aber dir ist schon klar, warum du damit bei uns nicht mehr gern gesehen warst, oder?«

»Ja. Na ja.« Er schaut nach oben und nickt langsam. »Aber sag mal: Was machst du denn hier im Bundestag?«

»Ach du, das ist eine lange Geschichte.«

»Für lange Geschichten ist im Bundestag keine Zeit«, sagt er grinsend.

»Na gut: Ich habe meiner achtjährigen Tochter versprochen, die Welt zu retten.«

»Die Welt retten?« Er lacht laut, was ich bei allen anderen ja auch provozieren will, bei ihm und seinen Kollegen aber irgendwie gar nicht witzig finde. »Wovor denn genau?«

»Wovor genau?« Ich raufe mir die Haare. »Klimawandel, massive Jobverluste durch Digitalisierung, Vertrauensverlust in die Demokratie, Lobbyismus, soziale Spaltung, explodierende Mieten, Rechtsnationa...« Ich stocke. »Also ...«

»Schon klar.« Er zieht eine Augenbraue hoch. »Wir werden natürlich als Bedrohung wahrgenommen.«

»Wahrgenommen?« Jetzt muss ich lachen. »Was sagte eurer Chefpopulist doch gleich am Wahlabend: Wir werden sie jagen?!«

»Ach komm!« Felix schüttelt den Kopf. »Das war politisch gemeint.«

»Schon klar.« Jetzt ziehe ich eine Augenbraue hoch, und an der Stelle merken wir wohl beide, dass diese Debatte zwischen Tür und Angel wenig Sinn ergibt.

»Und wie willst du hier die Welt retten?«, fragt er.

»Erst einmal will ich herausfinden, welche Parteien sich daran beteiligen«, beginne ich, woraufhin Felix nickt.

»Wir auf jeden Fall«, sagt er mit fester Stimme. »Das wissen die anderen nur nicht.«

Stille.

»Ich hab mir jedenfalls das Ziel gesetzt«, fahre ich fort, »eine Rede vorm Bundestag zu halten!«

»Aha.« Er lacht wieder. »Also wenn ich das mal zusammenfassen darf: Du versprichst deiner Tochter, die Welt zu retten, heuerst hier als Praktikant an ...«

»Als Weltrettungspraktikant, bitte sehr – so viel Zeit muss sein!«

»Okay, sorry. Und dann willst du eine Rede vor dem Plenum halten und damit die Welt retten?«

»… und am Ende noch ein Buch darüber schreiben, genau.« So gesagt klingt es natürlich vollkommen unrealistisch, aber das werde ich gegenüber jemandem von der AfD ganz sicher nicht zugeben – schon aus Prinzip nicht! »Genau so werde ich das machen.«

»Klingt spannend«, sagt er. »Und warst du schon bei jemandem von uns?«

»Nee.«

»Haste aber sicher vor, oder?«

»Klar!« Meine Nase juckt. »Voll gerne!«

»Na dann …« Er greift in die Innentasche und zückt sein Kärtchen. »Meld dich gern bei mir! Für Weltrettungspraktikanten haben wir immer Platz – und zu verbergen haben wir bei der AfD schließlich auch nichts.« Dann streckt er mir wieder seine Hand entgegen.

»Abgemacht!« Ich schlage ein. »Demnächst komme ich zum Kaffee rum, und dann schauen wir nach einem Termin, ja?«

»Gerne – aber nur wenn du mir dann erzählst«, sagt er winkend, »wie du auf diese verrückte Idee gekommen bist.«

Ich drehe mich um und gehe mit gerunzelter Stirn weiter. Habe ich mich da gerade wirklich mit der AfD verabredet, heilige Scheiße?! Und von welcher verrückten Idee spricht der Kerl eigentlich – etwa von der Weltrettung?

Was soll denn daran verrückt sein? Ich dachte, genau darum geht es hier, und daher wüsste ich ehrlich gesagt nicht, wie ich meine Lebenszeit besser verbringen könnte. Wie kann ich denn schließlich als junger Vater, als Vollblutdemokrat und bekennender Friedens- und Freiheitsfanatiker tatenlos dabei zusehen, wie das System, in dem wir weltweit leben, mit zunehmender Geschwindigkeit auf den Abgrund zurast? Weil wir Menschen uns wie nimmersatte Raupen durch den Planeten fressen, haben wir den Klimawandel auf ein nie dagewesenes Tempo beschleunigt, haben das Artensterben mit unserem Raubbau an der Natur auf ein trauriges Rekordmaß gebracht und sehen mit einem Schulterzucken dabei zu, wie Naturkatastrophen immer mehr Opfer fordern? Armut, Hunger und Pandemien breiten sich aus, und zusätzlich sorgen Krieg und religiöser Terror für humanitäre Krisen und ganze Völkerwanderungen. Doch auch das luxuriöse System des Westens, in dem wir Klospülungen mit Trinkwasser bedienen, ist so ausgehöhlt, dass nur noch seine Fassaden stehen, wie der Philosoph Philipp Blom[1] bemerkt. Längst hat das katastrophal schlechte Migrationsmanagement unserer Regierung die tatsächlichen Herausforderungen schöngeredet und damit das Einfallstor für die Rechtsnationalisten geöffnet. Seit langem hat der moralbefreite Immobilienmarkt die Wohnungspreise auf ein perverses Niveau geschraubt und lässt einen Großteil der Gesellschaft abstürzen. Rentenkassen werden geplündert, soziale Sicherungssysteme marodieren langsam, aber sicher, und Kommunen, Städte und ganze Länder sind so heillos überschuldet, dass es nur eine Frage der Zeit ist, wann sie vor dem Kapitalismus kapitulieren. Und nicht zuletzt hat unser Bildungssystem seinen Namen kaum noch verdient. Das musste nicht nur ich am eigenen Leib erfahren, sondern inzwischen auch meine Tochter, die exakt jene Schule besuchen muss, über die ich mein erstes Buch[2] geschrieben habe, weil wir keine bezahlbare Wohnung mehr in einem anderen Einzugsgebiet gefunden haben. Das ist also die globale Situation am Ende des zweiten Jahrzehnts des dritten Jahrtausends:

Die Raffgier der westlichen Welt verursacht die Armut der restlichen Welt, und es bedarf erst des Muts einer schwedischen Teenagerin Namens Greta Thunberg, diese unangenehme Wahrheit auszusprechen. Ich finde, in dieser Situation kann man schon mal die Welt retten wollen.

Dennoch ist meine Geschichte bis in den Bundestag natürlich ein bisschen komplizierter …

Wie alles begann

Sie beginnt mehr als ein Jahr vor meinem Flur-Schwätzchen mit dem AfD-Mitglied, und zwar mit einer Szene, die im Leben eines jungen Vaters eigentlich ganz normal sein könnte:

Dieser junger Vater – das bin ich – steht mit seiner Frau Sarah, seiner sechsjährigen Tochter Klara an der Hand und seinem dreijährigen Sohn Anton auf den Schultern an einer roten Fußgängerampel. Zwei Meter vor ihnen brettern Autos vorbei, Fahrradfahrer brüllen Autofahrer an, Autofahrer hupen und brüllen zurück, es stinkt. Alles ganz normal also – wäre da nicht die Tatsache, dass es sich bei der Kreuzung, an der wir stehen, nicht um irgendeine Kreuzung handelt, sondern um einen von Berlins knackigsten Unfallschwerpunkten mit zwei Autospuren, einer Busspur und einem Fahrradweg in alle vier Richtungen, dazu Autobahnauf- und -abfahrten, die S-Bahn über uns, die Autobahn unter uns, ein Supermarkt mit Open-Air-Kneipe davor, mehrere Bushaltestellen, ein kombinierter Ampel- und Geschwindigkeitsblitzer, umgefahrene Laternen mit Scheinwerfersplittern und diesem weißen Pulver davor, dazu die Ein- und Ausgänge der Bahnhöfe sowie Taxistände und Park-and-Ride-Stellplätze … Willkommen im urbanen Verkehrsparadies, Feinstaub, Stickoxid und totem Winkel inklusive, was vor allem jetzt, an diesem eigentlich sehr schönen Morgen im September, bedeutet: Car Wars in der Rushhour.

»Papa?«

Klara hält meine Hand und blinzelt mich von unten gegen die Morgensonne an. Ihre braunen Augen sind groß, ihr Stupsnäschen klein und ihr dunkelblondes Haar zu zwei Zöpfen geflochten. Sie ist für ihr Alter eher groß und trägt heute nicht nur ein Kleid, das ihre Oma selbst genäht hat, sondern auch eine Schultüte, die Sarah und ich heute Nacht noch gebastelt haben.

»Was denn, meine Süße?«

»Darf ich später eigentlich auch alleine zur Schule gehen?«

»Na ja«, sagt Sarah. »Irgendwann vielleicht mal …«

Wir beobachten die Autos, Busse, Fahrräder, Lastwagen und Transporter, die sich vor uns entlangschlängeln. Nach der Ampel passieren wir einen riesigen LIDL-Markt, dann eine Shisha-Bar, ein Sportwettbüro und einen Spätkauf, die offenbar alle zusammengehören, und laufen dann am Bezirksrathaus vorbei. Auf dessen Vorplatz tummeln sich unzählige Menschen in abgetragener Kleidung; ihre Kinder sitzen in alten Buggys, die größeren spielen fröhlich miteinander, wohingegen im Gesicht der Eltern wenig Fröhlichkeit zu sehen ist. Kein Wunder, denn wenige Monate nach dem historischen Spätsommer 2015 wurde das gesamte Rathaus zu einer Flüchtlingsunterkunft umfunktioniert.

»Schon krass«, sagt Sarah leise, »was die alles erlebt haben müssen – furchtbar.«

»Tja, die Welt wird immer ungemütlicher, und Deutschland ist eben ein Teil davon.« Ich seufze. »Bin mal gespannt mit wie viel Prozent die AfD in zwei Wochen in den Bundestag einziehen wird …«

Und dann kommt etwas, das fühlt sich wirklich komisch an.

Kinder, wie die Zeit vergeht

»Papa, warst du wirklich mal Lehrer hier?«
»Ja, Süße.«
Ich seufze wieder, und als Sarah mich ebenso traurig anschaut, geht mir noch einmal durch den Kopf, wie es dazu kommen konnte, dass wir unsere Tochter heute tatsächlich auf exakt jener Schule einschulen müssen, die ich vor über fünf Jahren in meinem ersten Buch beschrieben habe. Denn als wir unsere heutige Wohnung damals mit viel Glück bekommen haben, war die Freude natürlich groß: drei Zimmer, 110 Quadratmeter Stuckaltbau mit Südbalkon und Wannenbad für 700 Euro Warmmiete – das klingt heute wie ein Märchen. Dass die Wohnung im Einzugsgebiet dieser Katastrophenschule liegt, war uns damals natürlich egal, denn auch als unsere zuckersüße Klara das Licht der Welt erblickte, wussten wir ja, dass wir noch sechs Jahre Zeit haben, eine neue Wohnung zu finden. Vielleicht hätten wir wissen müssen, dass der Berliner Immobilienmarkt so explodiert; dass wir es in fast drei Jahren Wohnungssuche nicht geschafft haben, in die Nähe einer besseren Schule zu ziehen; und dass intakte Schulen in unserer Gegend so restlos überlaufen sind, dass uns einfach nichts anderes übrigblieb. Tja, Berlin wollte ja immer Weltstadt werden – jetzt haben wir den Salat.
»Aber, Papa?« Klara schaut sich auf dem Hof um, auf dem sich die Eltern ihrer neuen Schulkameraden jetzt sammeln. Viele mit Kopftüchern und Kinderwagen, andere mit großflä-

chigen Tattoos, getönten Haaren und E-Zigaretten, und eine Familie hat ihren gar nicht mal so putzigen Maulkorb-Köter mitgebracht. »Hier ist es irgendwie hässlich, finde ich.«

»Aber immerhin kommt deine beste Freundin in deine Klasse«, versucht Sarah sie aufzumuntern.

»Stimmt.« Klara zuckt mit einer Schulter. »Ich freu mich ja auch. Irgendwie.«

Okay, das fühlt sich nicht komisch an, sondern einfach nur scheiße. Denn beim Anblick des Schulhofs erinnere ich mich an die Zeilen, die ich damals ins Nachwort meines ersten Buchs geschrieben habe: »Ich stelle mir vor, wie das kleine Wesen, um das sich Sarah und ich mehrere Jahre sorgsam gekümmert haben, in sechs Jahren durch die schmutzigen Hallen eines trostlosen Schulgebäudes läuft. Wie es versiffte Toiletten benutzen muss, von frustrierten und ausgebrannten Lehrern unterrichtet und von dissozialen Mitschülern beschimpft und geschlagen wird … Alles, denke ich mir, alles nur, damit mein Kind nicht einer solchen Welt ausgesetzt ist, mit der ich mich hier täglich herumschlage.«[3]

Aber alles hat nicht funktioniert. Der Wohnungsmarkt ist inzwischen geisteskrank, und die einzige Schule im Kiez, die einen alternativen Platz für Klara gehabt hätte, gilt als noch schlimmer. Das schöne Schöneberg hingegen, wo eine Wohnung wie unsere heute mehr als das doppelte kostet, ist nicht weit. Dort sind unsere Freunde, unsere Lieblingscafés, Spielplätze, Restaurants und nette Bars. Und weil ich von damals außerdem noch den Schulleiter und die Kollegen kenne – so reden wir uns das zumindest schön –, besteht hier noch eine gewisse Chance, dass Klara nicht vollends unter die Räder gelangt, die sich hier munter drehen – zumindest, bis wir endlich eine andere Wohnung gefunden haben.

»Ich komme mir richtig schlecht vor«, sagt Sarah, als

Klara ihre Freundin entdeckt hat und sich mit ihr über ihre Schultüte unterhält.

»Wobei?« Wir schauen gemeinsam über den Schulhof.

»Ich fühle mich schlecht dabei, mich beim Anblick der Klientel schlecht zu fühlen.«

»Da bist du nicht die Einzige«, beruhige ich sie. »Das will natürlich niemand zugeben, aber über Multikulti lesen die meisten doch lieber in der Zeitung als im Klassenbuch ihrer Kinder.«

»Vielleicht schauen wir ja doch mal am Stadtrand nach einer Wohnung…«

»Jetzt machen wir erst mal gute Miene zum bösen Spiel, okay?« Ich winke meinen Eltern, die natürlich auch zur Einschulung gekommen sind. »Immerhin ist das ein wichtiger Tag in Klaras Leben.«

Alle schlechten Dinge sind 12,6

»Papa, Papa, Papa!« Als ich am Freitag der ersten Schulwoche im Hort ankomme, hüpft Klara mir freudestrahlend in den Arm. »Ich hab ganz viel Skippo gespielt heute.«

»Toll!« Mein Blick schweift durch den riesigen Raum, in dem alle Kinder durcheinanderplappern, die meisten allerdings eher schreien. Dann nutze ich meinen patentierten Flugzeugtrick: Bei beunruhigenden Turbulenzen schaue ich immer die Stewardessen an. Sind sie entspannt, bin ich es auch. Da wir wegen des Klimawandels kaum noch fliegen, ist das eigentlich egal – aber hier funktioniert der Trick auch, wobei die Erzieher eher nach Absturz aussehen. Und dabei hatte mein alter Chef mir bei der Anmeldung noch vorgeschwärmt, was sich hier alles verbessert habe ... Da war wohl der Wunsch Vater des Gedanken. »Und wie war's im Unterricht?«, frage ich Klara.

»Gut.« Sie spitzt die Lippen. »Aber Frau Kleine hat ganz schön viel geschimpft.«

»Mit dir?«

»Nee, mit den Jungs.« Sie fängt an zu zappeln und hüpft von meinem Arm. »Können wir jetzt endlich gehen?!«

In der zweiten Woche bin ich wiederum total zappelig, denn die Bundestagswahl steht uns am Sonntag bevor, und die AfD liegt in den Prognosen bei unfassbaren zwölf Prozent[4] – womit sie bei Fortsetzung der GroKo die stärkste Oppositionspartei im Bundestag wäre. Und wenn der Aufwärtstrend dieser Partei so weitergeht ... wenn die nächste Flüchtlingswelle kommt ... wenn erst die Klimaflüchtlinge kommen, die das Milliönchen von 2015 locker in den Schatten stellen werden ... und wenn die etablierten Parteien weiterhin so sträflich schlechte Politik machen, dann ... Das Einzige, was mir in dieser Situation noch hilft, ist ausblenden – aber das wird nicht mehr lange funktionieren.

Klara ist eher still, als ich sie morgens zur Schule bringe.

»Freust du dich auf die Schule?«

»Joa.« Sie schaut auf den Boden und schießt ein Steinchen vor sich her. »Ich freu mich auf Vicki.«

»Wie sind denn die anderen Kinder in deiner Klasse?«

»Nett. Also die meisten. Manche. Manche Mädchen sind nett.« Sie schaut mich kurz an. »Aber die reden immer so komisch. Und die Jungs sind gemein. Und immer laut. Immer.«

Klaras zweite Schulwoche vergeht ohne weitere Vorkommnisse – was sich für die politische Landschaft unseres Landes nicht sagen lässt: Die Straßen sind mit Wahlplakaten gepflastert, die Zeitungen online und offline von Wahlprognosen überschwemmt, und nach dem politischen Flirt zwischen Angela Merkel und dem gehypten Martin Schulz, das der Öffentlichkeit als TV-Duell verkauft wurde, sitzen Sarah und ich am Sonntagabend mit steinerner Miene vorm Fernseher und verfolgen die Hochrechnungen.

»Das gibt's doch alles gar nicht«, raune ich beim Anblick des wachsenden blauen Balkens. »Das ist ja der absolute Albtraum!«

Als das vorläufige amtliche Ergebnis bekanntgegeben wird, gefriert mir das Blut in den Adern: Meine ehemalige Lieblingspartei stürzt von zuletzt 25 auf 20 Prozent ab – das Ende ist Nahles! Die Union der Kanzlerin verliert – dank Flüchtlings- und Demokratiekrise – sogar fast neun Prozentpunkte, bekommt aber immerhin noch ein Drittel aller Sitze im Bundestag. Linke und Grüne bleiben unverändert bei knapp zehn Prozent – da waren meine Stimmen diesmal doch gut angelegt – und die FDP zieht nach vier Jahren außerparlamentarischer Opposition wieder in den Bundestag ein, was mir allerdings mit Hochgeschwindigkeit am politischen Hintern vorbeigeht. Nur beim letzten Ergebnis schnürt sich mir die Kehle zu: Noch nicht einmal drei Generationen sind seit Hitler vergangen, und heute setzen unfassbare 12,6 Prozent, also fast sechs Millionen Menschen, ihr Kreuz bei der AfD! Aber das ist eben die grausame globalpolitische Wahrheit des frühen 21. Jahrhunderts: Ein herrschsüchtiger Irrer regiert die USA, ein herrschsüchtiger Patriarch Russland und ein herrschsüchtiger Despot die Türkei. Die Karikatur eines Diktators hat Nordkorea in der Hand, was in Afrika politisch los ist, will ich gar nicht wissen, die arabische Welt ist ohnehin im Würgegriff der Gotteskrieger, der Iran mit seinem Mullah-Regime allen voran. In China stecken 1,5 Milliarden Menschen in einer kommunistischen Diktatur und bauen ein Kohlekraftwerk nach dem anderen, noch einmal 1,3 Milliarden Inder ... ach, keine Ahnung, was in Indien abgeht, aber der Hinduismus und das immer noch in der Gesellschaft bestehende Kastendenken ist doch auch komplett balla-balla. In Südamerika regiert das Koks, Europa kippt nach rechts, und jetzt sitzt auch noch die braune Gefahr im deutschen Parlament. Und angesichts der Entwicklung dieser Welt wird eine Frage immer lauter: Wie werden meine Kinder wohl mal leben – und wie meine Enkel?

Als die Wahlergebnisse nahezu sicher sind, schaltet die ARD in die Parteizentralen, wo weitgehend lange Gesichter zu sehen sind – nicht so bei der AfD, dort herrscht Pogromstimmung, und drei Personen stehen vor der jubelnden Menge: ein Mann in einem dunklen Anzug und mit einem falschen Lächeln, eine Frau mit Kurzhaarfrisur, die aussieht, als hätte sie in ihrem Leben noch nicht ein einziges Mal gelächelt, und am Mikrophon steht ein Typ, der ein Tweetjackett trägt und eine Krawatte, auf der Jagdhunde abgebildet sind. So wie ihn stelle ich mir den bösartigen Nachbar vor, der Kindern Backpfeifen für Klingelstreiche gibt, seinen alten Opel mit Lenkradfell besser pflegt als sich selbst und umgehend das Ordnungsamt ruft, wenn jemand vor seiner Einfahrt parkt.

»Widerliche Typen«, sage ich zu Sarah.

»Da wir ja nun offensichtlich drittstärkste Kraft sind«, sagt der böse Nachbar jetzt mit kratziger Stimme, »kann sich die Bundesregierung warm anziehen.« Und als die Menge anfängt zu jubeln, ruft er ins Mikrophon: »Wir werden sie jagen!« Ich erstarre. Hat er das jetzt wirklich gesagt?! »Wir werden Frau Merkel oder wen auch immer jagen«, wiederholt er nun, »und wir werden uns unser Land und unser Volk zurückholen!«[5]

»Mach bloß aus, die Scheiße!«, sage ich zu Sarah, gehe Zähne putzen und verkrieche mich unter meiner Decke. Es ist so weit: Die Nazis sind wieder da! Erst als Pegida auf den Straßen, dann als AfD in den Landtagen, und jetzt auch im Bundestag. Mit pochendem Herzen liege ich im Bett und entdecke ein Buch des Philosophen Philipp Blom auf meinem Nachttisch, vor dem ich mich bisher gedrückt habe: *Was auf dem Spiel steht,*[6] heißt es, und netterweise hat der Verlag schon aufs Cover geschrieben, worum es geht: Klima, Demokratie, Freiheit, Menschenrechte, Arbeit, Wohlstand, Toleranz.

»Wir leben in Gesellschaften, in denen die Zukunft keine Verheißung mehr ist, sondern eine Bedrohung«, steht im Einband, »Kein Planet B« ist die Überschrift des Vorworts, und schon im ersten Teil haut der Philosoph seinen Leserinnen und Lesern um die Ohren, was meiner Generation mit viel Glück vielleicht noch erspart bleibt, aber spätestens Klara und Anton erwartet: »Millionenfache Migration, Klimawandel, kollabierende Sozialsysteme, explodierende Kosten, Bomben in Nachtklubs, Umweltgifte, ausbleichende Korallenriffe, massenhaftes Artensterben, versagende Antibiotika, Überbevölkerung, Islamisierung, Bürgerkrieg.«[7]

Alter Schalter – endlich erkennt es mal einer und bringt in so wenigen Worten auf den Punkt, was ich schon lange spüre: »Eine vage Panik kursiert in unseren Adern«, und mit jeder der folgenden Zeilen spüre ich ganz genau, dass er recht hat: »Kaum jemand in der reichen Welt glaubt noch ernsthaft, dass es den eigenen Kindern bessergehen wird, dass harte Arbeit belohnt wird, dass Politiker im Interesse ihrer Wähler handeln wollen oder können …«[8] In klaren Worten arbeitet sich Blom an zunehmendem Hunger, an der Abholzung der Regenwälder und dem dramatischsten unserer Probleme ab: dem Klimawandel. Und wenn der Golfstrom aufgrund der Erderwärmung nicht kollabiert, dann tue ich es gleich – so alarmierend sind die Details. Auf den folgenden 200 Seiten zerpflückt Blom die Unsäglichkeiten unserer Zeit, insbesondere den entarteten Konsum, der sich in der Religion des Kapitalismus manifestiert und uns per Digitalisierung und Automatisierung geradezu unweigerlich zu nutzlosem Vieh degradiert. Und weil er mir damit aus dem tiefsten Herzen spricht, verschlinge ich in dieser Wahlnacht das ganze Buch. An Müdigkeit ist nicht zu denken, denn seine Analyse ist so erschreckend präzise, dass ich beim letzten Satz eine Ganzkörpergänsehaut bekomme: »Was auf dem Spiel steht?«, fragt er, und gibt darauf die einzig wahre Antwort: »Alles.«[9]

Alles steht auf dem Spiel. Mit diesem Gedanken falle ich in einen traumlosen Schlaf.

Der Super-GAU

»Aber ich will nicht in die Schule!«, brüllt Klara und schmeißt am nächsten Morgen heulend ihren Ranzen in die Ecke. »Da isses immer so laut, und die Klos sind eklig, und die Jungs sind immer so fies und ...«

Den Rest verstehe ich nicht mehr, weil sie schluchzend ins Kinderzimmer stampft. Auf dem Schulweg bin ich von ihrer Trauer, aber auch von den Ergebnissen der Bundestagswahl und der grausamen Blom'schen Realität total zermürbt, dazu müde und abwesend, und male mir aus, wie Klara erst reagieren würde, wenn sie wüsste, was noch auf sie zukommt. Die Unfallschwerpunktkreuzung, die Shisha-Bar und das Flüchtlingsrathaus ziehen unbemerkt an mir vorbei, denn das Schlimmste an allem, was Blom beschrieben hat, ist ja: Die gigantischen Probleme, die auf die Generation meiner Kinder warten, müssten doch eigentlich von meiner Generation gelöst werden. Aber was sollen wir von diesem Politikstil denn noch erwarten? Von einem GroKo-Mikado – wer zuerst etwas bewegt, hat verloren – und von einer Regierung, die es nicht einmal schafft, die Diesel-Mafia zu zerschlagen? Ich könnte kotzen, und ausgerechnet heute habe ich um elf Uhr einen Termin, für den ich bis zum Tipi am Kanzleramt fahren muss. Dort findet nämlich die Vorbesprechung für eine Satire-Show statt, in der ich mein aktuelles Buch vorstellen soll.

»Papa?«, nölt Klara, als wir die Schule betreten. »Ich hab Bauchschmerzen.«

»Möchtest du etwas trinken?«

»Nein!« Sie stampft mit dem Fuß auf, woraufhin ich einmal tief durchatme. »Ich will auf deinen Arm!«

»Na gut.« Ich hebe sie hoch und drücke sie. »Aber dann muss ich auch los.«

»Nein, Papa – bitte!« Sie klammert sich an mir fest. »Bringst du mich noch in die Klasse?«

Ich schaue in ihre großen Augen und seufze.

Nach einem Gang durch das ranzige Gebäude erreichen wir die Klasse, wo die Lehrerin schon mit gerunzelter Stirn am Tisch sitzt und aus dem Fenster starrt – Stewardess-Test: durchgefallen. Als ich Klara verabschieden will, klammert sie sich heulend an mich, und als die Lehrerin mich leicht genervt anschaut, mache ich die harte Tour, reiße mich von ihr los und gehe einfach. Ihre weinenden Papa-Rufe verfolgen mich bis ins Erdgeschoss.

Auf der Straße angekommen, atme ich so lange tief durch, bis der Kloß in meinem Hals und die Tränen in meinen Augen verschwunden sind. Das wäre an der Schule im Nachbarbezirk wohl kaum passiert – aber die Wohnung, die wir uns dort zwei Wochen vor der Einschulung angeschaut haben, hätte knapp 1700 Euro Warmmiete gekostet.

Zerknirscht setze ich mich in die S-Bahn und steige am Brandenburger Tor aus. Tausend Touris, die sicherlich alle mit CO_2-Bombern eingeflogen sind, tummeln sich auf dem Pariser Platz, grinsen für den Selfie-Stick und trinken Kaffee aus Einwegbechern. Nach ein paar Metern durchschreite ich die ehemalige Grenze zwischen der westlichen Welt, die heute von dem orangen Freak regiert wird, und der östlichen, die in den Händen eines Zaren ist, der sich gern oben ohne auf einem Pferd ablichten und von orthodoxen Hasspredigern beraten lässt. Auf dem Weg Richtung Kanzleramt laufe ich über den Platz der Republik, wo ein Mann auf einer Bierkiste steht und eine Rede schwingt – als würde es auch nur das kleinste bisschen an dieser verkorksten Welt ändern. Die wirklich wichtigen Entscheidungen werden doch nicht hier draußen getroffen – sondern einzig und allein da drinnen. Ich bleibe einen Moment stehen und lasse den Bundestag auf mich wirken. Wie eine Festung steht er hier vor mir, uneinnehmbar, unverwüstlich. Ob die da drinnen eigentlich auch mal Bücher lesen? Ist denen eigentlich klar, in welches Debakel dieses System die globale Gesellschaft gerade führt? Oder denken die, hier draußen sei Friede, Freude, Eierkuchen?

Mein Telefon klingelt, ich kenne die Nummer auf dem Display nicht.

»Hallo?«

»Ist da Klaras Vater?«, fragt eine Frauenstimme. »Hier ist das Sekretariat ihrer Schule.«

»Ja.« Ich halte mir das andere Ohr zu. »Was ist denn los?«

»Sie müssten Klara bitte abholen«, sagt die Frau. »Jetzt gleich.«

»Jetzt gleich?! Aber …« Ich reibe mir die Augen und versuche so verständnisvoll wie möglich zu klingen. »Weint sie immer noch?«

»Nein, ähm …« Die Stimme wird leiser. »Sie hat sich in die Hosen gemacht.«

Wenn's weiter nichts ist ...

Als ich die Tür zum Sekretariat öffne, sitzt Klara wie ein Häufchen Elend auf der Krankenliege, die Beine angezogen, die Nase zwischen ihren Knien, die Augenbrauen schwer gerunzelt. Ihr Kleid steckt in einem zugeknoteten Müllbeutel, der neben ihr liegt, und sie trägt eine alte Jeans und ein T-Shirt.

»Hey!« Ich setze mich neben sie und lege meinen Arm um ihre Schultern, aber sie würdigt mich keines Blickes. »Wie ... Was ...« Ich seufze. »Komm, wir gehen!«

»Gerne – am liebsten für immer!«

»Jetzt erzähl doch mal«, sage ich auf dem Flur, »wie das passieren konnte.«

Wortlos greift sie nach meiner Hand, führt mich zu den Toiletten in der Nähe ihres Klassenraums und öffnet die Tür für mich.

»Aber, ich darf ...«

»Doch!«

Ich schaue mich prüfend um, gehe einen Schritt durch die Tür und sofort rückwärts wieder raus, so stechend ist der Geruch, der mir entgegenschlägt.

»Ach du Sch ...«

»Geh ruhig rein«, sagt sie mit verschränkten Armen, also ziehe ich mein Shirt über die Nase und gehe hinein. »Würdest du da raufgehen?«, ruft sie von draußen.

Kaputte Fliesen, lose Trennwände, keine Klobrillen, kein Toilettenpapier, dafür aber Bremsspuren im Abgang.

»So sehen hier alle Toiletten aus, Papa!« Sie verschränkt die Arme. »Und jetzt will ich nach Hause.«

»Ich habe eine bessere Idee«, sage ich zwinkernd. »Komm mal mit!«

Etwa hundert Meter von der Schule entfernt erreichen wir eine Unterführung. Darin stinkt es auf den ersten Metern genauso wie in den Schulklos, und lieblose Graffiti zieren die Betonwände. Ab der Hälfte des Tunnels sind die Wände jedoch gefliest, und der Gestank weicht dem Geruch des Blumenladens, dessen Verkäuferin uns freundlich anschaut – und dann tauchen wir im schönen Schöneberg wieder auf: Herrschaftliche Altbauen, allesamt saniert, säumen hier den breiten Gehweg mit historischen Gaslaternen und Straßenschildern. Eine Frau mit Hut und Dalmatiner kommt uns entgegen, dann betreten wir ein Café.

Zwei antike Sessel stehen dort auf einem Teppich vor einem Bücherregal, dazu ein kleiner Tisch mit der handgeschriebenen Kuchenkarte. Wir nehmen Platz, und als die Kellnerin kommt, sehe ich Klara heute zum ersten Mal lächeln.

»Kakao für dich, Kaffee für Sie?«, fragt sie direkt. »Und zwei Stück frisch gebackenen Apfelkuchen?«

Wir nicken synchron, und als ich Klara so anschaue, wie sie in fremden Jeans in dem großen Sessel sitzt, da macht sich eine traurige Erkenntnis in mir breit: Ich habe versagt. Der Immobilienmarkt hat uns abgehängt, und damit auch das Bildungssystem – du hast verkackt, Möller.

»Haben die Toiletten auf deiner Schule früher auch so gestunken?«, fragt Klara.

»Nee«, sage ich und denke an meine beschauliche Stadtrandschule der 1980er Jahre zurück. »Ein bisschen vielleicht, aber nicht so doll.«

»Warum ist das so?«

»Tja, eure Toiletten sind lange nicht repariert worden und werden wohl selten geputzt.«

»Warum?«

»Weil …« Ich schüttele langsam den Kopf. »Ich weiß es nicht.« Lange schaue ich Klara an. »Schon damals, als ich noch Lehrer auf deiner Schule war, sollten die Toiletten repariert werden.«

»Wer hat das gesagt?«

»Die Politiker.«

»Was sind Potilika?«

»Politiker sind Frauen und Männer, die dazu gewählt wurden, sich hier um alles zu kümmern.«

»Die Bestimmer?«

»… und Bestimmerinnen, ja, so ähnlich.«

»Dann musst du mal mit denen schimpfen, Papa!«

»Ich?!« Müde lächelnd nehme ich unsere Getränke und den Kuchen entgegen, von dem wir uns sofort ein Stück gönnen. »Wieso denn ich?«, frage ich mit vollem Mund.

»Dings, kumma«, sagt Klara und schluckt runter. »Wenn ich immer sage, dass ich mein Zimmer aufräume, aber ich mache es nicht – dann schimpfst du doch auch mit mir.«

»Na ja …« Ich nippe am Kaffee.

»Außerdem hast du mal gesagt, du kannst alles.«

»Das hab ich gesagt?!«

»Schon oft, ja.« Sie steckt mich mit ihrem Schmunzeln an. »Also?« Klara legt den Kopf schief.

»Weißt du …« Ich setze mich aufrechter hin. »Wenn ich das machen würde, dann müsste ich ganz schön viel mit denen schimpfen.«

»Wieso?«

»Weil …« Ich schaue einen Moment aus dem Fenster.

»Weil es eine Menge Dinge gibt, die eigentlich gemacht werden müssten.«

»Zum Ballspiel?«

»O je, das kann ich gar nicht alles aufzählen.«

»Wieso?« Sie zuckt mit der Schulter und greift nach ihrem Kakao. »Wir hamm doch Zeit.«

»Na gut, also …« Ich räuspere mich – wo fange ich denn jetzt an? »Es gibt leider immer mehr Menschen auf der Welt, die sehr, sehr arm sind.«

»Hundert?« Klara lässt ihre Beine baumeln.

»Viel, viel mehr.«

»Tausendhundert?«

»Noch mehr, aber das Problem ist: Es werden immer mehr, jeden Tag, weil jeden Tag ganz, ganz viele Babys geboren werden, vor allem bei den armen Menschen. Und die haben dann kein Essen und keine Wohnung und keinen Arzt und …«

»Aber warum geben wir denen nichts von uns ab?« Sie schaut auf ihren Kuchen. »Wir haben doch genug, oder?«

»Ja, eigentlich schon.«

Wir schweigen einen Moment lang. Klara schaut aus dem Fenster, an den Nachbartischen werden leise Gespräche geführt.

»Und was ist noch?«, fragt sie nach einer Weile.

»Okay, das wird jetzt ein bisschen komplizierter: Auf der Erde wird es immer wärmer, weißt du?«

»Ist doch schön«, sagt sie lächelnd. »Ich mag den Sommer.«

»Aber nicht, wenn er zu heiß wird. Dann regnet es nicht mehr, und die Leute können kein Gemüse mehr ernten und haben kein Trinkwasser. Der Wind wird doller, und das Meer wird ganz wild und …«

»Warum denn?«

»Weil wir Menschen so viel Auto fahren und Flugzeug fliegen«, erkläre ich ihr, »und weil wir unsere Wohnungen heizen und Strom verbrauchen.«

»Hm.« Sie lehnt sich zurück. »Dann müssen wir halt damit aufhören.«

»Das ist nicht so einfach.«

»Wieso nicht?«

»Na ja, die Menschen haben sich daran gewöhnt. Den Strom brauchen wir ja auch in den Krankenhäusern und Schulen und in den Fabriken und abends fürs Licht. Ohne Heizung frieren wir im Winter, und zu Mamas Eltern oder an die Ostsee fahren wir ja auch mit dem Auto. Wir sind sogar schon mal mit dem Flugzeug geflogen – weißt du noch?«

»Nach Majorka, das war so toll, da will ich noch mal hin!« Klaras Augen leuchten, dann runzelt sie aber schnell wieder die Stirn. »Aber wenn so viele Menschen so arm sind«, überlegt sie, »und es hier immer wärmer wird, dann müssen doch die Bestimmer was dagegen tun, oder?«

»Genau – machen sie aber nicht.«

»Und was passiert dann, wenn es immerimmerimmer wärmer wird und es immerimmerimmer mehr Menschen gibt?«

Na super, Möller – was willst du deiner sechsjährigen Tochter denn jetzt antworten? Naturkatastrophen mit Tausenden Toten? Artensterben? Hunger, Dürre, Pandemien? Krieg um letzte Ressourcen? Gigantische Flüchtlingswellen? Rechtspopulisten, die nach und nach Demokratie und Menschenrechte abbauen?

»Die Welt wird sich sehr ändern«, sage ich leise. »Und besser wird sie dabei nicht.«

»Hm.« Klara starrt auf den Tisch, dann schaut sie mich an. »Weißt du noch, Papa, als ich mal geträumt habe, dass unser Haus brennt?« Sie wartet, bis ich nicke. »Da hast du mich geweckt, weil ich ganz doll geweint habe. Und dann hast du gesagt, dass ich niemals Angst haben muss, weil du mich immer beschützt.«

»Tja, Süße – das würde ich auch gern, aber ...«

»Aber?« Sie blinzelt. »Du bist doch mein Papa!«

Klaras Augen sind riesig. Wenn alles gutgeht, dann sehen sie noch die nächste Jahrhundertwende. Und vielleicht ist ja doch noch Zeit, das Ruder herumzureißen. Wenn meine Generation es nur irgendwie schaffen könnte, dieses zerstörerische System zu stoppen, in dem wir leben – vielleicht besteht dann ja noch Hoffnung? Das wird schwer, sehr schwer, aber ... wenn alles auf dem Spiel steht, dann müssen wir auch alles geben, oder? Mit voller Kraft. Jetzt. Oder nie.

»Okay!« Ich strecke ihr meine Hand hin. »Von Vater zu Tochter: Ich kümmere mich darum – versprochen!«

Nix zu lachen

»… sagt der Ketzer Philipp Möller, meine Damen und Herren!«, ruft Florian Schröder ins Publikum und hält mein Buch hoch. 500 Handpaare klatschen. »*Gottlos Glücklich*, warum wir ohne Religion besser dran wären – sicherlich auch ein phantastisches Weihnachtsgeschenk, da freut sich doch die Omi! Danke dir, Philipp!«

»Danke dir – und Ihnen«, rufe ich in den Applaus, verbeuge mich einmal und schlüpfe dann wieder hinter die Bühne.

»Applaus.« Im Dunklen klatscht ein Mann langsam in die Hände, und als meine Pupillen sich geweitet haben, schaue ich in zwei wache Augen. »Würdest du dich das auch bei der AfD trauen?«, will er wissen.

»Was denn?«

»So gnadenlose Kritik zu üben, wie den Kirchen gegenüber.« Der Mann ist zwar eine Ecke älter als ich, hat aber eine jungenhafte, spitzbübische Art. »Wir sprechen uns nach der Show.«

Mit diesen Worten lässt er mich stehen. Gute Frage, die ich momentan ganz ehrlich verneinen müsste. Aber jetzt schaue ich mir erst einmal die restliche Show aus dem Publikum an. Ein paar Comedians später betritt endlich der geheimnisvolle Spötter die Bühne. Albrecht von Lucke heißt er und spricht mit Florian über das so ziemlich einzig relevante politische Thema, dass es gerade gibt: den Umgang mit der AfD, zu dem

Florian und er sehr unterschiedliche Standpunkte vertreten. Natürlich müsse man die AfD verarschen können, sagt der Moderator, denn spätestens seit dem islamistisch motivierten Massenmord der Redaktionsmitglieder des Satiremagazins Charlie Hebdo wüsten wir doch alle, was Satire darf: alles.

Das möge ja sein, hält Albrecht von Lucke wortgewaltig dagegen, aber schlau sei das trotzdem nicht, denn die AfD lebe von ihrer Opferrolle, und wenn »das Establishment« sie verarsche, vor allem Vertreter der »Lügenpresse«, die die Freunde der AfD als »Merkel-Schafe« bezeichnen, dann gebe man damit nur Wasser auf ihre Mühlen und verschaffe ihnen im abgehängten Teil der Bevölkerung nur zu mehr Wählerstimmen.[10]

Leicht ernüchtert applaudiert das Publikum den aufgebrachten Politologen von der Bühne und nimmt sehr dankbar den unterhaltenden Abschluss des Abends an: Nico Semsrott, von dem ich weiß, dass er auch spaßpolitisch unterwegs ist – bei DIE PARTEI.

Nach der Show treffe ich Florian in der Garderobe, der mir ein Bier in die Hand drückt und mich auf eine Terrasse führt, die direkt am Fuße des gigantischen Kanzleramts liegt. Lange muss ich meinen Kopf von links nach rechts drehen, um das gesamte, wuchtige Gebäude betrachten zu können. Auch einige der anderen Showgäste gesellen sich zu uns, und so stoßen wir bei herrlich frischer Dezemberluft auf den gelungenen Abend an.

»Aha!«, ertönt plötzlich die Stimme des Politologen. »Hier hat sich die Comedian-Bande also versteckt!« Mit wehendem Mantel und einer gerollten Zeitung in der Hand kommt er lächelnd auf uns zu. »Ihr seid mir ja ein paar tolle Hechte, echt beeindruckend, ehrlich! Hüpft hier über die Bühnen und macht eure Witzchen – doll, wirklich ganz doll!«

»Schön, dass Sie sich amüsiert haben«, kommentiert einer meiner Mitstreiter trocken.

»Darum geht's doch gar nicht!«, schimpft Lucke in unser Lachen hinein und hebt wieder seine Zeitung. »Habt ihr in den vergangenen Wochen mal in so etwas hier reingeschaut?!« Wir nicken alle brav. »Dann versteh ich ehrlich nicht, wie ihr hier noch so ruhig stehen und eure Späßchen machen könnt!«, sagt er laut. »Es ist nicht die Zeit zum Witzemachen. Da draußen bricht gerade die europäische Sozialdemokratie zusammen, gleichzeitig werden die Rechten immer stärker, die AfD sitzt mit fast hundert Mann im Bundestag – und was macht ihr?« Er breitet die Arme aus. »Hüpft über die Bühnen und macht eure Scherze!«

Dann wendet er sich direkt an mich und stößt mir mit der Zeitungsrolle fast auf den Solarplexus. »Ich hab dich davor gegoogelt, Religionskritik und so weiter, ist ja alles schön und gut.«

»Okay«, sage ich und schlucke, bevor der Politologe, einmal in Fahrt, schon wieder loslegt.

»Aber du verschwendest damit deine Zeit und deine Energie und deinen Grips. Wir haben doch tausend politische Probleme, die viel größer sind als deine Religionskritik: den Rechtspopulismus, die globale Migration, Digitalisierung, Klimawandel, soziale Spaltung und so weiter … und da regst du dich noch immer über die Kirchen auf, die doch ohnehin längst hochgradig säkularisiert sind?!«

»Im Moment regt sich hier eigentlich nur einer auf.« Ich grinse ihn an. »Was sollte ich denn Ihrer Meinung nach machen, Herr von Lucke?«

»Politik!« Er schlägt seine Zeitung in die Hand. »Typen wie du müssen in die Politik! Typen wie ihr: junge, pfiffige Kerle mit Köpfchen und Humor. Aber ihr bespaßt lieber die Bühne und holt euch euren billigen Beifall ab, während da draußen die Rechten das Land erobern. Gleichzeitig verliert die SPD den Boden unter den Füßen, weil der Partei die charismatischen jungen Leute fehlen!«

»Jetzt übertreiben Sie mal nicht so«, schaltet sich der Moderator sanft ein, »so schlimm ist es ...«

»Doch, so schlimm ist es! Die Populisten zu unterschätzen ist ein fataler Fehler, das wissen wir doch aus der deutschen Geschichte.« Von Lucke dreht sich langsam im Kreis und schaut uns an. »Ihr seid die junge Generation, energisch, eloquent und frech genug, denen die Stirn zu bieten. Und was macht ihr draus?« Während wir betreten schweigen, deutet er mit seiner Zeitung auf den Bundestag. »Da hinten müsst ihr hin, da spielt die Musik – und nicht in eurem komischen Zirkuszelt!« Er lächelt. »Sorry, nichts für ungut, das musste mal gesagt werden – tschüs, war nett mit euch.«

Wer macht das Spiel?

»Papa muss weg?« Anton schaut mich aus riesigen Augen an, als ich mit meinem Rollköfferchen im Flur stehe. »Papa nich gehn!«, jammert er und klammert sich an mein Bein. Klara schnappt sich das andere, und so stampfe ich mit zwei Kindern am Bein ins Wohnzimmer und lasse mich auf die Couch fallen.

»Ich bin doch morgen schon wieder da«, erkläre ich den beiden und streichle ihre Köpfchen, »und ich bringe euch auch etwas mit.«

»Was steht denn auf dem Programm?«, will Sarah wissen.

»Hab eine Lesung aus *Gottlos Glücklich*«, sage ich.

»Ist das wieder so ein Abend«, fragt sie zwinkernd, »wo du als Humanist mit Humanisten über Humanismus redest?«

»Sehr witzig!«

»Mal ehrlich – wird dir das nicht langweilig?«

Etwas beleidigt verlasse ich das Haus, was immer ein gutes Zeichen dafür ist, dass Sarah recht hat. Andererseits fuckt mich die ganze Sache mit der AfD so krass ab, dass ich durchaus mal drei Stunden gebrauchen kann, in denen ich einfach nur entspannt aus dem Fenster glotze.

Also: ab in den ICE, Ruheabteil, Tisch, Fensterplatz und Kopfhörer rein – Welt aus, Vivaldi an. Meine Augen fallen zu, und schon die ersten Takte seines Violinkonzerts in a-Moll sind über die schreckliche Verzahnung aller Probleme dieser Welt dermaßen erhaben, dass ich mich zurücklehnen und in Erinnerungen schwelgen kann. In Erinnerungen an eine Zeit, in der die Welt noch in Ordnung war – oder ich von all den Grausamkeiten einfach noch nichts wusste. An die Zeit, in der ich neben meinem Vater auf dem Klavierhocker saß und meine Beine baumeln lassen konnte, während er Sonaten übte und ich noch keinen blassen Schimmer davon hatte, dass insbesondere der Lebensstil unserer wohlhabenden westlichen Welt, mit Autos und Ölheizungen und Wiener Würstchen, maßgeblich zum Leid der restlichen Welt beiträgt. In der ich nicht ahnen konnte, dass ich mal Vater eines Kindes sein werde, das eine Brennpunktschule besuchen muss, weil geldgeile Immobilienspekulanten meine Heimatstadt im Würgegriff haben. Und vor allem eine Zeit, in der ich nicht wissen konnte, dass wenige Tage nach ihrer Einschulung eine verfassungsfeindliche Partei in den Bundestag einziehen wird, die beste Kontakte in die rechte und ultrarechte Szene pflegt ... Verdammt nochmal – wie konnte das nur passieren?!

Wie hat es eine AfD in den Bundestag geschafft? Wie konnte diese Partei, von der längst bekannt ist, dass sie nicht einfach nur europakritisch und rechtskonservativ, sondern richtiggehend rechts ist, knapp sechs Millionen Menschen davon überzeugen, ihnen ihre Zweitstimme zu geben?[11] Und an dieser Stelle hat der aufbrausende Journalist aus der Satire-Show doch einfach recht: Spätestens mit der Anwesenheit der AfD im Bundestag sollten wir doch wirklich alle demokratischen Kräfte mobilisieren, diesen Zustand wieder zu beenden – was ja irgendwie auch zu meinem Versprechen gehört, das ich Klara gegeben habe. Da man Probleme aber nur lösen kann, wenn man sie verstanden hat, komme ich wohl nicht länger um die Auseinandersetzung mit den Ursachen für diesen Schlamassel herum. Also: Vivaldi aus, Welt an, Buch raus:

Die Grenzen der Toleranz – Warum wir die offene Gesellschaft gegen ihre Feinde verteidigen müssen.
»Demagogen feiern mit halben Wahrheiten ganze Erfolge«, lese ich darin. »Um sie zu stoppen, muss man ihnen recht geben, wo sie recht haben, und sie dort kritisieren, wo sie die Wirklichkeit verzerren. So löscht man das ideologische Feuer, auf dem sie ihr Süppchen kochen.«[12]

Diese Worte stammen von Michael Schmidt-Salomon, Schriftsteller, Philosoph und Vorstandssprecher der Stiftung, für die ich arbeite.[13] Oder wie ich ihn nenne: Micha. Seit zehn Jahren unterstütze ich ihn dabei, einer Leitkultur von Humanismus und Aufklärung zum gesellschaftlichen Durchbruch zu verhelfen – mittels Vorträgen und Podiumsdiskussionen, Talkshowauftritten und meinem letzten Buch. Und in diesen Jahren ist er mir genauso ans Herz wie ans Hirn gewachsen. Im Zusammenhang mit der AfD sind Micha und ich immer häufiger auf eine sonderbare Schwierigkeit gestoßen, und die lautet in Kürze: Wer die Intoleranz kritisiert, wird von Menschen, die nicht zu Ende denken können oder wollen, gern selbst für intolerant erklärt. Genau das passiert uns vor allem im Zusammenhang mit einem der heißesten Eisen der vergangenen Jahre: mit dem Islam, und das hängt in wohl erster Linie damit zusammen, dass die AfD dieses Thema im Vorfeld der Wahlen erfolgreich für sich gekapert hat.

In der knackigen Formel, mit der Schmidt-Salomon *Die Grenzen der Toleranz* eröffnet, nimmt er in zwei Sätzen nicht nur den Wahlerfolg der AfD vorweg, sondern liefert zugleich ein Rezept dagegen. Beides – die Problemanalyse und der Lösungsvorschlag – ist so mutig und ungewöhnlich wie sein Erfinder selbst, weshalb sie einer genaueren Betrachtung bedürfen:

Man soll Populisten also dort recht geben, wo sie recht haben – was in der Theorie einfach klingt, in der Praxis aber bedeuten würde, dass wir in einer Talkshow etwa einen solchen Satz hören müssten: ›In diesem Punkt gebe ich ihnen absolut recht, Herr Gauland, aber ...‹ – und hier würden die meisten Zuschauer wohl schon denken: Krass – da hat einer der AfD recht gegeben, un-fass-bar!

»Empörialismus« nennt Schmidt-Salomon dieses Phänomen, also die Unfähigkeit, Auseinandersetzungen mit Argumenten zu führen und stattdessen ein höchstmögliches Maß an Empörung zu zeigen: ›Kann denn das wahr sein?!‹, sagen Empörialisten gern, oder: ›Ist das denn zu glauben?! Unerhört!‹ Damit versuchen sie der ganzen Welt zu zeigen, dass sie auf der vollkommen richtigen Seite stehen. Welche die richtige Seite ist, entscheiden aber nicht die Argumente, sondern das jeweilige Milieu, die Filterblase oder der Resonanzraum, in dem der gemeine Empörialist lebt. Und so kann es ganz schnell gehen, dass man als braver Humanist nur darauf hinweist, dass der politische Islam nicht vereinbar mit Demokratie und Menschenrechten ist, da gilt man plötzlich als islamophober Rassist. Im Resonanzraum der Gegenseite wiederum gelten wir Humanisten ganz schnell als linksgrünversiffte Gutmenschen, wenn wir darauf hinweisen, dass nicht alle Menschen mit schwarzen Haaren Muslime und nicht alle Muslime Islamisten sind.

Vielleicht hängt das ja damit zusammen, dass es in den maximal 280 Zeichen einer Twitter-Meldung einfach schwer ist, komplexe Sachverhalte differenziert darzustellen, aber genau hier setzt der Wahlerfolg der AfD an: bei der halben Wahrheit, dass der Islam inkompatibel mit »unseren Werten« ist, die die AfD gern als christlich-abendländisch bezeichnet – obwohl doch Demokratie, Menschenrechte, Vernunft, Toleranz und Freiheit allesamt gegen das Christentum erkämpft werden mussten. Aber bei der halben Wahrheit belässt es die AfD natürlich nicht, sondern versteckt im Deckmantel der angeblichen Islamkritik ihre eigentliche Ideologie: die Fremdenfeindlichkeit, den Hass auf »die anderen« und ihren gezielten Antimuslimismus. Und hier beginnt der politische Budenzauber: Weil sich viele demokratische Kräfte aus Angst vor den empörialistischen Reaktionen ihrer Wählerinnen und Wähler nicht mehr an das heiße Eisen Islam herantrauen, wird die Demokratiefeindlichkeit und die Menschenverachtung dieser Form des religiösen Faschismus verharmlost, beschönigt oder gar verschwiegen. Das wiederum empfinden die Empörialisten als ein »Unding!«, »Als Verrat an unserer Heimat, weshalb Merkel wegmuss!«. Und wenn die AfD die einzige Partei ist, die sich das traut, dann müssen die Altparteien eben mal einen Denkzettel bekommen – genau so haben die Rechtspopulisten mit einer halben Wahrheit einen ganzen Erfolg erzielt. Wenn dann noch behauptet wird, es sei im Rahmen der Toleranz richtig und wichtig, die Intoleranz zu tolerieren, dann ist das Chaos perfekt – und auf einmal sitzt die AfD im Bundestag. Natürlich ist das Dreieck aus der Verharmlosung des Islam, seiner tatsächlich vorhandenen Demokratiefeindlichkeit und der als Islamkritik getarnten Ausländerfeindlichkeit schwer zu durchbrechen. Aber in einem Punkt will ich nicht nachgeben: Der Einzug der AfD in den Bundestag hätte vermieden werden müssen – und können! Denn leider gilt doch Folgendes:

Die AfD wäre nicht so stark geworden, wenn andere Parteien einen politischen Arsch in der Hose gehabt und klipp und klar gesagt hätten, dass Deutschland zwar offen für alle ist – aber eben nicht für alles.

Nun bin ich als freier Autor unabhängig von Wählerstimmen und kann mich diesem »Empörialismus« gut entziehen.

Denn selbst wenn mich jemand als rechts-islamophob oder als linken Gutmenschen beschimpft, dann ist das spätestens nach diesen Zeilen der endgültige Beweis dafür, dass die- oder derjenige meine Worte nicht gelesen oder nicht verstanden haben.

Aber hätte ich diese Freiheit auch noch, wenn ich dem Rat des Journalisten folgen und »in die Politik gehen« würde? Ist es einem gewählten Volksvertreter überhaupt möglich, das heiße Eisen Islam aus dem Feuer der Demagogen zu holen, oder läuft er dabei Gefahr, sich im Eifer empörialistischer Wortgefechte die Finger zu verbrennen? Einige tun das ja, wie etwa der ansonsten ziemlich durchgeknallte Horst Seehofer – aber der proklamiert ja allein schon durch seine Zugehörigkeit zur CSU die grundfalsche Idee, man müsse das Feuer des Islam mit dem Feuer des Christentums bekämpfen. Gibt es denn wirklich keine Kraft, die den Feuerlöscher des weltanschaulich neutralen Staates bereithält? Wäre das nicht sogar die Pflicht der Politik, das Feuer der Demagogen zu löschen?

Was soll ich Klara schließlich antworten, wenn sie in 25 Jahren vor mir steht und sagt: »Du hast das doch alles gewusst damals, Papa – von der AfD und dem Klimawandel und so. Und was hast du gemacht: Vivaldi gehört und aus dem Fenster geglotzt? Schönen Dank auch!«

Nein, so geht das nicht, der Journalist hat recht, verdammt: Die politische Flutkatastrophe ist längst da, und jetzt müssen eben alle mit ran und demokratische Sandsäcke schleppen. Wenn ich mich aber aktiv am Ringen um eine bessere Welt beteiligen will – in welchem Team sollte ich das wohl tun? Als Säkularist, dem vor allem die weltanschauliche Neutralität des Staates heilig ist, kann ich nach der AfD also zwei weitere Mannschaften direkt ausschließen, weil alles, was sie sagen oder tun, von ihrem ersten Buchstaben überschattet wird: die CDU und die CSU, zwei Vereine also, die nicht nur die überkommenen Werte der Kirchen teilen, sondern auch ihr baldiges Verfallsdatum.

Leider lässt sich aber auch in den anderen Parteien, die momentan im Bundestag vertreten sind, feststellen, dass sie in einzelnen Entscheidungen und Akteuren alles andere als weltanschaulich neutral sind. Aber immerhin ist der Aberglaube dort nicht Teil der politischen Grundhaltung wie bei der CDU, CSU – und übrigens auch bei der AfD, die die Verteidigung der christlichen Kultur in die Präambel ihres Grundsatzprogramms geschrieben hat.[14] Aus meiner säkularen Perspektive gibt es also nur in der SPD, bei den Grünen, den Linken und der FDP Chancen auf vernünftige Politik. Meine Sympathien, zugegeben, sind hier recht unterschiedlich gelagert, aber die SPD beweist ja regelmäßig, wie sehr ich mich täuschen kann.

Sollte ich also tatsächlich mal losziehen, um mir die Arbeit dieser Parteien anzuschauen? Möller im Bundestag – passt das? Ständig in Sitzungen den Hintern platt sitzen? Alten Männern, um noch ein Vorurteil zu bedienen, beim Mansplaining zuhören? Die eigene Haltung an der Fraktionstür abgeben? Ist das wirklich nötig? Kann ich das Versprechen an Klara nicht vielleicht doch als Autor einlösen und auf dem Papier mit ihnen schimpfen – vielleicht sogar besser, weil eben freier? Könnte ich meinen Beitrag zur Weltrettung also vielleicht einfach schriftlich einreichen? Am Schreibtisch ist es doch sicher auch etwas bequemer als an der Front …

Eiskalt erwischt

Es ist kurz vor 17 Uhr, als ich aus dem ICE steige und mein Köfferchen durch die Bahnhofshalle ziehe. Lautsprecheransagen und das Gemurmel der Reisenden in verschiedenen Sprachen holen mich nach drei Stunden in meiner gedanklichen Privatwelt wieder in die Realität zurück. Das Licht ist grell, und der Geruch von Wurst und Brötchen liegt in der Luft, wird aber beim Verlassen des Bahnhofs schnell durch den von Urin und Zigaretten verdrängt. Es ist Winter, und so müssen sich meine Augen erst an die Dunkelheit gewöhnen, die hier draußen herrscht. Laute, lachende oder krächzende Männerstimmen dringen an mein Ohr, ich verstehe allerdings kein Wort, und ohne mein Umfeld weiter wahrzunehmen, laufe ich schnurstracks über den Bahnhofsvorplatz. Um den genauen Veranstaltungsort nachzuschauen, bleibe ich in der Mitte stehen und ziehe mein Handy aus der Tasche. Als ich zum dritten Mal in gebrochenem Deutsch um Kleingeld gebeten werde, schaue ich mich ganz bewusst auf dem Platz um – und erwische mich bei einem spontanen Gedanken, für den ich mich noch im selben Moment hasse: Dieser Bahnhofsvorplatz einer mitteldeutschen Stadt wäre rundum das perfekte Wahlplakat für die AfD.

Denn wo ich auch hinschaue, ist die gesamte Fläche von größeren Männergruppen bevölkert, die miteinander trinken, rauchen und Passanten anquatschen – und größtenteils eingewandert sind. Ich bleibe einen Moment stehen, drehe mich im Kreis und sehe überall das gleiche Bild, nur die Nationalitäten unterscheiden sich: Hier Osteuropäer in einer großen Gruppe, besoffen, dort Nordafrikaner, die auf zwei Bänken sitzen und drum herum stehen, auch besoffen, die nächste Gruppe ist deutsch und ebenfalls blau, dann wieder Nordafrikaner, Schwarzafrikaner und dazwischen überall vereinzelte, unidentifizierbare Menschen in Schlafsäcken, teils vom Alkohol oder anderen Drogen schwer zerstört. Eine junge Passantin mit Rollköfferchen fällt mir jetzt auf, die den Platz betritt und zur Eingangshalle läuft. Sie ist hell gekleidet, daher kann ich aus der Ferne gut verfolgen, wie sie ihren Spießrutenlauf beginnt – wie Super-Mario in einem Computerspiel muss sie den verschiedenen Hindernissen ausweichen: der erste Schnorrer von links, 10 Punkte, der zweite von rechts, der ist hartnäckiger, 15, dann zwei von hinten, die sie nur mit einem Druck auf die Turbotaste abschütteln kann, das war stark, 25! Danach kommt ihr eine ganze Gruppe junger, schwer alkoholisierter Männer entgegen, die sie spontan antanzen und sich erst abschütteln lassen, als sie die historische Bahnhofshalle erreicht hat, reife Leistung, 50 Punkte – und damit insgesamt 100!

Nachdenklich begebe ich mich zum Veranstaltungsort in Bahnhofsnähe, sammele dabei aber nur 35 Punkte, weil ich als großer Mann eben kein so guter Ansprechpartner für Zigaretten, Kleingeld oder Ficki-Ficki bin. Endlich angekommen, werde ich vor dem Saal von Jürgen, der das alles hier organisiert hat, in Empfang genommen.

»Hast du gut hergefunden?«, will er wissen, und als ich mit gespitzten Lippen und einem Nicken antworte, zieht er die Augenbrauen hoch. »Eigentlich ist es hier sehr schön«, sagt er. »Aber darum soll's ja heute Abend nicht gehen – komm rein!«

Der Veranstaltungsraum ist grell und lieblos, und nachdem ich meinen Laptop an den Beamer angeschlossen und den Sound getestet habe, kommt ein großer Mann aus dem Publikum auf mich zu und lächelt mich an.

»Bevor du anfängst«, sagt er mit tiefer Stimme, »wollte ich dir persönlich hallo sagen.« Er drückt fest zu und schaut mich aus blauen Augen an, und nur mit viel Gegendruck kann ich seinem Handschlag und seinem Blick standhalten. »Wir kennen uns«, sagt er. »Als du damals mit der Buskampagne hier warst – weißt du noch?«

»Nee, sorry.«

»Ist ja auch ein paar Jahre her.« Er lächelt. »Ich bin Dirk und gehöre hier zum Organisationsteam – nach deiner Lesung gehen wir noch in kleiner Runde essen.«

»Wenn du das sagst …«

Mit diesen Worten verabschiede ich mich wieder auf meine kleine Bühne, beginne bald darauf die Lesung und bemerke, dass Dirk mich kaum aus den Augen lässt. Jedes meiner Argumente für die Trennung von Staat und Kirche kommentiert er mit einem entschlossenen Nicken, initiiert mehrmals Applaus und lacht laut über jeden einzelnen meiner Witze. Die Veranstaltung geht reibungslos ihrem Ende entgegen, nur ein Thema steht noch auf dem Plan: der politische Islam.

»Interessanterweise sind sich aber Rechtspopulisten und Islamisten in vielen Punkten einiger, als es ihnen lieb ist«, schließe ich den Punkt ab. »Beide stehen für ein total überkommenes Bild von Frauen und Familie, beide halten die Gruppenidentität für wichtiger als individuelle Freiheiten, und beide predigen den Glauben an eine Autorität – die einen an Gott, die anderen an einen oder mehrere starke weltliche Führer. Und weil sie damit beide gleichermaßen Feinde einer offenen und pluralistischen Gesellschaft sind und beide an der Stärke des jeweils anderen wachsen, habe ich Ihnen noch einen letzten Satz mitgebracht.« Ich klicke auf die Maus und lese vor: »Wer den politischen Islam stärken will, sollte die AfD wählen – danke!«

Applaus folgt und daraufhin eine kurze und schmerzlose Pseudodiskussion, dann signiere ich ein paar Bücher, packe meinen Laptop ein und verlasse schließlich in Gesellschaft des Veranstalters Jürgen sowie Dirk, seiner Frau Martina und einer Handvoll anderen Leuten den Saal.

Draußen angekommem, prasselt die Bahnhofsrealität wieder auf uns ein, und als der erste Schnorrer auf uns zukommt, baut Dirk sich vor der ängstlich dreinblickenden Martina auf, schaut dem abgehalfterten Männchen von oben in die Augen und schüttelt langsam den Kopf.

»Ich warne Sie«, sagt er laut und in Hauptsätzen. »Lassen Sie uns sofort in Ruhe!«

Maulend schleicht sich der Typ, und als er weg ist, hakt Martina sich kopfschüttelnd bei ihm ein, dann gehen wir los. Ich laufe hinter den beiden, und sobald uns jemand entgegenkommt, der offensichtlich zu der Open-Air-Fraktion gehört, geht Dirk vor und seine Frau hinter ihm, und diese Formation lösen sie erst wieder auf, wenn die vermeintliche Gefahr vorüber ist.

Das Restaurant, das wir nach einem kurzen Fußweg betreten, ist gemütlich und warm, urig mit Holz verkleidet, und es duftet nach Kartoffelgerichten. An den meisten Tischen sitzen Pärchen, entlang der hinteren Wand gibt es eine längere Tafel. »Die hab ich für uns reserviert«, sagt Dirk und führt uns hin, dann wendet er sich an mich. »Wo möchtest du sitzen?«

»Ich sitz gern mit Blick in den Raum«, sage ich und nehme in der Mitte an der Wand Platz.

»Gute Wahl«, sagt er und setzt sich mir genau gegenüber. »Watch your six.«

»Watch your six?«, frage ich, während Martina sich neben ihn setzt und sich auch die anderen niederlassen.

»Das kommt aus dem Militär – kennst du das nicht?«

»Nä!« Ich bestelle per Handzeichen ein Bier beim Kellner, der schon bei uns ist. »Ich und Militär, das ist wie ... Papst und Wissenschaft.«

Die Runde lacht, Dirk auch.

»Six meint sechs Uhr, also hinter dir«, erklärt er und legt den Arm um seine Frau. »Das bedeutet, dass du immer aufpassen sollst, was hinter dir stattfindet – daher ist dein Platz perfekt, weil du immer die Tür im Blick hast.«

»Wieder was gelernt, danke!«

»Das ist hier inzwischen ...«, setzt Martina an, aber Dirk hebt kurz seine Hand, und so unterbricht sie ihren Satz. »Wir haben uns noch gar nicht richtig begrüßt«, sagt sie und gibt mir ihre Hand. »Hallo.«

Auch die anderen stellen sich namentlich vor, dann kommt unser Bier, wir bestellen Essen, plaudern – im wahrsten Wortsinne – über Gott und die Welt, lachen, stoßen miteinander an, speisen gemeinsam, und mir wird mal wieder klar, dass ich einen echt tollen Job habe: Geld verdienen mit den Dingen, die mich interessieren, und abends mit Leuten essen gehen, die für dieselbe Sache einstehen.

»Über einen Satz wollte ich aber noch mit dir reden«, sagt Dirk, als ich gerade mein erstes Bier leere, und am Tisch kehrt plötzlich Stille ein. »Du sagtest ja, wer den politischen Islam stärken will, der solle die AfD wählen – richtig?«

»Richtig.« Ich nicke und sehe, wie einige die Köpfe schütteln. »Weil die Extremisten sich immer ...«

»Ich versteh schon«, sagt Dirk und stützt seine Ellenbogen

auf den Tisch. »Aber was würdest du denn sagen, wenn ...«
Er zögert einen Moment. »... ich dir sage, dass ...«

»Ja?« Ich spüre einen Kloß in meinem Hals. »Dass?«

»Du hier mit mindestens zwei AfD-Wählern am Tisch sitzt?«

»Mindestens«, bekräftigt eine Stimme links von mir.

Stille. Ich schaue zum Organisator des Abends, der den Kopf schüttelt. Ich schaue rechts neben mich, wo ein junger Kerl sitzt, der es Jürgen gleichtut. Ich schaue nach links, wo drei Männer und eine Frau sitzen, die mich ausdruckslos anschauen.

»Hier waren noch vier Bier?«, sagt der Kellner plötzlich in die Stille hinein, und als er die Gläser verteilt und ich meins in der Hand habe, nehme ich erst einmal einen großen Schluck.

»Das mag dich jetzt überraschen, aber ...«, beginnt Dirk, den ich direkt unterbreche.

»Überraschen?!« Ich schaue in seine Augen, er grinst mich an.

»Ist auch ein bisschen mies«, sagt er und zeigt auf die Leute, die allesamt um mich herum sitzen, »dass du jetzt nicht mal aufstehen kannst – aber das mit der AfD musst du uns jetzt noch erklären.«

»Muss ich das, ja?«, frage ich entrüstet.

»Ja«, sagt Martina mit zitternder Stimme und schaut mich direkt an. »Musst du!«

»Ist gut, Schatz.« Wieder hebt Dirk die Hand, woraufhin Martina sich zurücklehnt und tief durchatmet. »Weißt du ...«, beginnt der Hühne langsam und schaut dabei auf sein Handy. »Unsere Stadt hat sich sehr verändert.«

»Deutschland hat sich sehr verändert«, wirft einer von links ein, ein sportlicher Typ mit kräftigem Kiefer und einer

Outdoorjacke, mit der er jeden Moment zu einer Wanderung aufbrechen könnte.

»Die Welt hat sich sehr verändert«, entgegne ich und spüre mein Herz im Hals, »und das hat sie auch schon immer getan – worauf wollt ihr hinaus?«

»Ernsthaft?!« Dirk deutet nun auch den anderen an, die Debatte im Griff zu haben, dann schaut er wieder zu mir. »Ist dir etwas aufgefallen, als du hier ausgestiegen bist?«

»Typisch Bahnhof.« Ich nicke langsam. »Schon durchwachsen hier, ja.«

»Durchwachsen?!«, platzt es jetzt so laut aus Martina raus, so dass sich die Leute von den Nachbartischen umdrehen. »Hier ist …«

»Martina!«, sagt Dirk jetzt lauter. »Wir hatten etwas besprochen, okay?«

»Was denn?«, rutscht es mir jetzt lachend heraus. »Dass ihr mich langsam auseinandernehmt?«

»Schön, dass du deinen Spaß hast«, sagt der Jacken-Mann und schaut mich aus zusammengekniffenen Augen an. »Wir fühlen uns hier einfach nicht mehr sicher – vor allem die Frauen nicht, okay?!«

»Okay!«, sage ich und atme einmal durch. »Dann sagt mir doch bitte einmal ganz konkret, wovor ihr Angst habt – nur, damit es mal ausgesprochen wurde.«

»Vor den Ausländern«, antwortet die einzige andere Frau jetzt ganz ruhig und nippt kurz an ihrem Wasser. Bisher hatte sie noch nichts gesagt. »Wir Frauen haben vor den Ausländern Angst, die uns hier auf offener Straße belästigen.«

»Zeig ihm das Foto«, drängt Martina, aber Dirk nickt nur und holt tief Luft.

»Das verstehe ich«, sage ich schnell, woraufhin er den Kopf zur Seite legt und schweigt. »Ich verstehe, dass ihr euch unsicher fühlt, auch insbesondere als Frau. Ich verstehe, dass ihr euch überrannt fühlt ...«

»Überfremdet«, verbessert der Wandersmann von rechts.

»Meinetwegen auch überfremdet«, räume ich ein und schließe kurz die Augen, denn jetzt, genau jetzt, muss ich den Umgang mit Rechtspopulisten üben, und ihnen dort recht geben, wo sie recht haben könnten, damit sie nicht mit halben Wahrheiten ganze Erfolge erzielen. »Ich habe Verständnis für eure Sorgen, wenn sich das Straßenbild so verändert – denn das geht mir nicht anders.«

»Aber?«, will die Frau mit dem Wasser wissen.

»Aber ich habe kein Verständnis dafür«, sage ich und spüre, dass meine Handflächen feucht werden, »dass man deswegen eine Partei wählt, die ganz offensichtliche Kontakte in die rechtsradikale Szene pflegt. Die eben nicht nur kritisch gegenüber der deutschen Einwanderungspolitik ist – was sicherlich seine Berechtigung hat –, sondern die offen ausländerfeindlich ist und sich nicht von gewalttätigen Gruppen distanziert!«

»Aber wenn die doch auch gewaltbereit sind?!«, fragt Martina und zeigt zur Straße.

»Die?!« Ich stelle mein Bier wieder ab und merke, dass das der Moment wäre, in dem Sarah mir heimlich gegen mein Schienbein tritt, weil ich jetzt aufbrausend werde. »Meinst du DIE Ausländer im Allgemeinen, ja?!«

»Ich meine DIE Ausländer da draußen!«, betont Martina nicht weniger energisch.

»Wenn also einige von denen gewaltbereit sind«, frage ich zurück, »dann rechtfertigt das die Wahl einer Partei, die rechten Terror legitimiert?«

»Vielleicht beruhigen wir uns wieder mal ein bisschen«, wirft Jürgen ein.

»Nee«, sage ich laut. »Wenn jemand Pauschalurteile fällt und Feuer mit Feuer bekämpfen will, dann geht mir das mächtig auf den Sack!«

»Alles okay bei euch?« Der Kellner steht plötzlich an unserem Tisch und schaut mich fragend an – so wie die anderen Restaurantgäste auch. »Vielleicht noch was Alkoholfreies für Sie?«

»Ich bin nicht blau«, sage ich und zeige auf Dirk und Martina, »sondern sauer. Aber ein Geschichtsbuch für die beiden wär vielleicht nicht schlecht!« Niemand lacht. »Dann nehm ich noch letztes Bier.«

»Ich auch.« Dirk lächelt den Kellner weg. »Also, Philipp, bevor ich dir ein paar Bilder zeige, will ich noch mal ganz klar sagen: wir haben uns alle nicht leicht getan mit unserer Wahlentscheidung. Und die ist auch nicht von Dauer – das war eine funktionale Wahl, die …«

»… welches Ziel hatte?«, frage ich dazwischen.

»Dem Merkel-Monolith einen Stachel ins Fleisch jagen.«

»Dem Merkel-Monolith einen Stachel ins Fleisch jagen?!«, Ich lache laut. »Alter – hast du das gerade auf'm Wochenendseminar der AfD gelernt?«

»Du darfst ruhig polemisch werden«, sagt Dirk. »Damit sagst du mehr über dich als über mich. Ich zeig dir jetzt mal was …« Er zieht eine Lesebrille aus seiner Westentasche, setzt sie auf die Nasenspitze und entsperrt sein Telefon.

»Dann nutze ich die Zeit mal für ein bisschen Klugscheißerei«, beginne ich grinsend. »Ein Monolith besteht erstens nicht aus Fleisch, sondern aus Stein, daher wird das mit dem Stachel schon mal schwer …«

»Polemik«, sagt Dirk, ohne von seinem Handy aufzuschauen.

»Wenn, dann Pedanterie«, halte ich dagegen. »Und zweitens gäbe es doch für eine Protest- oder Denkzettelwahl auch Alternativen!«

»Und genau die haben wir gewählt!«, sagt die Frau mit dem Wasser.

Im Stillen mache ich eine Notiz an mich selbst: Vermeide in der Debatte um die Alternative für Deutschland von einer Alternative zu sprechen.

»Das hier ist Priscilla« überspielt Dirk meine rhetorische Niederlage, »vierzehn Jahre alt, von hier – bevor sie abends allein im Bahnhofsviertel unterwegs war.« Er hält mir sein Handy vor die Nase. Darauf ist ein dunkelblondes Teenager-Mädchen zu sehen, das in die Kamera lächelt. Jetzt streicht Dirk übers Handy und zeigt mir das nächste Foto. »Und das ist Priscilla, nachdem sie hier von sechs Ausländern überfallen wurde.« Das nächste Foto zeigt ein schlimm verprügeltes Gesicht, auf dem die junge Frau nicht wiederzuerkennen ist. Sie hat Platzwunden, Schwellungen und zwei blaue Augen. Er wischt weiter, zeigt mir gigantische Hämatome an den Rippen, an den Oberschenkeln und am Rücken. »Und du kannst dir sicher vorstellen, was die noch mit ihr gemacht haben – noch Fragen?!«

»Vorstellen kann ich mir vieles, aber Fragen habe ich noch mehr.« Ich nehme mein Bier entgegen. »Woher wisst ihr denn, dass das echt ist?«

»Hat uns 'ne Freundin per WhatsApp geschickt.« Martina öffnet ihre Handtasche, um mir ein gelbes Fläschchen zu zeigen. »Seitdem hab ich immer Pfefferspray mit!«

»WhatsApp?! Na, da ist der Fall ja klar – da würde ich mir direkt eine Knarre besorgen!« Immerhin, meine Ironie kommt an. »Also: Kennt ihr das Mädchen persönlich?« Ich bekomme keine Antwort. »Oder die Eltern?« Stille. »Wenigstens jemanden, der die Eltern kennt?« Die Stille wird eindringlicher. »Woher wisst ihr, dass die Fotos von ein und derselben Person stammen? Woher wisst ihr, dass die Story nicht von vorne bis hinten erfunden ist? Und selbst wenn sie stimmt: Was genau ist da passiert? Wer waren die Täter? Waren das Ausländer? Und wenn ja: Sind sie mit der Flüchtlingswelle gekommen? Oder waren die vielleicht schon vorher da? Ist eine Tat schlimmer, wenn sie von einem Ausländer begangen wurde? Macht es einen Unterschied für ein Opfer, welche Nationalität der Täter hat?«

»Hätte die Tat vermieden werden können?«, fragt Dirk.

»… indem man die Grenzen geschlossen hätte?«, führe ich seinen Gedanken fort.

»Zum Beispiel.«

»Wenn du sagen willst, dass Ausländer, insbesondere die Geflüchteten von 2015, mehr Verbrechen, insbesondere Gewalt- und Sexualverbrechen, begehen als Inländer, dann ist das eine These, die du erst einmal mit Zahlen belegen müsstest. Dass sich das Straßenbild zumindest vorläufig verändert, war doch klar, und natürlich ist das auch mir aufgefallen, als ich vorhin hier ausgestiegen bin. Und auch ich habe Fragen: Wie viele kommen noch? Wo sollen die alle wohnen? In den Vierzimmerwohnungen, die hier lebende Familien schon jetzt kaum noch bezahlen können? Wer zahlt die Wohnungen, die Deutschkurse, die Kita-Plätze? Und wie soll unser jetzt schon vollkommen marodes Bildungssystem die weitere Belastung durch Kinder aushalten, die im Islam sozialisiert, im Krieg traumatisiert und jetzt durch unser Schulwesen und unsere offene Gesellschaft endgültig irritiert sind? Dass es darauf momentan keine befriedigenden Antworten gibt, stört mich auch.«

»Gibt es doch«, sagt Dirk mit einem milden Lächeln. »Das wollen wir dir doch den ganzen Abend erklären.«

»Die Antworten der AfD auf die Flüchtlingskrise«, zische ich ihn an, »sind genauso befriedigend wie die Antworten der Bibel auf die Frage nach dem Ursprung des Menschen. Und ich kann ja sogar verstehen, dass es verlockend auf euch wirkt: Eure Umgebung ändert sich, und zwar nicht zum Guten, und dann verspricht euch eine Partei, dass sie eure geliebte Heimat gegen den Rest dieser grausamen Welt verteidigt – wie billig! Ja, die Welt wird in einem extrem beunruhigenden Tempo immer problematischer, das ist richtig, aber davor die Augen und die Grenzen zu verschließen, hilft eben auch nicht.«

»Was hilft dann?«, fragt Martina leise.

»Ich weiß es nicht«, gebe ich zu und schweige einen Moment. »Sehr viel Integrationsarbeit? Bildung? Strengere Integrationsregeln? Aber mittelfristig doch vor allem ein konsequenter Klimaschutz – denn wenn die Klimakrise erst einmal zuschlägt, dann ist das Milliönchen, das hier angekommen ist, doch nur die Spitze des Eisbergs. An solche Themen müssen wir ran – aber WhatsApp-Räuberpistolen stinken gewaltig nach Fake-News und gefühlter Wahrheit, sorry. Mit geschürter Angst lässt sich vielleicht eine wütende Bürgerwehr gründen oder eine rechte Partei in den Bundestag bugsieren – aber sicher kein Problem lösen!«

»Du bezweifelst das also?«, will Martina wissen.

»Zweifeln ist mein Job – schon vergessen? Ich bin Berufsatheist, Vollzeitskeptiker und professioneller Menschenfreund – und konnte ja nicht wissen, dass ich hier plötzlich von AfD-Wählern eingekesselt bin. Dazu vielleicht noch ein letzter Gedanke: Habt ihr eigentlich eine Ahnung, was das für meine Reputation als Autor bedeutet, wenn irgendjemand spitzbekommt, dass AfD-Wähler auf meine Lesungen kommen?«

»Muss ja niemand erfahren«, sagt Martina.

»Ist das nicht traurig«, fragt Dirk zurück, »wie stark diese gleichgeschaltete Gesellschaft schon mit Denkverboten arbeitet?«

»Das sind keine Denkverbote«, schieße ich zurück, »das sind die Verteidigungsmechanismen der offenen Gesellschaft gegen ihre Feinde – denn die lauern offensichtlich überall.«

Ich halte Dirks Blick stand, doch er will einfach nicht wegschauen.

»Tut mir jedenfalls leid, dass du hier so überrumpelt wurdest«, sagt Jürgen und hebt versöhnlich sein Glas. »Ich hoffe, du behältst den Abend trotzdem in guter Erinnerung.«

»Na ja – zumindest das Bier war sehr gut!« Ich proste ihm zu. »Und vielleicht hat mich der Abend trotzdem weitergebracht.«

Should I stay or should go?

»Ernsthaft?« Sarah schüttelt den Kopf. »Du willst in die Politik gehen?«

»Na ja ...« Ich schirme meine Hand gegen die Sonne ab, die volle Pulle auf unseren Balkon scheint. »Ich habe Klara immerhin etwas versprochen, und ich befürchte, der leicht verrückte Journalist hat recht: Wenn ich mich an der Weltrettung beteiligen will, dann ist der Bundestag dafür der richtige Ort.«

»Aber du kannst doch nicht einfach dort anklopfen und sagen: Hallo, ich bin der tolle Philipp Möller. Ich hab meiner Tochter versprochen, die Welt zu retten, also treten Sie bitte zur Seite und lassen mich mal ans Pult.« Sie schaut mich an. »Jetzt sag mir bitte nicht, dass du genau das vorhast.«

»Nicht genau«, räume ich ein, »aber so ähnlich – warum nicht?«

»Weil du keinen blassen Schimmer hast, wie Politik funktioniert.« Sarah kann schonungslos sein. »Außerdem ist das ein Job für hemmungslose Arbeitstiere – wir haben zwei Kinder, wenn ich dich daran erinnern darf.«

»Aber genau deswegen will ich es ja tun«, erkläre ich ihr. »Ich kann einfach nicht länger tatenlos dabei zusehen, wie dort die Zukunft unserer Kinder verspielt wird.«

»Das ist doch total übertrieben!«

»Ach ja?« Ich lache verzweifelt. »Schau doch bitte mal in die Nachrichten: Despoten und Populisten werden weltweit immer erfolgreicher, der soziale Graben ist ein schwindelerregender Abgrund geworden – und dann das hier!« Ich zeige in den Himmel, aber Sarah runzelt die Stirn.

»Was denn? Ist die Sonne jetzt auch politisch inkorrekt?«

»Aber hallo! Wir haben April und bombastische 30 Grad – der Klimawandel hat den Turbo eingelegt, und die Prognosen der Klimaforscher sind extrem alarmierend: Wenn wir in Sachen Klimaschutz nicht sofort handeln, dann wird es immer heißer! Dann werden sich gigantisch viele Klimaflüchtlinge auf den Weg machen – auch zu uns, was wiederum die AfD brutal stärken wird.«

»Geht's vielleicht noch ein bisschen dramatischer?« Sarah lächelt mich an. »Viermal Klima in einer Antwort – jetzt komm mal runter!«

»Runter?« Ich bin lauter geworden. »Weißt du eigentlich, was das für das Leben auf diesem Planeten bedeutet? Und was hier bald los ist, wenn die AfD mit jeder Flüchtlingswelle fünf Prozentpunkte mehr holt? Willst du, dass unsere Kinder und Enkel in einer glühend heißen, staubtrockenen Welt leben, die von Kriegen um letzte Ressourcen und waschechten Faschisten beherrscht wird?«

»Ist ja gut, Philipp.« Sie hält meine Hand. »Was sagen denn deine zwei Orakel dazu?«

»Mit Harrie gehe ich heute Mittag essen«, knurre ich, »und Micha rufe ich danach mal an.« Ich spüre meine verkrampfte Stirn. »Aber irgendwas muss ich auf jeden Fall tun – so geht's jedenfalls nicht weiter …«

»In die Politik?!« Harrie lacht. »Dass ich nicht lache!« Er lacht noch lauter. »Sorry, Phil, das ist nicht böse gemeint, aber mit diesen Marionetten willst du zusammenarbeiten? Mit diesen Handlangern und Arschkriechern und Verbrechern?!«

Mein alter Dozent aus der Uni schüttelt den Kopf. Er ist inzwischen knappe siebzig, aber bissig wie eh und je. In der Uni war er der einzig brauchbare Ansprechpartner für ganz pragmatische Fragen, zum Beispiel: Wie geht das eigentlich, Erwachsenenbildung? Warum ist der Studiengang so furchtbar theoretisch aufgebaut? Und wo soll das eigentlich alles hinführen mit dem Kapitalismus? Seit meinem Diplom treffe ich Harrie in unregelmäßigen Abständen zum Essen – ob es aber eine gute Idee war, ihn nach meinem Plan zu fragen, den Bundestag zu entern, habe ich wohl nicht umsonst schon im Vorfeld bezweifelt.

»Ich erklär dir das jetzt mal.« Harrie rührt in seinem Latte macchiato. »Schau dir unseren Bezirk an. Da gibt es diese Seite der Hauptstraße – und diese!« Mit zur Seite ausgestreckten Armen und Zeigefingern sitzt er vor mir. »Was fällt dir auf?«

»Dass sich die Hauptstraße wie eine Schneise zwischen Arm und Reich zieht? Und dass dieser Zustand symptomatisch für die sozialen Verhältnisse unseres Landes ist?«

»Des Westens im Allgemeinen!« Immer noch hat er die Arme ausgestreckt. »Das nennt man Kapitalismus. Aber viel wichtiger ist doch: Auf dieser Seite«, betont er jetzt und streckt den linken Arm noch einmal weiter aus, »leben diejenigen, die arbeiten gehen und rechtschaffen ihr Geld verdienen, und gegenüber …« Er kneift die Augen zusammen und schaut mich an. »… leben diejenigen, die es ihnen wieder aus der Tasche ziehen – und dazu gehören die Politiker! Ich war ja selbst mal SPD-Wähler, aber weißt du, wofür diese drei Buchstaben inzwischen für mich stehen? Sie! Plündern! Dich!«

»Krasser Vorwurf«, sage ich vorsichtig.

»Und nur berechtigt – Agenda zwanzich-zehn? Der Ausverkauf der Stadt? Alles SPD! Aber das Schlimme ist doch: Diese Selbstbedienungsmenatlität ist inzwischen bei allen angekommen, sogar bei den Linken.«

»Aber«, beginne ich in der leisen Hoffnung, mein eigentliches Ansinnen noch vorbringen zu können. »Wir stehen doch vor gigantischen Herausforderungen, die alle miteinander verzahnt sind: Rechtspopulismus, soziale Spaltung, Digitalisierung, Integration, Wohnen, Bildung, der Klimawandel …«

»Der Klimawandel, bullshit!« Er lehnt sich zurück. »Das ist unser geringstes Problem. Die Übermacht der multinationalen Konzerne, die keine Steuern zahlen, dazu ein entfesselter internationaler Finanzkapitalismus – das ist das wahre Problem, aber das wirst *du* ganz bestimmt nicht lösen.«

»Und den Rest?«

»Auch nicht.« Er schüttelt den Kopf. »Und selbst wenn du in die Politik willst – wie denn? Im Schöneberger Ortsverein bei Mett-Igel auf Klappstühlen sitzen und alten Männern beim Meckern zuhören?«

»Alten Männern beim Meckern zuhören«, werfe ich grinsend ein, »konnte ich schon immer gut.«

»Nicht so frech, ja?« Er lacht kurz. »Aber mal im Ernst: Bis du im Bundestag angekommen bist, sind die Pole längst geschmolzen und Google hat mit Facebook und Monsanto die Weltherrschaft übernommen. Außerdem hast du doch gar keine Ahnung von Politik.«

»Das stimmt, ja.« Ich nicke. »Aber ich habe eine gute Motivation!«

»Nämlich?«

»Ich hab meiner Tochter versprochen …« Ich stocke, als er eine Augenbraue hochzieht. »… die Welt für sie zu retten.«

»Na klar, der Möller, die Welt retten!« Harrie schüttelt lachend den Kopf. »Du warst schon immer ein kleiner Großkotz.«

»Das ist doch nicht ganz ernst gemeint«, räume ich ein. »Ich muss ja auch nicht alle Themen komplett durchsteigen.«

»Das schaffst du eh nicht!«

»Das schafft niemand – dafür ist die Welt doch viel zu komplex«, gebe ich zu. »Mir ginge es eher darum, aus meiner ganz subjektiven Sicht als Vater mal herauszufinden, was da im Bundestag eigentlich so läuft. Ist unsere Politik Teil der angewandten Weltrettung oder nur der Verwaltungstrakt der Lobbyrepublik Deutschland?«

»Willst du eine Antwort?«

»Nicht wirklich, nein.« Ich starre einen Moment ins Leere. »Ich muss ja auch nicht gleich ins System einsteigen – nur mal hineinschnuppern …«

»Das hast du schon mal gesagt – und dann hast du dich mit dem Lindner getroffen …« Harrie ballt die Faust. »Dieser krawattierte Arsch!«

»Der trägt sein Hemd doch oben offen, oder?«

»Noch schlimmer! Das ist der Prototyp-Yuppie, den wir in der Schule vermöbelt hätten! Und die FDP – das sind die größten Verbrecher! Wenn du bei denen landest, brauchst du dich nie wieder bei mir zu melden!«

»Keine Sorge«, beruhige ich ihn, denn langsam dürften ihm die Ausrufezeichen ausgehen, »ich gehöre eher zu den Grünen.«

»Zu den Öko-Spinnern? Ach, Phil …« Er lehnt sich zurück. »Du warst doch früher nicht so ein Traumtänzer. Wobei …« Er schmunzelt. »Ich war ja auch mal so ein junger Idealist wie du. Und weißt du, was ich heute denke?« Er steht auf und deutet Tanzschritte an, dann singt er dazu: »Diese Welt ist am Arsch … doch das ist mir egal … denn ich hab's bald geschafft ... Schupi-dupi-duuu!« Er setzt sich wieder. »Komm, erzähl mal: wie geht's deinen Kindern?«

»Gut – zumindest jetzt noch!«

Nach ein paar eher unpolitischen Themen verabschiede ich mich von Harrie und radle durch meinen Kiez, erreiche nach ein paar Minuten eine Kleingartenkolonie und dahinter verborgen eine riesige, wilde Wiese – mitten in der Stadt, unweit der Autobahn, der S-Bahn und sogar dem ICE ... und dort höre ich dennoch nur Vogelgezwitscher und das Summen der Insekten. Ich lehne mein Fahrrad an einen Baum, lege meine Hand flach auf den Boden, ziehe meine Schuhe und Socken aus und spaziere barfuß über die Wiese. Verrückt: Silvester war gefühlt vorgestern, der Frühling ist ausgefallen, und jetzt kann ich schon barfuß durchs Gras laufen – willkommen im gewandelten Klima, aber nach diesem finsteren Gespräch kann ich ein bisschen Sonne wirklich gut gebrauchen. Meine Jacke ist schnell zum Kissen umfunktioniert, und so liege ich schon bald im Gras, lasse mein Gesicht wärmen und sehe nichts als blauen Himmel – herrlich ... aber ob Klara und Anton auch noch so unbeschwert werden auf einer Wiese liegen können? Und deren Kinder? Wie wird Berlin bis dahin wohl aussehen? Ist auch diese Baulücke dann mit Townhouses für ausländische Investoren zugepflastert? Kann es mit dieser Form der Politik überhaupt gelingen, weiterhin so zu leben – oder ist die Party langsam vorbei? Was können wir denn wohl von alten, weißen Männern erwarten, die bisher nur die Interessen alter, weißer Männer bedient haben? Bräuchten wir nicht einen großen Umbruch, ein Umdenken um 180 Grad, um all diesen Schlamassel wieder in den Griff zu kriegen? Okay, auch ich werde irgendwann alt und weiß sein, wobei mir alt und weise wirklich lieber wäre – apropos weise!

»Boah, leck!« Micha lacht ins Telefon, als ich ihm von meinem Gespräch mit Harrie berichte. »Das hat der gesagt? Das ist blanker Zynismus, ich sag's ja: Es ist so leicht Zyniker zu sein, wenn man sich unsere Welt anschaut. Zyniker wirken ja auch reif, überlegen, und angesichts unserer ach so schlimmen Welt geradezu vernünftig. Aber der Glaube, rationale Argumente könnten am Lauf der Dinge nichts ändern, ist eben auch irrational. Das ist das Gegenteil von Vernunft, geradezu die totale Bankrotterklärung der Vernunft. Warte mal eben, ja?« Ich höre andere Stimmen im Hintergrund, dann seine. »Ich hätte gern die Nudeln mit Gemüse – so, Phil?«

»Ja, ich bin dran.«

»Warte, ich geh mal eben raus, wir sind gerade beim Mittagessen.«

»Wir können auch später …«

»Nein, nein, ist schon gut. Du hast ja schon immer mal mit dem Gedanken gespielt, dich politisch zu engagieren, und die Idee der Weltrettung finde ich saucool. Das ist auch richtig schön größenwahnsinnig, gefällt mir! Aber mit einer Sache hat dein Dozent natürlich recht: Leicht wird das nicht, vermutlich geht das nur über Connections. Hast du nicht mal mit Sahra Wagenknecht in einer Talkshow gesessen? Ich erinnere mich dunkel an so eine komische Sendung …«

»Ja, das war bei Lanz«,[15] überlege ich und beobachte einen Schwarm Enten, der über mich hinwegfliegt. »Die könnte ich mal anschreiben, das stimmt.«

»Und was ist mit dem Lindner?«

»Tja, der Lindner …« Ich seufze. »Mit dem hab ich mal zwei Stunden beim Ingwertee gesessen und über Bildungspolitik gesprochen. Damals stand zur Debatte, dass ich bei der FDP mitmache.«

»Das muss ja nun auch nicht gleich sein, aber schreib die

doch einfach mal an. Schreib denen, was du vorhast und dass du nicht länger tatenlos dabei zuschauen willst, wie die Gesellschaft immer weiter nach rechts rückt und die Politiker den Klimawandel ignorieren – das wird cool!« Micha lacht wieder. »Cem Özdemir kannst du auch mal fragen, mit dem hab ich letztens auf einem Podium gesessen, der ist ganz vernünftig, grüß ihn von mir ...«

»Meinst du ehrlich, ja?«, frage ich eher mich selbst.

»Klar, das klappt. Aber du wirst sehen: In der Politik geht es ständig um Partikularinteressen, das ist das Problem. Parteien sind eben parteiisch! Da geht es nur in zweiter Linie um Argumente, in erster Linie immer um die Interessen der eigenen Fraktion. Und dann wird gestritten wie im Sandkasten ...« Er spricht mit hoher Stimme weiter. »Der Horst hat mir mein Eimerchen geklaut, und die Angela mein Schäufelchen! Blöde Andrea, fieser Kevin!«

»Und darauf soll ich mich einlassen?«

»Natürlich, ist doch witzig! Und dann versuchst du mal herauszufinden, ob die deutsche Politik den drei Kriterien entspricht, die man an einen liberalen Rechtsstaat anlegen muss.«

»Und die wären?« Ich reibe einen Grashalm zwischen meinen Fingern.

»Na ja, der Bundestag ist ja dazu da, Gesetze zu verabschieden, die unser Zusammenleben regeln. Und dass wir – Aufklärung sei Dank – in einem liberalen Rechtsstaat leben, erkennt man daran, dass nicht die Freiheiten der Bürgerinnen und Bürger begründet werden müssen, sondern die Eingriffe in diese Freiheiten durch den Staat. Und das kann er eben nur durch Gesetze tun, die erstens kritisch-rational, zweitens evidenzbasiert und drittens weltanschaulich neutral begründet sind.«

»Ah ja, das wollte ich auch gerade sagen ...« Ich schließe meine Augen. »Magst du mir das kurz erläutern?«

»Klar! Der kritische Rationalismus geht auf Karl Popper und seinen berühmten Satz zurück: ›Ich kann mich irren und du hingegen kannst recht haben, aber zusammen kommen wir vielleicht der Wahrheit auf die Spur.‹«

»Aber würde man da nicht sofort sagen«, denke ich laut nach, »dass es keine Wahrheit gibt? Sondern immer nur unterschiedliche Wahrnehmungen der Wahrheit?«

»Das kann man sagen«, hält Micha dagegen, »aber dann redet man eben Unsinn. Es gibt vielleicht keine Gewissheit, weshalb Popper zu wissenschaftlicher Bescheidenheit rät, weil immer die Möglichkeit besteht, dass wir uns im Erfassen der Wahrheit täuschen. Aber es gibt sehr wohl eine Wahrheit, also die Übereinstimmung einer Aussage mit überprüfbaren Tatsachen. Wenn wir Probleme lösen wollen – und darum geht es ja in der Politik –, dann müssen wir diese Wahrheit eben so gut wie möglich erfassen, und dafür müssen wir einen Ausweg finden aus unkritischer Wissenschaftsgläubigkeit einerseits und andererseits der Behauptung, dass Wahrheit nur vom Betrachter abhängt. Vor Gericht ist das ganz alltäglich. Wo warst du gestern?«

»Ich?«

»Ja, Du! In München ist nämlich gestern ein Mord begangen worden, und man verdächtigt dich der Tat.«

»Okay, verstehe. Aber ... gibt es nicht für jede Aussage die entsprechende Studie? Glaube keiner Statistik ...«

»... die du nicht selbst gefälscht hast. Natürlich gibt es gefälschte Statistiken, weshalb man immer kritisch bleiben und möglichst verschiedene Quellen heranziehen muss. Und es gibt auch Studien mit begrenzter Aussagekraft – und bewusst gefälschte Studien. Aber es gibt eben auch Kriterien, um zuverlässige von unzuverlässigen Studien und echte von gefälschten Statistiken zu unterscheiden. Und damit sind wir auch beim zweiten Punkt: Wenn ein Argument nicht auf Evidenzen beruht, also auf empirisch überprüfbaren, belastbaren Tatsachen, dann sind das die berühmten Fake News, und die dürfen bei der Gesetzgebung nicht berücksichtigt werden. Es gibt eben keine Alternative zu Fakten!«

»Aber das kann man doch in einer Debatte nicht immer gleich nachprüfen.«

»Muss man ja auch nicht, der Gesetzgebungsprozess bietet genug Zeit für diesen Diskurs. Man sollte natürlich schon mit einer wasserdichten, evidenzbasierten Argumentation reingehen, sich aber dennoch darauf vorbereiten, dass der politische Gegner ein besseres Argument hat. Alles andere ist reine Machtpolitik – oder eben …«

»… weltanschaulich nicht neutral?«

»Exakt, das kennst du ja: Ein säkularer Staat darf keine religiösen oder weltanschaulichen Positionen privilegieren oder diskriminieren, weil er sonst gegen Artikel 1 der Verfassung verstößt, die den Schutz der Menschenwürde garantiert, und gegen Artikel 3, der Diskriminierung verbietet. Und dazu gibt es von der Wiege bis zur Bahre leider viele Beispiele: Embryonenschutzgesetz, Schwangerschaftsabbruch, Schwangerschaftskonfliktberatung, Genitalbeschneidung, die Ehrfurcht vor Gott in den Schulgesetzen, die arbeitsrechtliche Sonderstellung kirchlicher Tendenzbetriebe, Kirchensteuergesetze, Sterbehilfe …«

»Papaaa!«, höre ich eine Kinderstimme rufen. »Dein Essen ist da!«

»Jahaaaa, Moment noch!« Er wendet sich wieder an mich. »Ich hab das auch alles aufgeschrieben,[16] aber merk dir einfach: Die Würde des Einzelnen ist dadurch bestimmt, dass der

Einzelne über seine Würde bestimmt – und nicht der Staat oder irgendeine Religionsgemeinschaft. Und dann noch ein letzter Satz: Du wirst merken, dass es durch den Nebel der Ideologie und Sympathie und Antipathie nicht immer leicht ist, gute von schlechten Argumenten zu unterscheiden. Aber die Güte eines Argumentes ist vollkommen unabhängig von der Person, die es hervorbringt oder in welcher Partei sie ist oder wie sympathisch oder unsympathisch diese Person ist. Nette Menschen können auch falschliegen und Arschlöcher recht haben!«

»Das sollte ich noch hinkriegen«, schmunzele ich.

»Unterschätz das nicht, Phil! Sympathischen Menschen zu widersprechen ist schon schwer – aber wenn es dann auch noch viele sind …« Er kichert. »Und die Güte eines Arguments ist auch nicht davon abhängig, wie laut oder energisch es hervorgebracht wird oder wie viele Menschen dafür Beifall klatschen. Wahrheit ist nicht demokratisch – die Masse hat nicht immer recht, selbst wenn sie recht bekommt. Die Güte eines Argumentes ist stattdessen einzig und allein davon abhängig, wie rational und evidenzbasiert es ist.«

»Micha-eeeeel!«, höre ich jetzt die Stimme seiner Frau im Hintergrund rufen.

»Ich komme!«, ruft er, wendet sich dann aber noch einmal an mich. »Mach das, Phil. Das wird richtig geil!«

Die Heißzeit kommt

Fünf! Und! Dreißig! Grad! An der Ostsee! Ich ziehe die Thermotasche mit den Drinks zu mir unter den Sonnenschirm, aber das wird auch nicht mehr viel bringen. Längst ist alles warm und ungenießbar. Die Kids planschen mit 50er Sonnencreme, die ich heute schon dreimal aufgetragen habe, in der Ostsee. Außerdem habe ich Schwierigkeiten, meinen manchmal einfach viel zu großen Körper in dem kleinen Fleckchen Schatten zu bewegen, den der Sonnenschirm bietet. Jeder Quadratzentimeter meiner Haut, der in der direkten Sonne liegt, brennt. Das mag an meinem Hauttyp liegen, aber ehrlich gesagt: So schlimm wie in diesem Killer-Sommer war es noch nie. Dazu überall Sand, Sand, Sand: in jeder Tasche, in allen Handtüchern, in meinen Haaren …

»Kommst du klar, Graf Dracula?«, fragt Sarah. »Wieder überall Sand?«

»Woher weißt du das?«

»Wir sind seit dreizehn Jahren zusammen, und ich hör dich seit Minuten auf dem Handtuch herumwursteln.«

»Das Zeug ist ü-ber-all!«, fluche ich.

»Du bist am Strand – entspann dich.«

»Entspann du dich doch!«

»Bin dabei.« Sie lächelt mit geschlossenen Augen.

»Glückwunsch: Du liegst jetzt eine ganze halbe Stunde in der prallen Sonne. Ich würde platzen vor Hitze!«

»Dein Problem. Ich nicht.«

»Und deine Haut?«

»Jetzt chill doch mal«, sagt sie langsam, »ich hab mich gut eingecremt.«

»So richtig gesund ist Sonnencreme auch nicht, ne? Da ist jede Menge Chemie drin und ...«

»Ey!« Sarah richtet sich auf. »Wir sind seit vier Tagen hier, an der Ostsee, nicht am Äquator!«

»Fühlt sich aber so an.«

»Wir haben uns und die Kinder langsam, aber sicher an die Sonne gewöhnt und vermeiden die Mittagsstunden – was willst du noch?« Sie seufzt und krabbelt zu mir, dann gibt sie mir einen Kuss. »Bist du enttäuscht, dass du keine Antwort aus dem Bundestag bekommen hast?«

»Der Lindner hat ja immerhin geschrieben – hat keine Zeit!«

»Aber ich denke, er will dich weiterempfehlen.«

»Ja!« Ich werfe einen kleinen Stein in den Sand. »Darum geht's mir ehrlich gesagt auch weniger ...« Missmutig krame ich den aktuellen *SPIEGEL* hervor und reiche ihn ihr.

»Der Sommer, der nie endet«, liest sie vor. »Wie der Klimawandel unser Leben verändert[17] – krass!« Sarah blättert die Zeitschrift auf und liest weiter. »›Die Deutschen bekommen eine Ahnung, wie der Klimawandel ihr Leben verändern könnte.‹ Und das macht dich so fertig?«

»Nicht unbedingt fertig, aber ...« Ich überlege. »Das macht mir schon Sorgen, ja. Ich mein, schau dir unsere Kinder an! Die sind ...«

»Die sind einfach megasüß!«, sagt Sarah entzückt.

»Aber mit unserem Lifestyle setzen wir ihre Zukunft aufs Spiel!« Ich zeige auf die Sonne. »Und die Prognosen sind nicht gut: Wenn wir Menschen weiterhin so viel CO_2 rausblasen – und danach sieht ja alles aus –, dann können durch die Erderwärmung Kipppunkte überschritten werden, auf die eine unkontrollierbare Kettenreaktion folgt, und dann … Hey!« Ich zucke zusammen.

»Getroffen!«, ruft Anton und rennt kreischend mit seiner Wasserpistole weg.

»Jetzt ist der *SPIEGEL* nass, na toll – danke, den wollte ich vielleicht noch lesen …«

»Ach, Philipp!« Sarah schaut mich streng an. »Er ist keine fünf Jahre alt. Jetzt vergiss den Scheiß doch einfach mal und spiel mit den beiden, komm – genieß das Wetter, wir haben Urlaub!«

Ich seufze. »Na gut …«

Das Ende ist Nahles

Moment mal – das soll der Bundestag sein?! Ich stehe Unter den Linden vor einem Bürogebäude, das im Gegensatz zu seinen teils prunkvollen Nachbarn, vor allem aber zu dem Gebäude, das ich eigentlich mit dem Bundestag verbinde, ziemlich abstinkt: grau, Glas, Beton. Aber egal, ich will hier schließlich keine Architekturführung machen, sondern Politik. Von Frau Wagenknecht und Herrn Özdemir habe ich immer noch keine Rückmeldung, Herrn Lindners Kontakt meldet sich auch nicht, aber manchmal muss einem eben auch Captain Zufall helfen.

Ich atme einmal durch und spüre meinen Herzschlag. Jetzt ist es also so weit – ich bin da. Soll ich da jetzt wirklich reingehen und einem Bundestagsabgeordneten der SPD erzählen, dass ich die Welt retten will? Ist das nicht irgendwie … lächerlich?

Nein. Seit der Wahl sind zwölf Monate vergangen, und in diesem Jahr ist der politische Zustand der Bundesrepublik Deutschland nach einer oberpeinlichen Regierungsbildung, der Fortsetzung des Dieselskandals und der andauernden Ignoranz der Klimakrise nicht besser geworden – und der Zustand der Welt bekanntlich erst recht nicht. Lächerlich ist daran also gar nichts. Los, Möller, du musst nur noch reingehen – worauf wartest du?! Entschieden steuere ich auf die Panzerglastür zu und drücke gegen den Knauf – verschlossen. Doch dann öffnet sie sich mit einem lauten Klicken nach außen. Ich übertrete also zum ersten Mal die Schwelle, aber drin bin ich noch immer nicht, sondern nur in einer Sicherheitsschleuse.

»Guten Tag, Möller mein Name«, sage ich durch ein Mikrofon zu der Frau von der Security, »ich habe einen Termin mit Fritz Felgentreu von der SPD.«

»Felgentreu, hm?«

»Genau.«

»SPD, sagen Sie, ja?« Sie schaut mich streng an.

»Richtig.«

»Und Ihr Name war wie? Müller?«

»Nein, Möller, mit ö, wie …«

»Schon klar, Moment bitte!« Sie greift nach dem Telefon. »Hier ist ein Herr Müller für Doktor Felgentreu.« Sie nickt und legt auf. »Ihren Personalausweis bitte, Herr Müller.«

»Gern.« Zähneknirschend lege ich das Kärtchen in eine Schublade, wie man sie vom Nachtschalter an der Tankstelle kennt. Geduldig beobachte ich, wie die Dame ihn in einen Kasten einsortiert und mir dafür einen orangefarbigen Gastausweis zurückgibt.

»Den tragen Sie bitte immer offen sichtbar an der Kleidung.« Sie schaut mich über ihre Brille an. »Sie dürfen als Gast niemals allein im Haus unterwegs sein.«

»Jawohl!« Ein Salutieren kann ich mir gerade verkneifen.

»Gut. Gehen Sie bitte hier durch die Sicherheitskontrolle und warten dann, bis Sie abgeholt werden.«

Brav folge ich ihren Anweisungen, und als ich mich gerade gesetzt habe, kommt ein junger, schlanker Mann mit Brille auf mich zu.

»Hallo, Herr Möller«, sagt er und gibt mir die Hand. »Fritz erwartet Sie schon – kommen Sie mit! Christopher King, freut mich.«

Jetzt ist es also so weit: Ich bin im Bundestag. Dass dort neben dem Plenarsaal wohl kaum noch die Abgeordnetenbüros reinpassen, stelle ich überrascht fest. Mit guter Politik, denke ich mir, ist es doch wie mit gutem Service: er fällt nicht auf. Und während Gäste im Restaurant genau für diesen Service bezahlen, sollte das doch in einer Demokratie nicht anders sein: Von den Steuern des Volkes werden Menschen bezahlt, die in einem transparenten Verfahren von allen anderen dazu auserkoren wurden, unser Zusammenleben zu organisieren – aber doch bitte so geräuschlos, dass wir Normalsterblichen in Ruhe unserer Arbeit nachgehen und ein gemütliches Leben leben können. Ist das denn wirklich zu viel verlangt? Muss das denn alles sein, mit Diesel-Skandalen und den ganzen Rechten und den ganzen Unrechten? Oder einem Verfassungsschutzpräsidenten, der sich so weit aus dem Fenster lehnt, dass man sich nicht wundern muss, wenn er bald rausfällt? Muss man denn wirklich immer alles selber machen?!

»Und Sie wollen also ein Buch über die Weltrettung schreiben?« Der Assistent von Fritz Felgentreu lächelt mich von der Seite an. »Cool.«

»Danach, ja.«

»Wonach?«

»Nachdem ich die Welt gerettet habe, natürlich.«

»Na dann«, sagt er. »Und woher kennen Sie Ramin?«

»Aus einer Moschee.«

»Ach, echt? Sie sind doch Atheist, oder?«

»Ja, das ist etwas kompliziert. Ramin und ich sind beide in so einem Netzwerk. Und als ich letzte Woche beim Moschee-Besuch erzählt habe, dass ich in die Politik will, hat Ramin gesagt, dass er in der SPD ist und mir den Kontakt zu einem MdB besorgen kann. Und da bin ich!«

»Cool!« Wir laufen durch einen Gang und betreten ein

eher schmuckloses Büro mit SPD-Plakaten an den Wänden.
»Fritz telefoniert noch – willst du'n Kaffee?«

»Gern.«

»Oh, jetzt hab ich dich einfach geduzt, sorry.«

»Kein Ding, ist doch normal unter Genossen, oder?«

»Joa.«

Und jetzt? Soll ich dem jetzt schon Fragen stellen? Hat der denn überhaupt was zu tun mit der Weltrettung? Nicht einmal Smalltalk übers Wetter kann man heutzutage noch führen, ohne über Politik zu reden. Vielleicht frage ich ihn, was es mit seinem Namen auf sich hat – Christopher King? So heißt doch kein Deutscher. Ist der vielleicht Brite? Ist er dann beim Brexit seinen Job hier los? Ich greife lieber ein unstrittiges Thema auf.

»Und, wie ist das so, in der SPD zu sein?«

»Für mich ist das genau die richtige Partei«, sagt er locker, »für die soziale Demokratie und mit einer guten Tradition – aber klar: Ist nicht immer einfach!«

Nicht immer einfach?! Bei der letzten Sonntagsfrage lag die SPD mit 18 Prozent gerade mal zwei Prozentpunkte vor der AfD.[18] Und ein grober Blick auf die zwölf Monate, die seit der Wahl vergangen sind, erzählt auch nicht gerade eine sozialdemokratische Erfolgsgeschichte: Der hysterisch gehypte Martin Schulz lockt mit Bekanntgabe seiner Kanzlerkandidatur erst bombastisch viele neue Mitglieder an, legt dann aber einen ebenso bombastisch lahmen Wahlkampf hin.[19] Als am Wahlabend klar wird, dass die Partei ihr schlechtestes Ergebnis seit 1949[20] eingefahren hat, können alle GroKo-Gegner aufatmen. Allen voran der aufmüpfige Juso-Vorsitzende Kevin Kühnert, der auf einer NoGroKo-Tour monatelang erfolgreich die Parteispitze torpediert –, und plötzlich reden alle nur noch von Jamaika. In der Elefantenrunde macht Schulz dann ein Gesicht wie vier Jahre Regenwetter und pflaumt die Angela nach seinem politischen Flirt im Kanzlerduell an wie ein sitzengelassener Ehemann seine Exfrau. Ohne Umwege macht er ihre »systematische Verweigerung von Politik«[21] für den Wahlerfolg der AfD verantwortlich und reißt damit jegliche Brücken zu einer Neuauflage der großen Koalition ein. Meine Restsympathie, die ich aus Mitleid für ihn bis dahin hatte, ist dahin. Nach den eher unglücklich gelaufenen Jamaika-Verhandlungen muss seine Partei sich dann die Blöße geben, diese Brücken wieder aufzubauen, um weitere vier Jahre GroKo-Mikado zu spielen: Wer zuerst etwas bewegt, hat verloren, allerdings ohne den Martin im Kabinett. Und so treten die Sozialdemokraten zwar mit zwei starken Frauen, Barley und Giffey, und einem ganz pfiffigen Saarländer, dafür aber ohne charismatische Frontfiguren in die Regierung Merkel-IV ein. Allerdings gönnen sich die Genossinnen und Genossen eine neue Partei- und Fraktionsvorsitzende. Von der zwar unklar ist, ob sie innerhalb oder außerhalb der Partei mehr Antipathien genießt, dafür verkörpert sie wie keine Zweite die momentan offenbar einzige Stärke der SPD: gute Taten schlecht verkaufen.

»Hast du denn einen Favoriten?«, fragt Christopher.
»Momentan eher Antifavoriten.«
»Ah ja. Das ist immer leicht.«
Jetzt öffnet sich die Tür zum Abgeordnetenbüro, und mein Puls steigt. Denn mal ehrlich: Was mache ich hier eigentlich? Einem Mitglied des Bundestags sagen, dass ich meiner Tochter versprochen habe, mit ihm und seinen Kollegen zu schimpfen? Dass ich ihn aber auch bei seiner Arbeit begleiten und dann die Welt retten will? Dass ich später ein Buch darüber schreiben werde?

»Guten Tag, Herr Möller!« Fritz Felgentreu öffnet mit der linken Hand seine Tür und reicht mir die rechte. Er ist ordentlich gekleidet, wie ein richtiger Politiker eben, mit Anzug, Krawatte und glänzenden Schuhen. Durch die runde Brille funkeln mich wache Augen an, seine Glatze glänzt im Tageslicht. »Bitte kommen Sie doch herein!«

Ich folge seiner Bitte, nehme lächelnd vor seinem Schreibtisch Platz, und obwohl ich weiß, dass der Mann gerade mal zwölf Jahre älter ist als ich, fühle ich mich wie ein Grundschüler, der aus Spaß den Feueralarm betätigt hat und jetzt vorm Schulleiter erklären muss, was er sich dabei gedacht hat. Herr Doktor Felgentreu schließt die Tür hinter mir und setzt sich an seinen Schreibtisch.

»So.« Er faltet die Hände und schaut mich an. »Sie wollen also die Welt retten, ja?« Ein halbes Lächeln überzieht sein freundliches Gesicht. »Und dafür wollen Sie mir bei der Arbeit über die Schulter schauen und dann ein Buch darüber schreiben?«

»Genau – wenn auch kein ganzes Buch über Sie. Wahrscheinlich eher ein Kapitel.« Ich räuspere mich. »Aber das ist der Plan, ja.«

Isch geh Schulhof – das kenne ich doch, liest er brummelnd in dem Anschreiben, das ich ihm über Ramin habe zukommen lassen. »Klimawandel, Digitalisierung, enthemmter Kapitalismus, soziale Spaltung, Massenmigration ... Was läuft da eigentlich im Bundestag?« Mit hochgezogenen Augenbrauen richtet er sich die Brille und lächelt, als er den letzten Satz liest. »Ihr wusstet das doch alles damals, Papa, von AfD, ISS und NoX – und was habt ihr dagegen getan? Abends Netflix geglotzt?! Schönen Dank auch!« Er lacht. »Das kann ich gut nachvollziehen, bin ja auch Vater – aber genau deswegen ist unsere Arbeit ja auch so wichtig.«

Nickend schaut er mir lange in die Augen, und kurz spiele ich durch, wie es wohl wäre, wenn ich jetzt die Hände heben und ihm sagen würde, dass das alles eine Schnapsidee war und dass ich jetzt am besten wieder brav religionskritische Bücher schreiben und mich um meine Kinder kümmern gehe.

»Na dann«, sagt er plötzlich, »herzlich willkommen an Bord der MSS Bundestag! Bezahlen können wir Sie leider nicht, aber eine gerettete Welt sollte doch Lohn genug sein, oder?« Er lacht, und weil ich es kaum fassen kann, dass er sich tatsächlich auf mein Unterfangen einlässt, führe ich das restliche Gespräch mit ihm wie in Trance und bin fast ein bisschen erleichtert, als er auf die Uhr schaut. »Ich muss leider auch schon weiter und schlage daher vor, Sie besprechen mit Herrn King meine kommenden Termine, dann sehen wir uns am Montag früh direkt zur Bürorunde – gut?« Und dann ist er auch schon weg.

»Die grünen Felder sind die AGs«, erklärt mir Christopher kurz darauf und fährt mit der Maus in Outlook entlang, »die roten sind Parteitermine, blau sind die Ausschüsse, bei Fritz also Verteidigung und der Untersuchungsausschuss zum Anschlag am Breitscheidplatz, hellblau ist Plenum, gelb sind Pressetermine und lila sind Termine im Wahlkreis.«

»Ah ja.« Ich stehe hinter ihm, starre auf den Monitor und begreife: Wäre die Wochenansicht im elektronischen Kalender eines MdB ein Computerspiel, müsste sie einen Warnhinweis für Epileptiker enthalten. Und einen für Workaholics.

Das Schicksal unseres Landes in den Händen von Workaholics

Die Berliner S-Bahn bringt mich vom Brandenburger Tor direkt in meinen Kiez. Vom Bahnhof aus laufe ich über die Unfallschwerpunkt-Kreuzung, an der Shisha-Bar vorbei, die mit einem Spätkauf und dem benachbarten Sportwettbüro eine Art Freizeitpark für Nikotin- und Spielsüchtige bietet, danach geht es an zwei Tankstellen und einem gigantischen Supermarkt vorbei, und dann erreiche ich Klaras Schule.

»Papaaaa!«, ruft sie, als ich den Hort betrete und erfolglos versuche, die brüllenden Kinder und den bröckelnden Putz an den Wänden zu ignorieren. »Warst du heute in dem bunten Tag?«

»Im Bundestag, ja!« Ich drücke ihr einen Kuss auf die Wange, dann verabschieden wir uns, passieren die stinkenden Toiletten und laufen Richtung schönes Schöneberg, wo wir mit Sarah und Anton zum Eisessen verabredet sind.

»Und hast du schon mit den Politikern geschimpft?«, will sie draußen wissen.

»Erst mal habe ich ja nur einen kennengelernt«, erkläre ich ihr, »und der war eigentlich sehr nett.«

»Das ist schlecht«, sagt sie. Und ich: »Wieso?«

»Weil mit netten Menschen schimpft man ja nicht so gern. Hast du dem auch von unseren Toiletten erzählt?«

»Nee, noch nicht.«

»Okay.« Sie zuckt mit den Schultern. »Kann ich auf deine Schulter?«

»Na klar!« Ich nehme Klara auf meine Schultern und ihre Tasche auf den Rücken. »Wie machst du das denn inzwischen mit den Toiletten?«

»Es gibt eine ganz oben, die ist okay.«

»Und wie läuft's sonst so?«

»Na ja.« Sie seufzt. »Vicki ist meine beste Freundin, und Frau Kleine ist immer lieb zu mir.« Sie nestelt in meinen Haaren. »Die ist bestimmt traurig, wenn ich dann nicht mehr in der Klasse bin.«

»Wahrscheinlich, ja.« Allein der Gedanke an die Immo-App macht mir Bauchschmerzen, aber die Kids wissen natürlich, dass Sarah und ich weiterhin auf der Suche nach einem neuen Zuhause sind.

»Papa«, fragt Klara weiter. »Was machen die Politiker eigentlich den ganzen Tag so?«

»Reden«, sage ich spontan. »Eigentlich reden die den ganzen Tag.«

»Ist doch super. Genau wie du.«

Lachend kommen wir an einem Eisladen vorbei, der auf unserer Seite der S-Bahn-Schienen liegt.

»Kann isch Eis, Mama?«, fragt ein Junge seine Mutter. »Bitte, bitte, bitte, ja?!«

»Ey, Jason, ey!«, sagt sie und zieht an ihrer Zigarette. »Mama tut dit Jeld nich scheißen!« Sie seufzt und kramt in der Tasche. »Na jut, komm.«

Nach einer Unterführung erreichen wir das Eiscafé auf der anderen Seite unseres Bezirks. Ich setze Klara ab, die zum Tresen rennt, um sich eine Sorte auszusuchen. Ich hingegen stelle mich an die lange Schlange an und beobachte die Kinder, die auf dem breiten Gehweg spielen: teure Klamotten, neue Fahrräder, blonde Haare – willkommen im anderen Einzugsgebiet.

»Frida!«, ruft eine Mutter ihrer Tochter aus der Schlange zu. »Was möchtest du haben?«

»Was gibt's denn?«

»Ach, Frida, wir sind jeden Tag hier!« Sie seufzt und liest die Liste vor: »Polynesische Tahiti-Vanille, Macadamia-Tonka-Brittle, Caramel Beurre Salé …«

»Neehee«, ruft Frida, die auf ihrem Holzlaufrad sitzt, »ich will einfach nur zwei Kugeln Schoko mit Streuseln.«

»Du, Frida, die Streusel sind nur aus Zucker.«

»Ich will aber«, ruft das Mädchen, und ihre Mutter seufzt.

»Hallo, Herr Politiker!«, höre ich Sarah plötzlich hinter mir. Sie haut mir auf den Hintern und gibt mir einen Kuss. »Na, heute schon die Welt gerettet?«

»Logo – schau dich doch um!«

»Und drüben?« Sie zeigt Richtung Schule.

»Step by step«, sage ich. »Die Ecke kriegen wir auch noch gentrifiziert.«

»Du bist fies!«

»Nur Realist – Eiskaffee?«

»Gern!« Sie schickt Anton nach vorne zu Klara, und als wir mit unserem Kaffee zwei Plätze ergattert haben und die Kids mit ihrem Eis bei den anderen sitzen, schaut sie mich mit großen Augen an.

»Jetzt erzähl doch endlich mal! Wie war's? Wie ist der Abgeordnete? Und was kannst du alles mitmachen?«

»Ach, ganz gut.« Ich schlürfe am Eiskaffee. »Der Abgeordnete ist … sehr nett und hat einen extrem vollen Terminkalender.«

»Wow – du sprudelst ja geradezu über vor Begeisterung.« Sie nimmt ihre Sonnenbrille ab. »Und die Termine?«

»Nächste Woche ist noch keine Sitzungswoche, da wird's eher lokalpolitisch …«

»Wie – keine Sitzungswoche? Ist da nicht jede Woche was los?«

»Nee, wusste ich auch nicht, voll peinlich.« Wir lachen. »Vielleicht hat man das ja auch in der Schule gelernt, aber wenn, dann hab ich's vergessen. Meist wechselt sich das ab: eine Woche Sitzung, eine Woche sitzungsfrei.«

»Was?«, ruft Sarah lachend. »Klingt ja gechillt!«

»Ist es aber nicht – hier!« Ich ziehe Fritz' komplette Wochenübersicht aus der Tasche, die Christopher mir mitgegeben hat. »Das hier ist eine sitzungsfreie Woche.«

»Ach du Scheiße!« Sarah reißt mir die Übersicht aus der Hand, auf der alle Termine von Montag früh bis Sonntagabend eingetragen sind. »Und da musst du überall mit? Wie soll das denn klappen? Wir haben zwei Kinder! Das geht ja täglich bis 22 Uhr!«

»Ist doch nur für die Recherche!«

»Na hoffentlich – und am Wochenende auch? Samstag und Sonntag Termine? Wie sieht denn dann bitte eine Sitzungswoche aus?!« Sie nimmt mir auch den zweiten Bogen weg und starrt darauf. »Na super«, sagt sie, »das Schicksal unserer Nation liegt in den Händen von Workaholics!«

»Ich muss nicht bei allem dabei sein«, beruhige ich sie. »Außerdem sollen die MdBs ja auch etwas tun für ihr Geld!«

»Stimmt auch.« Noch immer starrt Sarah auf das Papier und nippt am Kaffee. »Wie viel Kohle kriegen die überhaupt?«

»Gar nicht so viel«, sage ich grinsend und warte, bis Sarah den Kaffee heruntergeschluckt hat, »knapp zehntausend Euro im Monat.«

»Was?!«

»Ach komm«, sage ich zwinkernd, »in unserer steuerlichen Situation blieben da gerade mal 7000 Euro im Monat übrig.

Ich hab gerade noch gelesen, dass das im Vergleich wirklich nicht so krass ist.«[22]

»Im Vergleich mit wem?«

»Ein Pilot zum Beispiel verdient nach zehn Jahren im Unternehmen das Gleiche, also etwa 115 000 Euro brutto pro Jahr.«

»Und ein Normalverdiener?«

»Arbeitnehmer ohne Kinder verdienen im Schnitt deutschlandweit gut 33 000 Euro pro Jahr, also ungefähr 2800 Euro im Monat – und Vorstandschefs von Aktienunternehmen? Was schätzt du?«

»Kein Plan! Hundertmal so viel?«

»Also 3,3 Millionen im Jahr?«

»Okay, so viel wahrscheinlich auch wieder nicht …«

»Doch: 5,5 Millionen durchschnittlich im Jahr, also ungefähr 460 000 Euro im Monat, so viel wie 50 Bundestagsabgeordnete.«

»Hä?!« Sarah schüttelt den Kopf. »Was macht man mit so viel Kohle?«

»Gute Frage«, seufze ich, »zumal Geld offenbar magnetisch ist und immer mehr Geld anzieht. Und so ist das ja bei Magneten: Je größer sie sind, desto stärker werden sie. Da braucht man kein Experte zu sein, um zu sehen, wo das hinführt: Irgendwann haben ganz wenige alles und alle anderen gar nichts – und dann geht die gesellschaftliche Bombe hoch.«

Die Faschos kommen

Nach einem weiteren Sommerwochenende, das eigentlich phantastisch hätte sein können, öffne ich am Montag früh die Augen und erinnere mich an zwei Gründe, warum es kein schönes Wochenende war. An den ersten habe ich mich langsam gewöhnt, und das ist der bedrohliche Charakter dieser Hitze. Für den zweiten Grund geht mir noch vor dem Aufstehen durch den Kopf, was in den letzten Tagen passiert ist: die Nazi-Aufmärsche in Chemnitz mit fast 10 000 Teilnehmern. Immerhin wurde als Gegenreaktion dann unter dem Hashtag #wirsindmehr bekannt, dass für heute ein Konzert in Chemnitz geplant ist, bei dem unter anderem die Toten Hosen, Kraftclub und die ziemlich linke Band Feine Sahne Fischfilet spielen sollen. 50 000 Leute werden erwartet, auch weil unser Bundespräsident das Konzert beworben hat, und dennoch: Der Osten ist in rechter Aufruhr.

Es gibt allerdings auch gute Nachrichten: Ein riesiges Bündnis hat sich zusammengeschlossen, dass unter dem Motto #unteilbar für Oktober eine Großdemo zur Verteidigung der offenen Gesellschaft angekündigt hat. Da muss ich auf jeden Fall hin, aber jetzt erst mal: Auf zur Arbeit, denn heute ist mein erster Tag als Weltrettungspraktikant im Bundestag.

»Keine Krawatte?«, fragt Sarah, als ich später vorm Spiegel stehe.

»Krawatte? Ich geh doch nicht zur CDU!« Ich überlege

kurz. »Hab ich diese drei Buchstaben mit genug Verachtung ausgesprochen?«

»Perfekt.«

»Warum hast du so lustische Schuhe an, Papa?« Anton steht neben mir. »Damit siehst du aus wie Opa.«

Mit ihm auf den Schultern und Klara an der Hand verlasse ich die Wohnung. Im Kinderladen fragen alle, warum ich heute so schick bin, und als ich mit Klara zur Schule laufe, will auch sie wissen, was Sache ist.

»Was arbeitest du heute, Papa?«

»Ich begleite einen Politiker, der sich um die Verteidigung von Deutschland kümmert.«

»Haut der andere, wenn die uns ärgern?«

»Nee!« Ich bleibe stehen. »Machen das die Kinder in deiner Schule?«

»Türlich!« Klara schaut mich aus großen Augen an. »Auf dem Schulhof hauen sich ganz viele Kinder.«

»Der Fritz, bei dem ich jetzt arbeite, haut jedenfalls niemanden«, sage ich seufzend. »Der kümmert sich darum, dass die Soldaten in Ruhe arbeiten können, damit sie Deutschland gegen andere Soldaten verteidigen könnten, wenn es nötig wäre.«

»Und ist das nötig?«

»Neeiin!«, sage ich empört, aber denke dabei an die roten Knöpfe in den USA, China, Nordkorea, Iran und Pakistan, was mich an einen Satz von Schmidt-Salomon erinnert: »Wir verhalten uns wie Fünfjährige, denen die Verantwortung für einen Jumbojet übertragen wurde.«[23] »Du musst dir keine Sorgen machen, Süße.«

»Papa?« Klara hält mich fest, als ich ihr um kurz vor acht am Klassenraum ein Küsschen gebe. »Denk dran, was du mir versprochen hast, ja?«

Am Eingang zum Bundestag bin ich jetzt schon geübter: Warte brav auf die Türöffnung, gebe direkt meinen Ausweis ab, schaffe es diesmal ohne piependen Gürtel durch den Metalldetektor und rede mit Christopher über Politik.

»Den Maaßen werden die bald absetzen, das kann nicht mehr lange gutgehen«, sagt Fritz' Büroleiter. »Man munkelt ja …«, fährt er leise fort, aber den Rest verstehe ich leider nicht mehr.

Gemeinsam mit Fritz und seiner Referentin gehen wir schließlich zu unserem ersten Termin.

»In solchen Sitzungen retten wir meist nicht die Welt«, sagt Fritz lächelnd auf dem Weg dorthin. »Das passiert eher nächste Woche in den Ausschüssen.«

»Dazu hab ich schlechte Nachrichten«, wirft Christopher ein, »der Verteidigungsausschuss ist nur für Referenten der Fraktionen und ausgewählte Mitarbeiter des Bundestags zugelassen – sorry!«

»Kein Problem«, sage ich und beiße innen auf meine Unterlippe.

In dem Sitzungsraum, in dem wir jetzt ankommen, haben sich etwa zehn Leute versammelt. Es gibt Kaffee und Kekse und Wasser, und wenn ich es nicht besser wüsste, könnte das hier auch ein Konferenzraum der Capitol-Versicherung sein. Als alle sitzen, zeigt Fritz auf mich.

»Das ist mein Hospitant, Philipp Möller«, sagt er. »Vielleicht stellst du dich kurz vor?«

»Gern.« Alle schauen mich an. Das ist also der Moment, in dem ich meine Mission einer Gruppe Fremder vorstellen muss. »Meine achtjährige Tochter besucht eine ziemlich heruntergekommene Schule mitten in Berlin und hat von mir verlangt, mit den Politikern zu schimpfen, weil sie die Schule nicht sanieren.«

»Da bist du hier aber falsch«, sagt ein älterer Herr mit Schnurrbart.

»Das weiß ich, aber es gibt ja neben dem maroden Bildungswesen noch ein paar andere Probleme. Also hab ich mir gedacht: Rettest du mal die Welt, und das geht doch am besten im Bundestag.«

Stille. Der Mann streicht sich übers Kinn, die anderen schauen eher betreten in ihre Unterlagen, Fritz zieht eine Augenbraue hoch. Nur seine junge Mitarbeiterin kann sich ein Lächeln nicht verkneifen. Klar, denn für die Alten ist die Weltrettung ja unwichtig – für ihre Lebenszeit wird es ja noch reichen.

»Politik genießt ja in der Bevölkerung momentan nicht das beste Ansehen«, schiebe ich aber hinterher, um ein bisschen zu besänftigen, »vielleicht kann ich ja auch ein paar Vorurteile abbauen …«

»Das wäre wichtig«, sagt der Schnauzer. »Die Demokratie steht nämlich keineswegs kurz vorm Zusammenbruch, wie gern behauptet wird.«

»Genau«, bestätige ich, auch wenn die Zeichen der Zeit natürlich eine gänzlich andere Sprache sprechen.

Die Sitzung beginnt, aber je länger ich den Damen und Herren hier zuhöre, desto klarer werden mir zwei Dinge. Fritz hat wohl recht gehabt: Bei Kaffee und Keksen wird die Welt in diesem Konferenzraum wohl kaum gerettet. Außerdem muss ich mich daran gewöhnen, so früh zu arbeiten – oder aber meine Aufmerksamkeitsspanne ist in meiner Jugend durch MTV und Playstation etwas versaut und wird durch eine solche Sitzung etwas … unterfordert.

Mein erster echter Bundestag

Es ist ein wunderschöner Morgen im September, sonnig und noch immer viel zu mild, als ich die Treppen des Bahnhofs emporsteige und auf dem Pariser Platz vor dem Brandenburger Tor stehe. Mit guter Laune und den Händen in den Hosentaschen spaziere ich durch die historischen Säulen und bekomme dabei wie immer eine kleine Gänsehaut. Dann schaue ich nach rechts und entdecke mein heutiges Ziel: den Reichstag! Endlich, denn heute darf ich auf der Zuschauertribüne Platz nehmen und live die Haushaltsdebatte verfolgen. Mit dem Kopf im Nacken laufe ich an den massiven Mauern entlang, stehe wenige Momente später auf dem Platz der Republik, vis-à-vis der Festung der Demokratie, und spüre, im Angesicht dieses Bauwerks, wie klein ich bin. Furchtbar klein sogar. Und unbedeutend. Machtlos, ein Niemand, ein vollkommen irrelevantes Zahnrad in der gigantischen Maschinerie der Bundesrepublik Deutschland, ein Nichts.

Das Reichstagsgebäude hingegen ist alles: überwältigend, schön und dominant zugleich, fast bedrohlich mächtig und das zementierte Zentrum meiner Heimat. Blauer Himmel strahlt über der stolzen Architektur, während die Sonne von Osten hinter dem Koloss hervorscheint. Es riecht nach Bratwurst, die am Rande des Vorplatzes hier schon morgens verkauft wird, und das vertraute Gewirr fremder Sprachen umgibt mich – ja, dit is Berlin. Zumindest ist es ein bestimmter Teil dieser Stadt, die ja bekanntlich viele Gesichter hat, mir aber hier zwischen Bundestag, Bundeskanzleramt, Hauptbahnhof und Brandenburger Tor irgendwie am fremdesten ist.

Aber Moment mal: das zementierte Zentrum meiner Heimat? Habe ich das wirklich gerade gedacht – Heimat? Okay, irgendwie stimmt es ja auch, immerhin bin ich ja Bio-Deutscher, wie man im Milieu der Bio-Deutschen sagt, oder Kartoffel, wie meine Schüler mich damals, als ich Vertretungslehrer war, gern genannt haben. Auf der Liste der von mir verwendeten Begriffe steht Heimat jedoch ziemlich weit hinten, irgendwo in der Nähe von Ehre, Stolz und Vaterland. Zeigen meine wenigen Tage im beruflichen Schatten eines MdB etwa schon ihre staatstragende Wirkung?

Wobei die erste Woche mit Fritz, die eine sitzungsfreie Woche war, mich ehrlich gesagt nicht gerade mit Begeisterung angesteckt hat. Der Fritz ist zwar ein Guter, top informiert, engagiert, das politische Herz am richtigen Fleck, aber irgendwie ... will der politische Funke auf mich so nicht überspringen. Alles scheint so ruhig in seinem Umfeld, so gelassen, als würde er all das schon lange tun und in einer stoischen Ruhe auch davon ausgehen, dass es noch lange dabei bleibt. Klar, Fritz ist ja auch Teil der Regierung, und dabei dämmert es mir: Die Große Koalition aus Union und SPD ist vielleicht in der Lage, die Gegenwart zu verwalten – aber kann sie auch die Zukunft gestalten? Ist dieser Teil der politischen Klasse, in all seiner Routine, überhaupt an Aufbruch interessiert? Und liegt vielleicht genau da das Problem – in der Routine, mit der Fritz seiner Arbeit nachgeht? In anderen Berufen, etwa bei Piloten oder Ärzten, wäre Routine ja etwas Beruhigendes, etwas Vertrauen-Stiftendes. Aber wo ist hier die Bewegung? Wo der konstruktive Dissens, wo das lodernde Feuer, die Vision einer Veränderung hin zu einer neuen, besseren Welt, die keinen Aufschub erlaubt? Vielleicht ist das ja eher Sache der Opposition, weshalb ich bei den heutigen Reden ein Gefühl dafür bekommen möchte, wo ich am ehesten zu Hause wäre – obwohl nach dem reinen Ausschlussverfahren eigentlich sowieso nur eine Partei übrig bleibt. Und ich befürchte, die SPD ist es nicht, denn als ich gestern Abend die siebzig Seiten Notizen gelesen habe, die ich über meine erste Woche bei Fritz verfasst habe, kam es mir so vor, als sei ihr Inhalt in der Nachbetrachtung irrelevant.

Hinzu kommt mein Gefühl, dass die SPD, wie die Union auch, vollkommen aus der Zeit gefallen scheint. Der Gedanke kratzt natürlich an mir, denn immerhin spricht die AfD ständig von Altparteien und ist dabei die altbackenste. Aber allein mein Abend mit Fritz im Kreis Neukölln, Abteilung 11, Alt-Britz, wo die Genossinnen und Genossen im Vereinsheim bei warmer Cola zusammensitzen und beklagen, wie sich die Welt ändere, spricht Bände. Und auch wenn unsere demographische Entwicklung solche Abende eher begünstigen dürfte, stellt sich mir doch die Frage, wie lange es diese Form der analogen Politik in einer digitalisierten Welt wohl noch geben wird.

Heute wird es jedoch spannender, denn gleich kann ich den Politik-Profis im Plenum des Bundestags beim Regieren zuschauen. Und die haben in dieser Woche eine so schwere wie dankenswerte Aufgabe: Seit gestern müssen sie den größten Etat, der dem Bund seit Gründung der BRD jemals zur Verfügung stand, debattieren, und das sind für das kommende Jahr 2019 immerhin 356,8 Milliarden Euro. Und deswegen ist heute auch ganz großes Bundestags-Kino, wie mir im Büro Felgentreu erklärt wurde: Der Haushalt des Bundeskanzleramts wird verhandelt, und das artet wohl meist zur Generaldebatte aus. Entsprechend großkopfert liest sich auch die heutige Rednerliste: Gauland, Merkel, Lindner, Nahles, Bartsch und Göring-Eckhardt – Politik mit Promifaktor!

Mit der Eintrittskarte fürs Plenum, die Fritz' Büro mir besorgt hat, passiere ich die Sicherheitskontrolle in den weißen Containern am Fuße des Bundestags und laufe dann gemeinsam mit einer Horde Schülern auf den Haupteingang dieser Festung zu. Eine riesige Panzerglastür öffnet sich für uns, und als wir in einer Sicherheitsschleuse warten, klingelt ein Telefon.

»Digga, was los?«, sagt der Teenager. »Isch gehe später Fitness, Digga. Jetze isch habe Schule, Digga.« Er lacht. »Nein, man, Digga, isch bin Bundestag!« Er rollt die Augen, als sein Lehrer ihn streng anschaut. »Digga, sch'muss auflegen, Digga.«

Wir steigen eine Treppe empor, laufen an einem Mitarbeiter der Security vorbei, der auf seinem Handy Candycrush spielt, und erreichen dann die Vorhalle des Plenums im ersten Stock. Dicke Auslegware sorgt hier dafür, dass es trotz der vielen Leute angenehm still ist, und nachdem ich meine Sachen an der Garderobe abgegeben habe, bekommen wir eine Einweisung von einem der vielen Frackträger, die hier arbeiten: keine Zwischenrufe, kein Applaus, nicht einschlafen – das ist die Kernbotschaft, und damit dürfen wir endlich die Zuschauertribüne des Plenums betreten. Mit dem Presseausweis, den ich mir extra noch für meine Reise in die Politik beantragt habe, darf ich mich von den Schülergruppen absetzen und hinter den Fotografen auf der Pressetribüne Platz nehmen.

Die Plätze der MdBs sind voll, und auch die Reihen der Bundesregierung sind mit allen Mitgliedern des Kabinetts besetzt – inklusive Frau Merkel. Nach der Sitzungseröffnung läuft der Mann mit der Hundekrawatte, der mich an meinen fiesen Nachbarn erinnert, langsam zum Rednerpult.

»Herr Präsident! Meine Damen und Herren! Der Bundesminister des Innern hat die Migration die Mutter aller Probleme genannt«[24], beginnt Alexander Gauland die Rede, mit der er als Oppositionsführer des Bundestags traditionell die Aussprache zum sogenannten Einzelplan null-vier eröffnen darf. Mir kommt jedoch zuerst eine andere Rede des Herrn Gauland in den Sinn:

»Ja, wir bekennen uns zu unserer Verantwortung für die zwölf Jahre«, hatte er vor kurzem vor der Jugendorganisation der AfD, der Jungen Alternative, über den Nationalsozialismus gesagt. »Aber, liebe Freunde: Hitler und die Nazis sind nur ein Vogelschiss in über 1000 Jahren erfolgreicher deutscher Geschichte.«[25]

Hier im Bundestag spricht er jetzt eher unaufgeregt über Fluchtursachen in Syrien, über Krieg mit Russland, über Afghanistan und Taliban und stellt dann fest: »Ein Riss geht durch unsere Gesellschaft. Ich glaube, da gibt es keinen Dissens. Ich fürchte allerdings, dass es erheblichen Dissens in der Frage gibt, von wem diese Gefährdung ausgeht.«[26]

»Von Ihnen!«, ruft Anton Hofreiter ein, und schon ist die Stimmung im Saal nach wenigen Sätzen herrlich aufgeheizt.

Nach einer Reihe von Verbrechen durch Ausländer an Deutschen, die Gauland nun aufzählt, zitiert er eine linke Website mit Mordanleitungen an Nazis und kommt dann wieder auf Chemnitz zu sprechen. Sein Duktus ist zwar halbwegs ruhig, dabei aber so scharfzüngig, dass es mir kalt den Rücken herunterläuft. Die Stimmung droht zu kippen, als er vom »politisch-medialen Establishment« spricht, das »Fake News« über Hetzjagden verbreiten würde.

»Herr Kollege Gauland«, unterbricht Schäuble ihn, »gestatten Sie eine Zwischenfrage des Kollegen Schulz?«

»Nein, ich will geschlossen vortragen«, antwortet der und

geht dann zum finalen Merkel-Bashing über: »Man wird auf irgendeine Form von Selbstkritik, liebe Frau Merkel, wohl vergeblich warten. Aber halten wir es mit Montesquieu: Nicht der Mensch ist zu klein, das Amt ist zu groß.« Seine Partei tobt vor Begeisterung, der restliche Saal vor Wut. »Frau Bundeskanzlerin, Sie haben diesem Lande und seinen Bürgern nichts mehr anzubieten außer Sturheit, Rechthaberei und Beschimpfungen. Verbarrikadieren Sie sich im Bundeskanzleramt nur weiter vor der Wirklichkeit. Ich wiederhole meine Frage: Wer gefährdet den inneren Frieden in diesem Land?« Er schaut über seine Lesebrille ins Publikum. »Wir nicht«,[27] schließt er und geht dann unter Standing Ovations seiner Kolleginnen und Kollegen, mit Alice Weidel und Beatrix von Storch in den ersten Reihen, langsam zu seinem Platz zurück.

Kurz schüttelt es mich beim Anblick der AfD-Reihen, aber nun bekommt Martin Schulz das Wort für einen Zwischenruf.

»Die Reduzierung komplexer politischer Sachverhalte auf ein einziges Thema«, sagt er, »ist ein tradiertes Mittel des Faschismus!«, woraufhin die AfD lacht und Schulz' Fraktion klatscht. »Eine ähnliche Diktion hat es in diesem Hause schon einmal gegeben«, erklärt er. »Es ist Zeit, dass die Demokratie sich gegen diese Leute wehrt!« Jetzt stehen die Abgeordneten um ihn herum nach und nach klatschend auf. Auch die Linken und die Grünen erheben sich und schauen zur AfD, und so dauert es lange, bis Martin Schulz sich wieder direkt an Gauland richten kann. »Eine Menge von Vogelschiss ist ein Misthaufen – und auf den gehören Sie in der deutschen Geschichte!«[28]

Ja, der Blockbuster ist in vollem Gange – ob's hier oben Popcorn gibt?

»Das ist nicht mein Niveau, auf dem ich mich mit Ihnen auseinandersetze«, entgegnet Gauland. »Dieses Niveau hat es schon einmal in diesem Hause gegeben. Da wollen wir bestimmt nicht hin.«

Der Präsident schlichtet, und nun betritt Angela Merkel in knalligem Rot das Rednerpult.

»Die Mehrheit der Menschen in Deutschland«, beginnt Merkel nach der Begrüßung, »lebt und arbeitet für ein gutes und tolerantes Miteinander«, und wird direkt von der AfD unterbrochen.

»Sie aber nicht!«, brüllt einer rein, aber die Bundeskanzlerin fährt ganz cool fort.

»Deutschland gehört zu den sichersten und wohlhabendsten Ländern der Welt«, erklärt Merkel. Dabei frage ich mich schon, wie das mit den Bildern aus Chemnitz und Neukölln oder dem Zustand vieler Schulen in diesem Land zusammenpassen will.

Und so redet die Bundeskanzlerin weiter, wird dabei aber so permanent von der AfD unterbrochen, dass ich trotz all der wichtigen Themen um Hetzjagden, die Würde des Menschen und Pauschalurteile mental erst wieder einschalte, als sie einen wirklich sinnvollen Satz sagt:

»Es gelten bei uns Regeln. Und diese Regeln können nicht durch Emotionen ersetzt werden. Das ist das Wesen des Rechtsstaates.«[29]

Aha. Das werde ich mir dann wohl mal merkeln, äh merken. Als sie aber erwähnt, dass in den kommenden Tagen schon der fünfte Haushalt in Folge ohne Neuverschuldung verabschiedet werden soll, ruft erstmalig ein Mann rein, den ich in dem ganzen Tumult schon fast vergessen hätte.

»Das ist das Grundgesetz«, ruft Christian Lindner. »Verfassung einhalten wird schon als Leistung betrachtet!«

Ich ziehe mein Handy aus der Tasche und finde tatsächlich seine Handynummer, die er mir irgendwann mal bei einem Treffen bei Ingwertee gegeben hat. Bei WhatsApp ist er nicht – aber ob ich ihm einfach mal eine SMS schreibe und frage, ob sein Kontakt sich noch melden wird? Nee! Stattdessen höre ich lieber wieder brav Frau Merkel zu, die über die gute wirtschaftliche Lage Deutschlands spricht, über unsere Verantwortung im Syrien-Konflikt, über Steuerfreibeträge, Krankenversicherung, Mehraufwendungen in der Pflege und schließlich über den geplanten Wohngipfel des Herrn Seehofer.

»Uns geht es auf der einen Seite darum, Mieterinnen und Mieter zu schützen und ihnen auch Rechte einzuräumen, auf der anderen Seite geht es aber vor allen Dingen darum, dass bezahlbarer Wohnraum geschaffen wird.«

Aha – da bin ich aber mal gespannt, denn genau hier würde ich fruchtbar gern in einer Oppositionspartei sitzen und rufen: Warum erst jetzt? Warum schafft es eine junge Familie wie meine nicht, eine bezahlbare Wohnung in der Nähe einer Schule zu finden, die man den eigenen Kindern zumuten kann? Warum hat es diese Regierung so lange verschlafen, die miteinander verzahnten Probleme der Wohnungspolitik, der Bildungs-, Integrations- und Sozialpolitik zu lösen?!

In einem langen Beitrag, in dem sie irgendwie alle Themen der Zeit aufgreift, der zugleich aber auch klingt, als wäre die Rede von einer künstlichen Intelligenz verfasst worden, die einfach nur irgendwelche Buzzwords zusammensetzt, schlägt sie einen langen Bogen von Afrika über den G20-Gipfel bis zur Infrastrukturgesellschaft – was auch immer das sein mag – und endet dann mit einem Satz, der inhaltsloser kaum sein könnte:

»Wir können immer kritisch sein, wenn es um das geht, was uns alles nicht gelingt«, so Merkel. »Aber wenn wir den Menschen nicht sagen, was gelingt, dann werden sie auch nicht verstehen, wo wir besser werden.« Ich verdrehe die Augen und lausche ungeduldig ihren letzten Sätzen. »Ja, wir wissen, dass vieles noch nicht erreicht ist. Wir wissen, dass es noch viele Mängel gibt. Aber wir stellen uns den Herausforderungen, und wir kommen Schritt für Schritt voran. Das ist unser Auftrag, unser Anspruch, und das werden wir auch einlösen«, sagt sie, und aus irgendeinem Grund verleitet mich das Versmaß ihres Finales zu einem leisen »Amen«.

Stephan Brandner von der AfD holt zu einer so langen Kurzintervention aus, dass er von der anderen Seite des Plenums gefragt wird, ob ihm seine Fraktion nicht genug Redezeit zugestanden hat. Und nachdem er Frau Merkel am Ende fragt, wann sie endlich zurücktritt, verzichtet sie lässig auf eine Antwort. Jetzt tritt Christian Lindner ans Rednerpult, der erst einmal klarmacht, dass er keine Lust hat, ständig über Migration zu reden. »Ich glaube, dass wir eine Chance verspielen … wenn wir uns nur mit den ritualisierten Empörungen der AfD und auch der ritualisierten Antwort darauf beschäftigen. Dafür haben die Menschen im Land kein Verständnis.« Dann wendet er sich nach rechts. »Herr Gauland – Sie fragen, was den inneren Frieden in unserem Land gefährdet«, beginnt er. »Ich bestreite nicht, dass es manche gibt, die auf dem linken Auge blind sind!«, fährt Lindner fort und schaut zu den Grünen. »Ich halte es im Übrigen auch nicht für klug, dass Bündnis 90/Die Grünen in Nordrhein-Westfalen ihren Parteitag auf dem Widerstandsacker der Autonomen beim Hambacher Forst abhalten. Das trägt nicht zur Deeskalation bei.« Die Grünen protestieren, die Union klatscht Applaus, klar, doch Herr Lindner wendet sich nun von den Grünen wieder ab zur anderen Seite. »Es gibt manche, die sind auf dem linken Auge blind«, sagt er nun zu Alexander Gauland. »Aber Sie sind auf dem rechten Auge blind!« Und als der Applaus seiner Fraktion und der Union verklungen ist, formuliert er einen Satz, den ich mir aufschreibe. »Sie wollen Probleme nicht lösen, sondern Sie wollen aus Problemen politisches Kapital schlagen. Sie wollen nicht Politik verändern, sondern Sie stellen die Legitimation unseres demokratischen Systems infrage«, stellt Lindner aufgebracht fest. »Die Gewalttaten in Chemnitz und Köthen sind kein Anlass für einen Rechtsruck in unserem Land, sondern für die Stärkung des Rechtsstaats – das haben Sie nicht verstanden!« Und dafür bekommt er Applaus aus dem ganzen Haus, dann wendet er sich an die Regierungsbank. »Nicht Migration ist das Problem«, Lindner spricht direkt Horst Seehofer an, »das Problem ist das Management der Migration, für das Ihre Partei seit fünf Jahren Mitverantwortung trägt.«

Und als ich mich gerade frage, wen der Herr Lindner hier eigentlich nicht ins Visier nimmt, legt er ein Lächeln auf, das bei ihm vermutlich als milde gilt.

»Warum verbinden sich die staatstragenden Parteien der Mitte nicht?«, woraufhin aus den Reihen der Grünen lautes Gelächter ertönt.

»Weil Sie die Hosen voll hatten«, pöbelt Anton Hofreiter jetzt, woraufhin Christian Lindner seine Rede unterbricht und richtig rot wird. Und während die Damen und Herren auf den Kabinettsplätzen bis eben noch auf ihren Smartphones und Tablets herumgedaddelt haben, schauen nun alle zu dem aufgebrachten Liberalen.

»Herr Hofreiter!«, ruft Lindner jetzt und gestikuliert wild. »Ich will gerade einen Appell an alle Demokraten richten, und Sie haben wieder nichts Besseres zu tun, als spalterische, parteitaktische Parolen in dieses Haus zu rufen! Das ist doch unglaublich!« Die Grünen werden zornig, aber Christian Lindner kriegt sich jetzt kaum noch ein. »Ich finde das empörend«, ruft er mit rotem Kopf und schmeißt jetzt mit Ausrufezeichen um sich. »Ich empfinde Ihre Parteitaktik als empörend! Ich will hier appellieren, dass wir uns gegen die wahren Gegner unserer freiheitlichen Ordnung zusammenschließen«, setzt er sich gegen die Buhrufe durch, »und Sie kommen hier mit Ihrer Traumabearbeitung von Jamaika, weil Sie nicht Minister geworden sind!«

»Wissen Sie, was Ihr Problem ist?«, ruft Anton zurück. »Dass alles, was Sie sagen, unglaubwürdig ist!«

»Nein, Herr Hofreiter, ich lasse Sie jetzt gar nichts sagen!«, weist Lindner ihn zurecht. »Legen Sie doch mal öffentlich aus den Jamaika-Gesprächen dar, wenn Sie schon darauf zurückkommen: Wären Sie da bereit gewesen, die Maghreb-Staaten zu sicheren Herkunftsländern zu machen? ›Nein‹, rufen Sie. Das ist doch genau das Problem!« Fassungsloses Lachen macht sich bei den Grünen breit, aber Christian ist noch nicht fertig. »Wir lösen die Probleme nicht – dazu fordere ich uns aber auf. Bundestag, Bundesrat: Lasst uns einen Einwanderungs- und Integrationskonsens finden! Das wäre das Mittel«, sagt er und zeigt auf die AfD, »um die da kleinzumachen!«[30]

Ja, mach sie fertig, diese rechten Scheißkerle, Christian!, hätte ich fast reingebrüllt und wäre dabei aufgesprungen, konnte mich aber gerade noch so zusammenreißen. Ich atme durch. Verdammt, wie ich mich anstecken lasse, von dieser Energie hier – geil! Lindners Partei gibt ja so manchen Stuss von sich, aber in der politischen Disziplin des In-der-Luft-Zerreißens spielt er ganz weit vorn mit – sagt auch Julia Klöckners Lächeln, die ihn während seiner ganzen Rede kaum aus den Augen gelassen hat.

»Wo bekomme ich denn hier einen Kaffee?«, frage ich einen der Frackträger.

»Unten im Café«, sagt er lächelnd. »Sie gehören doch zum

Haus, oder?« Als ich den Kopf schüttele, zeigt er nach oben. »Dann in der Kuppel.«

Der Kuppel-Kaffee schmeckt erstaunlich gut, und weil ich keinen Bock habe, zwischen tausend Touris die Schnecke hinaufzugehen, suche ich mir ein sonniges Plätzchen am Rande der Terrasse. Die Sonne steht hoch, es ist warm, aber ein frischer Wind weht. Ich schließe meine Augen und versuche, die gefühlten 700 Themen, die hier innerhalb der ersten drei Reden angesprochen wurden, irgendwie zu sortieren. Keine Chance. Die Lage der Nation im Überblick zu behalten erscheint mir plötzlich doch recht komplex. Aber an diesem Pult zu stehen – das wär' schon ziemlich cool! Ich spüre meinen steigenden Puls, als ich mir vorstelle, darauf zuzulaufen, meinen Blick in die Runde zu richten und … Was würde ich da wohl sagen? Wie würde ich anfangen, wenn der Schäuble sagt:

Der nächste Redner, meine Damen und Herren, ist der Kollege Philipp Möller für die Fraktion der … der?! Da geht's ja schon los. Die SPD hatte gestern zwar gute Ideen für morgen, aber leider ist heute schon morgen. Im schwarzen Meer der Union hingegen gibt es zwar kleine Inseln der Vernunft, aber dazwischen würde ich vermutlich im Weihwasser ertrinken. Bei der AfD würde mich zwar reizen, dort Karriere zu machen und dann, wenn man mich gerade auf einem Reichsparteitag zum Zweiten Führer ernennen und mit Gold und blonden Weibern überschütten möchte, zu erklären, dass das alles nur ein Scherz war. Doch vermutlich ist genau das schon Alice Weidels Plan. Bleiben also nur noch die Kommunisten, die Strickliesln und die Porschefahrer – na super! Und wer soll dieser Lukas Köhler überhaupt sein?

»Schultüten ändern die Zukunft«, steht auf seiner Homepage, »nicht Bürokraten. Denken wir neu«[31], und daneben sein Foto vorm Bundestag. Na ja, nett sieht er ja aus, immerhin, aber den Rest kann ich mir auch im Plenum durchlesen … Ich stürze meinen Kaffee runter und gehe wieder rein: Heute geb ich mir die volle Dröhnung!

Als ich die Pressetribüne wieder betrete, steht Katrin Göring-Eckardt bereits am Rednerpult.

»Dass Sie heute hier, nach diesem Sommer«, sagt sie entschieden, aber im Gegensatz zu vielen anderen Rednern angenehm unaufdringlich, »kein Wort zur Klimakrise gesagt haben, lässt für mich tief blicken.« Und so religiös die Frau, die überall mit KGE abgekürzt wird, auch sein mag, hat sie in diesem Punkt doch einfach recht. Darüber hinaus veranschaulicht sie allein mit der Wortwahl sehr gut, dass der Klimawandel längst nicht mehr nur ein Wandel ist. »Die Klimakrise selbst ist das größte Problem, die größte Zumutung, die wir überhaupt haben, für die Menschen auf diesem gesamten Planeten, und diese Bundesregierung ist ein Totalausfall in dieser Frage, meine Damen und Herren. Wir steuern auf eine Heißzeit zu«, sagt sie, und stellt nach einem witzigen Schlagabtausch mit der FDP eine sehr eindringliche Frage an die Liberalen. »Wir müssen jetzt alle Register ziehen. Warum müssen wir das tun? Weil, je länger nichts getan wird, umso radikaler die Antworten sein müssen.«

»Jeder, der das verschweigt«, fährt KGE nun fort, »verscherbelt die Zukunft unserer Kinder und Kindeskinder. Ich kann Sie nur davor warnen, so weiterzumachen.«[32]

Eine junge Schwedin fällt mir ein, über die inzwischen immer häufiger berichtet wird. Jeden Freitag schwänzt diese Greta die Schule, um ihre Regierung dazu aufzufordern, endlich etwas gegen die Klimakrise zu unternehmen. Saucool finde ich das, denn Klara und Anton könnten genau so vor dem Bundestag sitzen und streiken. Ich lehne mich vor und schaue mir die Gruppe der Grünen an. Die sind jung, sympathisch, modern, divers – und zufällig in den Umfragewerten auch noch brachial weit vorn, Tendenz steigend.

»Die Zukunftswut der jungen Generation wird deutlicher werden«, sagt KGE jetzt. »Es wird klarwerden, dass es genau darum geht, das Klima zu schützen für die kommenden Generationen!«

Ja. Ladies and Gentlemen, we have a winner! Das ist meine Partei! Das ist genau die schlagkräftige und konsequente Truppe, der ich mich anschließen möchte – zumal das Versprechen, das ich Klara gegeben habe, in den politischen Genen dieser Partei steckt. Der Rest von KGE geht bei mir jetzt runter wie Öl: Syrien, Pflegekräfte, Mietpreisbremse, Steuern für Google, Apple und Facebook, Genrationengerechtigkeit, Kinderarmut, Altersarmut – die Grünen haben offenbar alles im Programm, das mich bewegt.

»In *Zumutung* kommt das Wort *Mut* vor«, sagt KGE nun, »und Mut kann man nur haben, wenn man keine Angst hat.«

»Keine Angst vorm Klimawandel!«, ruft einer von der FDP rein.

Na klar, keine Angst vorm Klimawandel! Keine Angst vor einer unkontrollierbaren Kettenreaktion der hochkomplexen klimatischen Prozesse des einzigen Planeten, der uns zum Leben zur Verfügung steht? Wer ist bei der FDP eigentlich fürs Klima verantwortlich?

»Ach du Sch…«, sage ich und muss beim Blick in mein Handy ein bisschen lachen – denn der klimapolitische Sprecher der FDP ist: Lukas Köhler. Jahrgang 86. Doktor der Philosophie. Wahlkreis München. Und vielleicht der nächste Abgeordnete, den ich begleiten werde.

Der Kollege Kauder wird nun aufgerufen, CSU – langweilig! Er tritt ans Mikrophon und beginnt mit einer Rede, die meine trotz Kaffee langsam, aber sicher eintretende Müdigkeit schon in den ersten drei Sätzen schwer herausfordert. Seine Stimme ist komplett monoton, die Pausen zwischen den Sätzen lang, und manchmal klingt es so, als hätte er beim Schreiben der Rede nach dem Wort auf den Punkt gedrückt: In. Unserem. Land. Die. Außer. Gewöhnlich. Ist. Meine Augenlider werden schwer, und ich werde wieder wacher, als Alice Weidel ans Pult tritt.

Einen ganzen Satz schafft sie, bevor sie unterbrochen wird – und zwar fast permanent. In ihrer schneidenden Art redet Frau Weidel weiter, allerdings nicht schneidend genug, um gegen meine Müdigkeit anzukämpfen, und so verarbeite ich ihren Beitrag im Halbschlaf zu einem Brei aus hässlichen Halbsätzen, bis der Vizepräsident sie bittet, zum Schluss zu kommen.

Viele Redner folgen, der Bundestag leert sich langsam, die Kabinettsbank schnell, und auch auf der Pressetribüne bin ich inzwischen fast alleine. Mal mache ich mir Notizen, google ein paar Dinge, chatte mit Freunden, lasse den Bundestag ein bisschen als Unterhaltungsprogramm laufen, döse mal ein, und während ich die restlichen Abgeordneten da unten so beobachte, fällt mir auf, dass sie ungefähr das Gleiche tun wie ich.

»Ich möchte mich an dieser Stelle als Erstes ganz herzlich bei Martin Schulz dafür bedanken, dass er hier mal eine klare Ansage gemacht hat«, sagt jetzt eine auffällig sonore Stimme in einem Tonfall, der nach Gerhard Schröder klingt. Sie gehört dem vermutlich fleißigsten Zwischenrufer der SPD: Johannes Kahrs. »Rechtsradikale in diesem Parlament sind nicht nur ein Problem«, sagt er lässig, »sondern Rechtsradikale in diesem Parlament sind auch unappetitlich.«

»Argumente haben Sie ja keine!«, ruft einer von der AfD dazwischen.

»Und wenn man sich das anguckt, dann stellt man fest, dass Sie außer dummen Sprüchen keine Inhalte, keine Lösung haben«, stellt Kahrs fest. »Das ist peinlich.«

»Sie sind peinlich, Herr Kahrs!«, brüllt jetzt der Gleiche wieder. »Gucken Sie doch mal in den Spiegel! Armselig!«

Ich werde langsam wieder wach.

»Man muss sich diese Traurigen da nur angucken, und dann weiß man: Von denen sind keine Lösungen zu erwarten«, fährt er unbeirrt fort, »sondern nur Spaltung, Hetze und alles das, was bei denen dazugehört.« Und jetzt zeigt er auf die AfD. »Hass macht hässlich. Schauen Sie doch in den Spiegel.« Als der Präsident ihn fragt, ob er eine Zwischenfrage zulasse, dreht er sich lässig um. »Von wem?« Er schaut zur AfD, dann wieder zum Präsidium. »Von Rechtsradikalen brauche ich keine, danke.«

»Unverschämtheit!«, ruft Gauland jetzt.

»Unfassbar!«, schickt Weidel hinterher.

»Skandal!« brüllt ein Mann namens Braun, aber Kahrs denkt gar nicht daran, aufzuhören. Während er weiterredet, werden die Abgeordneten der AfD immer wilder, immer wütender, stehen auf, schreien herum, während SPD, Die Linke und Die Grünen Beifall klatschen. Was ist das jetzt: Buddelkasten-Bundestag oder ein Eintrag in die digitalen Geschichtsbücher? Sind das die Szenen, die nachfolgende Generationen im Unterricht sehen werden? Werde ich meinen Enkeln erzählen können, dass ich live dabei war, als es losging?

Nach weiteren Auseinandersetzungen packt Gauland jetzt seine Sachen, Alice Weidel stampft mit dem Fuß auf, schimpft wie ein Rohrspatz, und dann verlässt die Fraktion der AfD entgegen der Aufforderung des Präsidenten geschlossen den Saal.

»Auf Wiiieeedersehen«, skandiert die SPD, und als Kahrs sitzt, wendet sich der Präsident, Hans-Peter Friedrich, an ihn: »Ich glaube nicht, dass es zielführend ist, wenn wir eine solche Aggressivität in dieses Hohe Haus bringen.«

»Waaas?«, ruft eine Frau von den Grünen, während Union und FDP klatschen.

»Das wird den Beratungen in der Zukunft nicht zuträglich sein«, sagt Friedrich. »Ich möchte Sie wirklich bitten, sich zu mäßigen, auch in Zukunft – das ist nicht in Ordnung.«

Aus den Reihen der SPD steht nun eine Frau auf und meldet bei ihm eine Kurzintervention an, die er ihr gewährt. »Herr Präsident!«, sagt die kurzhaarige Dame nun. »Ich möchte zum Ausdruck bringen, dass ich es für befremdlich halte, wenn Sie dem Kollegen Kahrs sagen, er bringe Aggressivität in dieses Haus, und ich von Ihnen eine solche Äußerung im Verhältnis zu Kolleginnen und Kollegen der AfD – nein, ich will lieber sagen: zu Abgeordneten der AfD – noch nie gehört habe.«

»Liebe Frau Kollegin Hendricks«, entgegnet Friedrich nun, »wer immer Aggressivität in dieses Hohe Haus bringt, wird von mir entsprechend darüber belehrt, dass ich das für falsch halte, und das habe ich in diesem Fall getan.«

Damit schließt er den Fall ab, ruft die nächste Rednerin auf, und ich verlasse endgültig das Plenum. Dreieinhalb Stunden waren das – von insgesamt sechsundzwanzig, die für die Haushaltsdebatte angesetzt sind. Immerhin ist meine Wahl für eine Fraktion jetzt endgültig klar.

Tschüs, Fritz!

»Und?« Fritz sitzt hinter seinem Schreibtisch und faltet die Hände. »Wie fandest du die Zeit bei uns?«

»Voll spannend«, sage ich. »Auch wenn es ein bisschen schade ist, dass ich nicht mit in den Verteidigungsausschuss durfte – der hätten mich doch sehr interessiert.«

»Das ist beim Verteidigungsausschuss einfach nicht zulässig«, erklärt er freundlich.

»Klar, volles Verständnis«, sage ich aufrichtig. »Übrigens auch mein Lob für Ihre lokalpolitische Arbeit – ich weiß nicht, ob ich die Geduld dafür hätte.«

»Wieso?«

»Um ehrlich zu sein: Ich kann mit dieser Vereinsmeierei einfach nichts anfangen!« Ich lasse die Schultern hängen. »Ich mein das ja wirklich nicht böse, aber wenn ich am Freitagabend im Sportvereinshaus Hinterpöslingen bei warmer Cola zwischen entmutigten Genossinnen und Genossen im kurzärmeligen Karohemd jenseits der 60 sitze, dann wundert es mich einfach nicht, dass diese Form der Politik eine bestimmte Wählerschaft nicht mehr erreicht.« Ich sehe Fritz verständnisvoll nicken. »Mir ist natürlich klar, dass eine große Partei wie die SPD für alle Wählerinnen und Wähler da sein muss, aber ...« Ich seufze. »Ich befürchte halt, dass Wahlentscheidungen zu einem ganz großen Teil emotional getroffen werden, und da wirkt die SPD auf mich einfach ...«

»Sag schon, ich kann damit umgehen.«

»Altbacken. Emotionsbefreit. Und irgendwie ... von gestern.«

»Tja!« Fritz lächelt. »Als Franziska Giffey das Gute-Kita-Gesetz vorgestellt hat, hattest du ja leider keine Zeit. Da hättest du gesehen, dass die SPD auch tolle, frische und bürgernahe Veranstaltungen hinbekommt. Und tatsächlich gehen unsere Errungenschaften leider gern mal unter. Was wir alleine in Berlin für Familien getan haben, kann keine andere Partei von sich behaupten: das kostenlose Schülerticket für die öffentlichen Verkehrsmittel ist beschlossen, kostenloses Schulessen ebenso wie der Hort für die Klassenstufen 1 und 2 – und wir haben als erstes Bundesland die Kitagebühren komplett abgeschafft!«

»Großartig – und trotzdem brechen euch die Wählerstimmen weg, was nach meinem Gefühl auch daran liegt, dass die SPD genau so wahrgenommen wird wie von mir.« Ich schaue ihn einen Moment lang an. »Was ich hingegen richtig geil fand – sorry für die Wortwahl – war der Haushaltsstreit im Plenum.«

»Ehrlich?« Er rollt mit den Augen. »Klar, da fliegen die Fetzen – Plenum ist auch immer ein Stück weit Entertainment!«

»Genau – und ich mag Entertainment. Ich mag es, wenn Politik spürbar wird, wenn sie bewegt.«

»Davon kann man sich auch schnell blenden lassen«, mahnt er. »Aber sicher: Der Streit ist wichtig, und eine solche Rede ist vor allem für junge MdBs immer ein echtes Highlight.«

»Dazu mal eine Frage ...« Ich grinse ihn an. »Sagen wir mal – ganz hypothetisch! – ich würde eine solche Rede halten wollen.«

»Dann musst du MdB werden«, sagt er entschieden. »Oder Staatsoberhaupt oder Religionsführer – sonst hast du keine Chance!«

#unfassbar

»Krass!« Sarah schaut sich in alle Richtungen um. »Einfach krass«, sagt sie, »ich weiß nicht, wann ich zum letzten Mal auf einer Demo war.«

Und es ist wirklich krass – krass gut! Denn als Reaktionen auf die Nazi-Aufmärsche in Chemnitz und die öffentliche Debatte darüber, die gezeigt hat, in wie vielen Köpfen noch rechte Ideologien verbreitet sind, haben sich heute Zigtausende Menschen auf dem Potsdamer Platz und in allen Seitenstraßen unter einem Motto versammelt: #unteilbar. Mit diesem Hashtag haben zahlreiche Organisationen[33] zu dieser Demo aufgerufen. Weil das Wetter im Oktober des niemals enden wollenden Klimasommers 2018 noch immer phantastisch ist, zeigt sich Berlin noch lauter und bunter und fröhlicher als sonst. Das Thema könnte mir kaum wichtiger sein, denn das Bündnis von #unteilbar steht für die offene Gesellschaft ein.

»Es findet eine dramatische politische Verschiebung statt«, schreiben die Organisatoren auf der Homepage – und genau das ist wohl das einzig richtige Adjektiv dazu: dramatisch. »Rassismus und Menschenverachtung werden gesellschaftsfähig. [...] Humanität und Menschenrechte, Religionsfreiheit und Rechtsstaat werden offen angegriffen. Es ist ein Angriff, der uns allen gilt.«[34]

»Dein Weltrettungsplan passt so gut in diese Zeit!« Sarah gibt mir einen Kuss. »Schau dich mal hier um: Das sind alles Leute, die keinen Bock mehr auf diese kranke Gesellschaft haben.« Sie zeigt auf einen Getränkestand am Rand. »Und wenn die Kids schon mal bei Oma und Opa sind, dann will ich auch'n Drink, komm!«

So laufen Sarah und ich beseelt von all den fröhlichen, toleranten und bunten Menschen und vielleicht auch ein bisschen von dem Caipirinha durch die Straßen, vorbei am Brandenburger Tor und dann auf der Straße des 17. Juni auf die Siegessäule zu.

»250 000 Menschen sind hier!«, rufe ich Sarah ins Ohr. »Steht in den Nachrichten – geil, oder?«

»Voll!« Sie hält ihr Handy hoch. »Ti und Arzu sind auch am Start, die treffen wir gleich vorne zur Abschlusskundgebung, und danach tritt Grönemeyer auf!« Sie fällt mir in die Arme. »Ich liebe unser Berlin! Und ich liebe dich und deine Idee, politisch aktiv zu werden!«

Aber die Demo ist nicht nur #unteilbar, sondern auch #unglaublichgutorganisiert: Dixie-Klos, Getränkestände und zahlreiche Leinwände am Rand des Tiergartens erwecken bei mir eher den Eindruck, wir seien auf einem Festival. Und irgendwie ist es das ja auch: ein Festival der Menschlichkeit, des Miteinanders, der Toleranz, ein bisschen auch der Liebe und des guten Wetters und der Tatsache, dass Berlin die Heimat der offenen Gesellschaft ist, in der alle ihren Platz haben. Nach einer weiteren Stunde Glückseligkeit erreichen Sarah und ich die Siegessäule, wo eine riesige Bühne aufgebaut ist. Dank WhatsApp-Standort haben wir auch unsere Freunde schnell gefunden, einen Drink besorgt und hören uns die Abschlusskundgebung an, bei der sich Musik- und Wortbeiträge abwechseln. Hunderte Plakate werden vor uns hochgehalten, aber angesichts der Angst, die Populisten gerne schüren, gefällt mir ein Plakat besonders gut, das Horst Seehofers Aussage aufgreift, Migration sei die Mutter aller Probleme. Hochgehalten wird es von einer jungen, dunkelhäutigen Frau und trägt die Worte:

Angst ist die Mutter aller Probleme.

»Danke!«, sagt die Moderatorin nach Einbruch der Dunkelheit in den Applaus hinein. »Ihr seid immer noch da! Es ist großartig – it's amazing. Ich hab noch nie eine Demo fünf Stunden lang da stehen sehen.«[35]

»Wir warten ja ooch uff Grönemeyer!«, brüllt ein Mann in unserer Nähe.

»Wir verteidigen die offene Gesellschaft!«, rufe ich ihm zu, woraufhin eine Gruppe Jugendlicher mit Dreadlocks neben mir laut applaudiert. Da soll noch mal einer sagen, die Jugend von heute sei unpolitisch.

»Also ich freu mich auch auf Grönemeyer«, sagt Arzu und lacht.

»Jetzt kündige ich den letzten Redner an«, sagt die Moderatorin in die Menge der vielen Tausend, die um uns herum auf der Bühne stehen. »Tarek Tesfu, und der ist toll, weil er der einzige of-colour-queere Blogger in diesem Land ist.«

»Watt is der?«, ruft der Pöbler wieder rein, wird aber schnell von den German-Rasta-Teens ausgebuht.

»Was ist der?«, wiederholt Arzu.

»Of colour und queer«, sagt ihr Mann.

»Was soll das sein?«, fragt sie lachend. »Sorry, ich kenn diese Internetsprache nicht, ich bin vierzig!«

»Er ist der einzige Blogger in Deutschland«, wage ich eine Übersetzung, »der schwarz und schwul ist.«

»Of colour heißt schwarz?«, will Sarah wissen.

»Farbig halt«, verteidige ich mich.

»Farbig sind wir doch irgendwie alle«, sagt Arzu lachend. »Oder ist hier irgendjemand durchsichtig? Ich bin Deutsch-

Türkin mit uigurischen Wurzeln und 'nem halbkoreanischen Mann – gibt's dafür auch'n hippes Wort?«

»Ich bin so was von impressed«, sagt der Typ auf der Bühne jetzt. Er trägt eine Prince-Shirt, liest seine Rede vom Handy ab, und dass wir ihm zuhören, findet er »meegaa-nice. Ich bin genervt von dem Begriff Rechtsruck, ja? Weil das wirkt, als wäre Rassismus so 'ne Nummer, die mal weg war, und jetzt plötzlich wieder da ist, ja? Dank dem Trendsetter AfD – das ist Bullshit!« Applaus brandet auf, was bei so vielen tausend Menschen einfach wahnsinnig klingt – wahnsinnig gut, weil sie für die offene Gesellschaft stehen. »Anstatt darüber zu reden«, fährt Tarik fort, »dass Deutschland schon immer ein so fettes Rassismusproblem hatte, dass die deutsche Heide wackelt, sind auf einmal alle super-surprised – OMG!

Und das Ding ist: Mich überrascht hier gar nichts mehr, ja? Weil Rassismus schon immer so ein Evergreen war, und Teile der deutschen Mehrheitsgesellschaft nehmen Rassismus überhaupt nicht ernst. Und was passiert, wenn mir zum Beispiel Rassismus widerfährt? Jetzt hab dich mal nicht so! Ist doch alles gar nicht so ernst gemeint! Oder – wenn's richtig deep wird: ›Sei doch froh, dass du hier leben darfst‹ – wow!«

»Ganz ehrlich? Bin ich auch.« Arzu verschränkt die Arme. »Mir scheißegal, wo meine Eltern herkommen. Deutschland ist einfach krasser Luxus. Wo lebt der Typ? In einem Vorort von Hamburg?«

»Dass Rassismus strukturell ist, wissen wir, wenn in Deutschland immer noch darüber diskutiert wird, ob das N-Wort okay ist oder nicht. Wenn immer noch darüber diskutiert wird«, sagt er mit bösem Blick, »ob der Islam jetzt zu Deutschland gehört oder nicht. Warum schnallen immer noch einige Leute nicht, dass der Islam so was von high-five zu Deutschland gehört?!«

Applaus bricht um uns herum aus, woraufhin Arzu und ich uns mit gerunzelter Stirn anschauen. Zehntausende Menschen jubeln und heben ihre Plakate in die Luft.

»Ich dachte, hier geht es um die offene Gesellschaft?«, ruft Arzu rein. Die Teenager drehen sich um und schauen sie mit großen Augen an. »Geh du mal in ein islamisches Land, zum Beispiel in meine ehemalige Heimat! Und dann reden wir noch mal über den Islam …« Ihr Mann will sie beruhigen, aber Arzu ist jetzt richtig sauer. »Weißt du, was man in islamischen Ländern mit schwarzen Schwulen macht?! Oder mit Frauen, die nicht gehorchen?«

»Hey«, sagt jetzt einer der Teenager, »wir sind hier für Toleranz, ja?«

»Ich bin auch für Toleranz!«, faucht sie den armen Kerl an. »Und genau deswegen bin ich auch gegen den Islam!«

»Und wenn Heimat-Horst sagt«, spricht Tarik jetzt ins Mikro, »dass Migration ein Problem ist, dann sage ich: What the Fuck – fick dich, Horst!«, woraufhin tosender Applaus aufkommt.

»Ich kapier die Leute hier nicht«, sagt Arzu in den Lärm. »Natürlich gibt's auch Probleme mit Migration. Nur weil der Horst das behauptet, ist es doch nicht automatisch falsch.«

»Ich befürchte doch.« Ich lasse meinen Blick über die Masse der Menschen schweifen, mit denen ich mich eben noch so verbunden gefühlt habe. »Das ist Empörialismus. Die müssen zeigen, dass sie auf der richtigen Seite stehen. Und wenn der falsche Horst was sagt …«

»… dann ist es auch gleich falsch – klar!« Sie tippt sich an die Stirn. »Sorry, aber guter Populismus ist auch Populismus.«

Ein Weihnachtsengel namens Greta

»Wir essen ja wirklich selten Fleisch«, sagt Sarah mit vollem Mund zu ihrer Tante. »Aber euer Adventsbraten schmeckt einfach köstlich!« Heute gibt's ein großes Essen mit Sarahs Onkel und Tante und Cousins und sogar mit ihrer Oma, also der Uroma unserer Kinder, die in wenigen Tagen 93 Jahre alt wird.

Es ist der dritte Advent, mein Gastspiel bei der SPD ist vorbei, aber immerhin habe ich die nächste Zusage für ein Praktikum, von dem ich mich allerdings noch nicht ganz traue, zu berichten – vor allem nicht bei Sarahs grüner Familie!

»Dass du überhaupt jemals wieder in eine Tierleiche beisst, Philipp …« Sarahs Onkel schaut mich schief an. »Warst ganz schön radikal damals.«

»Furchtbar«, sagt die Oma streng, lächelt mich aber an. »Diesen Moralismus kann ich gar nicht leiden.«

»Ja, sorry!« Augenrollend schneide ich den Braten auf meinem Teller. »Ich hab allerdings auch immer noch ein schlechtes Gewissen dabei – vor allem wegen der Klimakrise. Und manche Leser würden mich sicher dafür hassen, aber … es schmeckt einfach so furchtbar gut!«

»Was macht denn eure Wohnungssuche?«, lenkt Sarahs Tante ab.

»Frag nicht!« Sarah schüttelt den Kopf. »Die Preise ziehen immer weiter an, der Markt ist komplett leergefegt, vor allem Wohnungen für Familien sind rar. Wir sind ehrlich gesagt total verzweifelt.«

»Und sie?« Unauffällig nickt Sarahs Tante in Klaras Richtung. »Wie läuft's … at school?«

Langsam schütteln wir beide den Kopf, denn das ist auch heute noch immer unsere große Sorge: Klaras Schule.

»Aber deine Eltern wohnen doch am Stadtrand, oder, Philipp?« Sarahs Onkel schaut mich an. »Na dann? Raus mit euch! Da sind die Schulen in Ordnung, es gibt weniger Verkehr, weniger Idioten …«

»Mehr Spießer«, hält Sarah dagegen, »weniger Cafés, und unsere ganzen Freunde wohnen in Schöneberg. Was soll ich denn da draußen auf'm Dorf?! Außerdem gibt's dort fast nur Häuser, und die kosten mindestens 500 000, eher 700 000 Euro oder mindestens 2000 Euro Miete im Monat – kalt ohne Nebenkosten. Wer soll das denn bitte bezahlen können?!«

»Ehrlich gesagt, fühlen wir uns regelrecht gestrandet.« Ich gucke in die Runde. »Oder vertrieben aus unserer Stadt. Wenn umziehen unmöglich geworden ist, dann funktioniert doch irgendetwas nicht!«

»Was ist denn eigentlich mit deinem Weltrettungsplan, Philipp? Erzähl mal«, fordert ihr Onkel mich auf. »SPD war nix?«

»Das würde ich so pauschal nicht sagen«, erkläre ich. »Ich will mir ja sowieso mehrere Parteien anschauen und so tun, als sei ich da total offen.«

»Biste aber nicht«, mutmaßt er, »weil du sowieso zu den Grünen willst?« Er grinst mich an. »Da bist du ja in unserer Familie genau richtig.«

»Das kannst du so nicht sagen«, schaltet sich nun die Oma ein, »nur weil ihr heute die Grünen wählt. Euer Vater war zeit seines Lebens in der FDP, und sein Vater auch schon.« Sie schaut mich an. »Unsere Familie war im Herzen schon immer liberal.«

»Ehrlich? Das wusste ich ja gar nicht.« Sarah lächelt. »Dann kannst du's ja erzählen ...«

»Hör auf!« Der Onkel winkt ab. »Sag mir bitte nicht, dass du zu den Yuppies gehst!«

»Ich geh da nicht hin«, erkläre ich, »ich mache nur ein Praktikum – beim klimapolitischen Sprecher der FDP-Fraktion im Bundestag, um genau zu sein.«

»Die FDP hat einen klimapolitischen Sprecher?« Sarahs Tante lacht. »Davon kriegt man aber wenig mit.«

»Die FDP hat schon Umweltpolitik gemacht«, ergänzt Sarahs Oma, »als es die Grünen noch nicht einmal gab.«

»Der klimapolitische Sprecher heißt Lukas Köhler, ist sechs Jahre jünger und einen Kopf größer als ich. Ich kann natürlich mit der Klimapolitik der FDP eher wenig anfangen«, sage ich vorsichtig in Richtung Oma, »aber beim ersten Gespräch war der Kerl echt nett.«

Nach dem Essen spielen Klara und Anton mit ihrer Uroma Kniffel, Sarah unterhält sich mit ihren Cousins, und so kann ich ein bisschen auf der Couch chillen und Twitter lesen – und lande sofort bei einer Rede, die seit gestern viral geht: Greta Thunberg, das Mädchen aus Schweden mit den langen Zöpfen, hat im polnischen Kattowice auf der 24. Klimakonferenz der UN vor allen Staatenlenkern eine Rede gehalten. Vor den Männern also, die das Ruder noch herumreißen könnten – krass! Youtube sei Dank steht die Rede mit Untertiteln im Netz.[36]

»Mein Name ist Greta Thunberg, ich bin 15 Jahre alt«, sagt sie mit kurzen, schnellen Blicken ins Publikum, »und ich komme aus Schweden. Ich spreche jetzt über Klimagerechtigkeit.« Sie erklärt, dass die Schülerproteste der Fridays for Future, wie sie nach ihrem Vorbild benannt wurden, durchaus etwas bewegen könnten. »Aber um das zu tun, müssen wir Klartext sprechen«, sagt sie, woraufhin ich mich mit einer Gänsehaut zurücklehne – denn genau das kann ich hoffentlich auch bald tun. »Ihr sprecht nur von einem unendlichen grünen Wirtschaftswachstum, weil ihr euch zu sehr davor fürchtet, unbeliebt zu sein. Ihr sprecht nur darüber, mit denselben schlechten Ideen weiterzumachen, die uns diesen Schlamassel überhaupt erst eingebracht haben – obwohl jetzt das einzig Sinnvolle wäre, die Notbremse zu ziehen.«

Ich pausiere das Video und weiß nicht, ob ich vor Glück lachen oder vor Bewegung heulen soll. Denn allein diese Worte wecken in mir etwas, das an der riesigen Differenz zwischen notwendigen und tatsächlichen Maßnahmen gegen die Klimakrise schon fast gestorben war: Hoffnung.

»Ihr seid nicht einmal reif genug, auszusprechen, was los ist«, sagt Greta jetzt, wobei ich furchtbar gern die Gesichter im Fachpublikum sehen würde. »Selbst diese Bürde überlasst ihr uns Kindern.«

Ich pausiere noch einmal und lache laut. Vielleicht ist das der Mut, den Katrin Göring-Eckardt gemeint hat – in your face, Elite, diese Greta rockt!

»Aber ich interessiere mich nicht dafür, beliebt zu sein«, sagt sie, wobei sie das bei den Menschen, denen das Wohlergehen des Planeten und der kommenden Generation am Herzen liegt, wohl kaum wird vermeiden können. »Ich interessiere mich für Klimagerechtigkeit und den lebendigen Planeten. Unsere Zivilisation wird geopfert, damit eine sehr kleine Anzahl von Menschen weiterhin sehr große Profite machen kann. Unsere Biosphäre wird geopfert, damit reiche Menschen in Ländern wie meinem im Luxus leben können.« Mit offenem Mund starre ich aufs Handy. »Ihr sagt, ihr liebt eure Kinder über alles, und dennoch stehlt ihr deren Zukunft direkt vor ihren Augen. Ihr habt uns in der Vergangenheit ignoriert, und ihr werdet uns auch weiterhin ignorieren. Euch sind die Ausreden ausgegangen, und uns läuft die Zeit davon. Wir sind hier, um euch zu sagen, dass der Wandel kommt, ob es euch gefällt oder nicht«, sagt sie zum Ende. Allerdings denke ich nicht, dass sie damit den Klimawandel meint, sondern den Sinneswandel der Menschen, die bereit sind, diese alte Eilte abzulösen, um endlich die erforderlichen Veränderungen in die Wege zu leiten. »Die wahre Macht liegt im Volk«, sagt die kleine Greta in die große Runde und verlässt das Rednerpult.

Erster Tag bei Lukas

Mit einem metallischen Klicken öffnet sich die schwere Panzerglastür, nachdem ich einen Moment lang davorgestanden habe. Diesmal bin ich dem Zentrum der Macht schon näher gerückt, denn der Eingang zum Büro befindet sich in Sichtweite zum Reichstagsgebäude an der Dorotheenstrasse 101, im Jargon der Doro101, wie ich später erfahre. Routiniert tausche ich dort meinen Personalausweis gegen den Gastausweis, tue dabei so, als würde es mich kein bisschen beeindrucken, dass Robert Habeck neben mir steht, lege mir einen Fahrstuhl-Pitch zurecht, mit dem ich mich spontan bei ihm als Praktikant bewerben könnte: »Hey Robbie, darf ich dir mal bei der Weltrettung über die Schulter schauen?« Ich überprüfe meinen Plan auf eventuelle Doofheit, aber da ist Herr Habeck auch schon weg. Ich hingegen muss durch die Security.

»Hey!« Steffen Kläne grinst von weitem, als er auf mich zukommt. Er ist der Büroleiter von Lukas Köhler und begrüßt mich: »Herzlich willkommen im Bundestag!« Er schüttelt mir die Hand. »Wir müssen uns ein bisschen beeilen, komm!«

Steffen beschleunigt seinen Gang schon auf den ersten Metern so stark, dass ich Mühe habe, Schritt mit ihm zu halten. Er führt mich einen langen Korridor entlang, vorbei an Büros der Linken, bis zu einem Fahrstuhl im Inneren des Gebäudes. Im vierten Stock angekommen, steigen wir aus und landen auf einer Büroetage, die in der Mitte durch ein offenes Foyer mit freischwingender Stahltreppe mit den anderen Etagen verbunden ist. Durch die Stahlgeländer kann ich bis nach unten und oben schauen, dann erreichen wir das Büro.

»Aha, der Weltretter!«, begrüßt mich auch Lukas Köhler. »Wir fangen auch direkt an – mit Kaffee und Zigarette?«

»Nee, sorry«, sagt Steffen, »wir müssen rüber ins Paul-Löbe-Haus, das Büro Bauer will den Antrag zum Artenschutz durchsprechen.«

»Den Antrag, zu dem ich bis vor zwei Wochen Feedback haben wollte?«, fragt Lukas in seiner tiefen Stimme. »Wozu setze ich eigentlich Deadlines?« Er knurrt und greift sich sein Jacket, dann schaut er mich an. »Tut mir leid, du wirst jetzt hier gleich ins kalte Wasser gestoßen. Let's go!«

»Ins PLH ist es ein bisschen kompliziert«, sagt er, als wir drei losgehen, »aber dann kann ich dir den Laden gleich mal ein bisschen zeigen.«

»Welchen Laden?«

»Den Bundestag.«

»Und was ist das PLH?«

»Das Paul-Löbe-Haus, das ist dieser Bau gegenüber vom Kanzleramt.«

»Ach, das! Das kenn ich natürlich – aber dann sollten wir Jacken mitnehmen, oder?«

»Nein, wir nehmen den Tunnel.«

»Den Tunnel?«

»Ach so, tut mir leid«, sagt er im Fahrstuhl nach unten, »ich denk immer, du kennst dich hier schon aus. Also: Alle Bundestagsgebäude sind durch unterirdische Gänge miteinander verbunden.«

»Aha!«, sage ich grinsend. »Damit die feinen Damen und Herren bloß nicht die echte Welt betreten müssen, ja?«

»So hab ich's noch nie gesehen.« Er nickt. »Ist aber einfach praktisch, dass man nicht ständig durch die Security muss …«

Im Kellergeschoss steigen wir aus dem Fahrstuhl, biegen auf langen Fluren, auf denen sich auch Druckereien und Archive befinden, zweimal links und dann einmal rechts ab, durchqueren vier Glastüren, nehmen eine kleine Treppe und landen dann in einem riesigen Foyer. Gigantische Kunstwerke hängen an den Betonwänden, die teils durch Klinker unterbrochen werden, und als ich den Blick nach oben schweifen lasse, entdecke ich vier lange Stäbe, die in schwarz, rot und gold weit oben in der Luft schweben.

»Das hier ist die Artothek.« Steffen zeigt nach oben. »Und das ist die Lobby vom Jakob-Kaiser-Haus Nord. Hast du dir den Weg gemerkt?«

»Nee.«

»Gut. Von hier aus laufen wir jetzt ins RTG, also ins Reichstagsgebäude, da können wir mal einen Blick nach oben werfen, nehmen dann aber den nächsten Tunnel ins PLH.« Wir erreichen zwei Laufbänder, die uns wie in einem Flughafen voranbringen. »Hier rechts siehst du ein Stück aus dem historischen Reichstagstunnel und vier der originalen Stühle aus dem Plenum des Reichstags, die den Brand überstanden haben.«

Dass Sahra Wagenknecht uns nun auf dem andern Laufband entgegenkommt, scheint Steffen nicht zu bemerken, und im Vorbeifahren wäre es sicher etwas affig, wenn ich sie frage, ob sie meine Mail bekommen hat. Nach dem Laufband kommen wir an zwei Geld- und einen Schuhputzautomaten vorbei und biegen nach ein paar weiteren Gängen in einen Tunnel ab, der bergab geht und zur Mitte hin immer breiter wird.

»Da hinten ist der Lampenladen, den man auch von draußen sieht, und … ach, ich zeig's dir einfach.«

Jetzt kommen wir an den sogenannten Lampenladen, der

eigentlich ein Restaurant ist, und können dann durch riesige Glasfronten, an denen Passanten sich die Nasen platt drücken, direkt auf die Spree schauen.

»Jetzt weiß ich auch wieder, wo ich bin«, sage ich mit Blick auf das Wasser.

»Dann dreh dich mal um.«

»Warum?« Ich folge Steffens Hinweis und schaue in den Hauptgang des Paul-Löbe-Hauses. »Wow«, entfährt es mir, als ich mit offenem Mund den Kopf in den Nacken lege. Auch wenn ich den Anblick von außen und von Fotos kenne, fühle ich mich hier ein bisschen wie in einem Science-Fiction-Film. Links und rechts schauen aneinandergereiht die Halbkreise der runden Sitzungssäle aus der Halle heraus, die in jedem der acht Stockwerke von begehbaren Galerien umrundet werden. Drei Fußgängerbrücken verbinden vorne, in der Mitte und hinten jeweils den ersten Stock miteinander, und zwischen jedem der Halbkreise fahren je zwei gläserne Fahrstühle auf und ab.

»Der Besprechungsraum ist oben«, sagt Steffen, und so nehmen wir einen der Fahrstühle bis in den sechsten Stock, wobei ich aufpassen muss, dass ich nicht grinsend aus der Kabine nach unten starre ... nicht, dass mich hier jemand für bekloppt hält. Bundestag – ich bin da!

Die Bienchen und die Blümchen

In dem kleinen Sitzungsraum angekommen, von dem aus wir auf den Hauptbahnhof schauen, stellt Lukas uns seinen Kolleginnen vor.

»Ich bin Nicole Bauer«, sagt sie in bayerischem Dialekt, »und das ist meine Mitarbeiterin.«

»Philipp Möller, hi!« Ich lächele zurück. »Ich bin Lukas' neuer Praktikant.«

»Praktikant?«, fragt sie mit stark gerolltem R und mustert mich leicht irritiert.

»Ja, aber keine Sorge, ich bin nicht mit knapp Vierzig auf beruflicher Orientierung unterwegs, sondern eigentlich freier Autor.«

»Fake-Praktikant ist er!«, erklärt Lukas grinsend, als wir uns setzen. »Eigentlich ist er hier, weil er die Welt retten und darüber ein Buch schreiben will.«

»Die Welt retten?« Nicole Bauer lacht. »Da bist du ja hier genau richtig – wir gehen nämlich den Antrag des bayerischen Volksbegehrens Artenvielfalt durch.«

»Da geht's um die Rettung der Biene, oder?« Ich nicke. »Hat Einstein nicht mal gesagt, wenn die Bienen sterben, sterben auch die Menschen? Dann wäre die Initiative doch pure Weltrettung.«

»Das wird Einstein gern unterstellt, ja« Frau Bauer lächelt mild. »Aber für dieses Zitat gibt es keine Belege. Irgendjemand hat mal behauptet, Einstein hätte berechnet, dass im Falle eines Bienensterbens die Menschen vier Jahre später sterben würden, aber erstens kann das natürlich kein Mensch ausrechnen, zweitens hat er das nie nachweislich versucht, und drittens ...« Sie lacht. »... gibt es in Bayern, wie auch im Rest von Deutschland, heute mehr Bienen als vor fünf Jahren.«

»Hä?«, rutscht es mir raus. »Ehrlich? Aber ich dachte ...«

»Nicht denken, nachschauen«, sagt Lukas mit einer Augenbraue hochgezogen und reicht mir einen Bogen mit einem Diagramm darauf. »Wir nennen das hier evidenzbasiertes Argumentieren.«

Dem Balkendiagramm des Deutschen Imkerbundes[37] ist zu entnehmen, dass die Zahl der Bienenvölker zwar von etwas über einer Million im Jahr 1992 bis auf etwa 700 000 im Jahr 2009 gefallen ist, seitdem aber wieder kontinuierlich steigt und inzwischen wieder bei über 800 000 Völkern liegt.

»Das Ziel des Volksbegehrens ist ja vollkommen richtig«, sagt Frau Bauer, »aber mit einem solchen Antrag wird das nix! Da geht es letztlich um umweltpolitische Forderungen, die mit Artenvielfalt gar nichts oder nur am Rande zu tun haben.« Sie reicht mir den Antrag. »Kannst gern mit nei'schaun.«

Als wir den Raum eine Stunde später verlassen, tut mir die Stirn weh.

»Warum guckst du denn so böse?«, will Lukas wissen.

»Böse?« Ich schüttele den Kopf. »Ich bin nicht böse, nur ... Das mit den Bienen war mir ehrlich gesagt neu.«

»Ist doch gut«, stellt er grinsend fest. »Als Praktikant sollst du ja auch etwas lernen.« Er kommt darauf zu sprechen, dass mir vorhin im Treppenhaus ein Bekannter über den Weg gelaufen ist. »Aber woher kennst du denn bitte den Typen von der AfD?«, will er wissen, als wir die Laufbänder erreichen.

»Ach, der wollte vor zehn Jahren mal für unsere Stiftung

arbeiten, das passte aber nicht – und dann war er von der Bildfläche verschwunden.«

»… und taucht dann bei der AfD im Bundestag wieder auf – na geil! Aber nehmen die dich echt zum Praktikum?«

»Sagt er zumindest, ja.«

»Und wissen die, dass du kein AfD-Fan bist?« Lukas lacht. »Also, das unterstelle ich dir jetzt einfach mal!«

»Keine Sorge!« Ich stimme in sein Lachen ein, als wir durch die Artothek laufen. »Bin zwar blond und blauäugig, aber Wahl-O-Mat-Linker, SPD-Kind, Grün-Sympathisant und progressiver Freigeist, im Herzen also irgendwie auch liberal.«

»Also quasi politisch-queer?« Er ruft den Fahrstuhl. »Und wo ist deine Meinung in Sachen Klima? Nur mal so – weil's mein Gebiet ist.«

»Gibt's da Meinungen? Ich dachte nur Tatsachen.«

»Frag mal die AfD.«

»Also«, beginne ich zögerlich, »zuerst mal muss ich ganz ehrlich sagen, dass ich mit der Klimapolitik der FDP nicht sonderlich viel anfangen kann.«

»Okay.« Er schaut mich von oben an. »Wodurch zeichnet sich denn die Klimapolitik der FDP aus?«

»Na ja …« Wir steigen in den Fahrstuhl. »Vor allem durch wirtschaftliche Orientierung?«

»Woran machst du die fest?«

»An …« Mein Gesicht wird warm. »Vielleicht war das auch mehr eine gefühlte Antwort.«

»Vielleicht, ja.« Er grinst. »Mach dir keine Sorgen, du konntest immerhin die erste Frage beantworten. Damit bist du schon weiter als die meisten. Und dein Stand zum Thema Klimawandel?«

»Ich halte den Klimawandel für die größte Bedrohung, mit der wir Menschen bisher konfrontiert waren«, fasse ich meine Position zusammen, als wir aus dem Fahrstuhl steigen. »Wenn wir nicht umgehend aufhören, Treibhausgase in die Luft zu blasen, steuern vielleicht nicht wir, aber spätestens unsere Kinder auf eine weltweite Katastrophe zu: steigende Meeresspiegel, Flüchtlinge, Dürren, Missernten, Stürme, Kampf um Trinkwasser – steht doch alles im 1,5-Grad-Bericht des Weltklimarats, oder?«

»Den kennst du also schon mal«, weicht er meiner Frage aus. »Gut, dann die Klimaposition der FDP in Kürze, die auf zwei wichtigen Vereinbarungen beruht: der Nachhaltigkeitsagenda der Vereinten Nationen und dem Übereinkommen von Paris – beide aus dem Jahr 2015. Wir orientieren uns knallhart an den Klimazielen von Paris: CO_2 netto null bis 2050 – keine Kompromisse. Wir gehen davon aus, dass Klimaschutz, technische Innovationen und Wohlstand eine Dreiecksbeziehung führen, in der alle Faktoren voneinander abhängig sind – daher kommt vermutlich auch dein Eindruck, wir seien wirtschaftsorientiert. Entsprechend setzen wir uns für zwei Dinge ein, um die Emissionen in den Griff zu kriegen: Das erste und wichtigste ist der Emissionshandel, auf Englisch ETS, European Trade System, der durch die künstliche Verknappung von CO_2-Zertifikaten dafür sorgt, dass automatisch alles teurer und damit unrentabel wird, was CO_2 produziert – zum Beispiel Kohlestrom. Mit so einem Zertifikat kauft man also das Recht auf Luftverschmutzung mit einer Tonne CO_2 oder Äquivalenten.« Als wir auf sein Büro zugehen, fährt er mit seiner Erklärung fort: »Das Prinzip dahinter ist simpel: Dem Klima ist es scheißegal, in welchen Sektoren oder Ländern die Emissionen eingespart werden, deswegen sagen wir, man sollte die klugen Kräfte der Regierung mit den klugen Kräften des Marktes kombinieren und CO_2 dort einsparen, wo es volkswirtschaftlich am günstigsten ist. Zwei Probleme gibt es mit dem ETS: Erstens nehmen daran bisher nicht alle Sektoren in Europa teil – Verkehr und Heizöl als zwei fette Brocken fehlen zum Beispiel. Das zweite: Der ETS ist mit zu vielen Zertifikaten gestartet, deshalb ist er lange nicht aus dem Knick gekommen und hat dadurch einen Imageschaden bekommen. Geilerweise sinken die Emissionen in den ETS-Sektoren trotzdem und in den anderen nicht, so dass Wirtschaftswissenschaftler uns bescheinigen: läuft. Läuft noch zu langsam, aber läuft. Wir setzen uns deswegen für die Ausweitung des ETS auf alle Sektoren ein und bemühen uns darum, das auch international durchzuboxen.«

»Was sagt Trump dazu?«

»America first.«

»Na toll. Und China?«

»Alter, das sind fast 1,5 Milliarden Menschen ... Was denkst du denn?! Und weltweit sind gerade 1400 neue Kohlekraftwerke mit 670 Gigawatt Kapazität geplant – das ist ungefähr ein Drittel der momentanen Gesamtleistung an Energieproduktion.[38] Der europäische Anteil am CO_2 lag 1990 bei 20 Prozent, 2015 nur noch bei zehn – wir kommen also ganz gut voran. Die USA sind von 25 auf 15 Prozent gefallen, aber China im gleichen Zeitraum von zehn auf 30 Prozent gestiegen. Zusammen stoßen die drei über die Hälfte des gesamten CO_2 aus.[39] Ohne die beiden anderen wird das also nix mit Klimaschutz. Der zweite Punkt hat bei uns den Hashtag ...«

»... technologieoffen!«, sagt Armin jetzt und steckt den Kopf aus dem Nebenraum, dessen Tür offenstand. »Hallo übrigens, wir kennen uns noch gar nicht richtig«, sagt er ebenfalls in bayerischem Dialekt und gibt mir die Hand. »Ich bin Armin Sedlmayr.«

Armin trägt eine ordentliche Frisur und ist sehr schick,

nein: elegant gekleidet. Sein blauer Anzug ist aus feinem Zwirn, die Krawatte sehr schmal, und seine spitzen, braunen Lederschuhe sind bestens geputzt.

»Armin ist unser Jurist hier.«

»Ich kann trotzdem erklären, was wir mit technologieoffen meinen: Wir sind davon überzeugt, dass wir den Klimawandel nicht durch Verzicht aufhalten können, sondern nur durch Innovation. Energie, Industrie, Heizungen und Transport werden wir immer brauchen – weltweit mit stark steigender Tendenz, weil die Entwicklungsländer sich aus der Armut befreien, was gut und unaufhaltsam ist. Deshalb müssen wir den Innovationsmotor anwerfen und dazu beitragen, das Klimaproblem technisch zu lösen: sei es mit der erneuerbaren Energie, sei es mit technischen Möglichkeiten, CO_2 aus der Luft zu holen und zu speichern, kurz CCS, was für die komplette Dekarbonisierung unerlässlich ist. Spannend ist auch ein Verfahren, bei dem CO_2 direkt aus dem Schornstein gefiltert wird, kurz CDR, aber das ist noch sehr wenig ausgereift. Außerdem setzen wir uns für die Forschung an alternativen Kraftstoffen ein und für Verfahren, bei denen überschüssige Energie aus den Erneuerbaren so verwandelt wird, dass man es speichern und dann abrufen kann, wenn der Wind nicht weht oder die Sonne nicht scheint.«

»Guten Tag allerseits«, ertönt plötzlich eine Stimme hinter mir.

»Frau Zaremba!« Lukas reicht ihr die Hand. »Herzlich willkommen, schön, dass Sie hier sind.«

Frau Zaremba trägt ein auffällig buntes Kleid, und auch sie ist eine ganze Ecke jünger als ich. »Nora Zaremba vom *Tagesspiegel*.« Sie schüttelt mir die Hand.

»Ich bin Philipp Möller, der Praktikant hier«, stelle ich mich ihr vor.

Sie schaut mich erfreut an. »Dann machen Sie mir also einen Kaffee?«

»Genau!« Lukas lacht. »Philipp Möller ist aber nur Schein-Praktikant und arbeitet an einem Buch über Politik.«

»Und über die Weltrettung«, ergänze ich, »aber Kaffee mache ich trotzdem gern.«

»Das ist ja spannend«, sagt sie gegen den Lärm der Kaffeemaschine, »dann interessieren Sie sich bestimmt auch für die Fridays for Future.«

»Logisch!« Ich reiche ihr die Tasse. »Die haben ja letztlich das gleiche Ziel wie ich.«

Nach ein bisschen Smalltalk sitzen wir am Konferenztisch, ich schreibe »FFF!« auf meinen Zettel.

»Herr Köhler«, beginnt Frau Zaremba, während ihr Diktiergerät läuft, »die FDP ist ja nicht gerade für ihre Klimapolitik bekannt – haben Sie hier einen guten Job?«

»Na klar!«, sagt er spontan. »Wir sind vielleicht nicht für guten Klimaschutz bekannt, aber das ändert sich ja gerade, zum Beispiel mit diesem Interview. Und wir haben einen guten Plan: Wir fordern die Ausweitung des ETS, weil der Emissionshandel nachweislich wirksam ist. Wir wollen neue Technologien fördern, wollen die Debatte versachlichen – was dringend nötig ist! –, und so eine progressive Klimapolitik etablieren.«

»Kommen solche Überlegungen in der Regierung an?«

»Ja, wenn auch eher in der Union.«

Und genau da liegt vielleicht eins meiner Probleme mit der FDP: Ihre Vorstellungen können noch so fortschrittlich sein – sie werden doch immer eher im rückschrittlichen Lager aufgenommen. Und diese Ablehnung des Verzichts nervt mich auch langsam: Dürfen wir mit der FDP also weiterhin SUV fahren? Und Porsche? Ständig fliegen? Und tonnenweise Fleisch essen? Ich bin ein bisschen beruhigt, denn nach all der aufkeimenden Sympathie für Lukas und sein Team dämmert mir langsam, warum ich in der FDP falsch bin.

»Wie bewerten Sie die Arbeit der Kohlekommission?«, will die junge Frau vom *Tagesspiegel* nun wissen.

»Die Ergebnisse sind ja noch nicht da«, sagt Lukas ruhig, »aber ein solches Gremium ohne die Bundesopposition zu besetzen ist natürlich Quatsch! Da hat doch jemand nicht nachgedacht! Aus unserer Sicht geht die Kohlekommission den falschen Weg: Wir brauchen zuerst tragfähige Alternativen, die uns grundlastfähigen und bezahlbaren Strom bieten, erst dann ist ein Ausstiegsdatum sinnvoll.«

»Sollten wir denn überhaupt aus der Kohle aussteigen?«

»Natürlich, das ist doch gar keine Frage. Aber wann wir aussteigen, ist eben die zweite Frage. Die erste lautet, wie wir aussteigen, und zwar so, dass wir auch die Akzeptanz der Bevölkerung haben – ohne die geht am Ende des Tages nämlich gar nichts.«

»Was halten Sie denn von dem Rahmengesetz für ein Klimaschutzgesetz, wie Svenja Schulze es vorgeschlagen hat?«

»Wenn darin sektorale Emissionsgrenzen vorgesehen sind, halte ich davon gar nichts!«

»Wieso nicht?«

»Weil es der Erde vollkommen egal ist, wo wir CO_2 einsparen.«

»Aber wäre es für das Umweltministerium nicht leichter, ökologische Forderungen gegen ökonomische durchzusetzen, wenn für jedes Ministerium klar ist: So viel CO_2 darf dein Sektor ausstoßen, also Verkehr, Industrie, Gebäude, sonst zahlst du empfindliche Strafen aus deinem eigenen Etat?!«

»Genau das wollen wir eben nicht! Dieses Freund-Feind-Schema zwischen Wirtschaft und Umwelt bringt uns nämlich nicht voran«, betont Lukas energisch. »Langfristig werden wir die Emissionen nur dann in den Griff bekommen, wenn wir Instrumente und Technologien entwickeln, die dafür sorgen, dass beide an einem Strang ziehen.

Dafür wiederum müssen wir technologieoffen bleiben und alle Mittel ausnutzen, CO_2 zu vermeiden und bereits vorhandenes auch wieder aus der Luft zu holen. In Deutschland wird die Debatte allerdings sehr ideologisch geführt. Jedes Szenario im IPCC-Bericht, mit dem wir die mittlere Erderwärmung auf 1,5 Grad begrenzen und damit prognostizierte Folgen unwahrscheinlicher machen können, sieht beispielsweise vor, dass wir die CO_2-freien erneuerbaren Energien mit dem CO_2-freien Atomstrom kombinieren – und zusätzlich Techniken einsetzen, mit denen wir das Kohlendioxid wieder aus der Luft holen. Ich bin natürlich nicht dafür, Atomstrom in Deutschland wieder einzusetzen, aber weltweit könnte es eine Option sein. Aber sprechen Sie darüber mal mit den Grünen!«

Atomstrom? Hab ich das gerade richtig gehört?!

»Warum ist das in Deutschland so schwer, ökologisches und ökonomisches Denken miteinander zu verbinden?«, will Frau Zaremba nun wissen.

»Das wüssten wir auch gern.«

Mir raucht etwas der Kopf, und weil die beiden so ins Gespräch vertieft und gut im Thema sind, falle ich als Praktikant am ersten Tag vielleicht lieber nicht durch doofe Fragen auf.

»Wenn wir eine CO_2-Steuer schnell und hart einführen«,

legt Lukas dar, als ich mich wieder in das Gespräch beame, »können wir die Uhr danach stellen, bis wir Gelbwesten auf den Straßen haben, die sich dagegen wehren, weil insbesondere die sozial Schwachen unter den Folgen zu leiden haben.«

Seit wann die FDP an die sozial Schwachen denkt, kann sie als seriöse Interviewerin natürlich nicht fragen – ich hingegen könnte das schon, aber dafür wird jetzt nicht der richtige Zeitpunkt sein.

»Und wenn wir sie zu langsam und zu weich einführen«, fragt die Redakteurin stattdessen, »können wir dann vielleicht die Uhr danach stellen, bis die Kids von Fridays for Future auf die Straßen gehen, weil vor allem die Jungen unter den Folgen zu leiden haben, wenn der Klimawandel zuschlägt?«

»Und genau zwischen diesen beiden Polen«, hält Lukas fest, »müssen wir eine so behutsame wie effiziente Klimapolitik betreiben – und das schaffen wir nur im Einklang von Ökologie und Ökonomie!«

»Herr Köhler?«, sagt sie lächelnd und stoppt die Aufnahme. »Ich danke Ihnen für das Gespräch!«

»Gern! Möller?« Er deutet auf seine Uhr. »Weiter geht's!«

Reingefallen

Die Arbeitsgruppe Umwelt der FDP trifft sich im gleichen Raum wie die Arbeitsgruppe gestern, und so muss ich wieder von Steffen durch die Security begleitet werden. Dann nehmen wir den Tunnel ins JKH Nord und finden uns um 8:59 in dem Raum ein, wo schon ein paar mir bekannte, aber auch ein paar neue Gesichter am Tisch sitzen – so auch die schlanke Frau am Kopf des Tisches, die eine Kurzhaarfrisur trägt.

»Guten Morgen«, sagt sie zu mir. »Wer sind Sie?«

»Oh, hatte Lukas mich noch gar nicht angekündigt?«

»Dann würde ich wohl kaum fragen.« Judith Skudelny lächelt nicht, und im Raum wird es auf einmal mucksmäuschenstill. »Also?«

»Ich bin Philipp Möller, freier Autor und für eine Woche Praktikant bei Lukas Köhler, um für mein kommendes Buch zu recherchieren.«

»Bei Lukas also.« Sie schaut auf die Uhr. »Frage mich, wann der kommt! Welcher Verlag?«

»Fischer.«

»Worum geht's?«

»Um die Weltrettung.«

»Die Weltrettung?« Sie schaut sich einen Moment in der Runde um, es herrscht noch immer Stille. »Im Ernst jetzt?«

»Absolut.«

»Meine Tochter sagt mir ja auch ständig, dass sie die Welt

retten will.« Frau Skudelny lacht für den Bruchteil einer Sekunde, dann schaut sie mir fest in die Augen. »Wissen Sie, was ich dann tue?«, fragt sie mich mit einer leicht schwäbischen Färbung.

»Nein«, bringe ich trotz des Kloßes in meinem Hals heraus

»Ich drücke ihr einen Besen und ein Kehrblech in die Hand, und sage ihr, dass sie gleich mal vor der eigenen Haustür damit anfangen soll. Da liegen nämlich so viele Zigarettenstummel herum, und jeder davon verschmutzt 40 Liter Grundwasser – … Das ist mal eine echte Schweinerei, meinen Sie nicht?«

»Ich könnte mir vorstellen, dass es schlimmere …« Mir ist warm. »Also ich dachte bei Weltrettung eher so an den Klimawandel – zum Beispiel …«

»Den Klimawandel?« Sie spitzt ihren Mund. »Also ich wünsche mir ja schon lange, dass Stuttgart am Meer liegt, aber das wird wohl nicht passieren – schade!«

Totenstille herrscht im Raum, dann bricht die Skudelny plötzlich in ein wieherndes Lachen aus, das so ansteckend ist, dass die Leute um mich herum langsam, aber sicher einstimmen. Als die Tür aufgeht und Lukas hereinkommt, ist sie jedoch abrupt wieder still.

»Was'n hier los?«, fragt er.

»Guten Morgen, erst einmal!« Sie beobachtet, wie er sich mit einem Coffee-to-go hinsetzt. »Haben wir es also auch geschafft, Herr Doktor Köhler, ja? Und dann auch noch mit Einwegbecher, na super!«

»Aber, wir fangen doch um …«

»Neun Uhr an, genau, und jetzt ist es zwei nach!« Sie entsperrt das riesige iPad, das auf dem Tisch liegt. »Und damit eröffne ich die heutige Arbeitsgruppe Umwelt. Deinen Weltrettungspraktikanten haben wir ja schon kennengelernt, sehr erheiternd, wirklich. Aber ich schlage vor, über Glyphosat und den Weltuntergang im Allgemeinen können wir später noch sprechen. TOP 1 wäre der Bericht zum Artenschutzabkommen – Julia?«

»Gern«, sagt die junge Frau neben ihr. »Im Selous-Reservat ist Wilderei jetzt teillegalisiert worden, und dazu haben Judith und ich eine Stellungnahme vorbereitet …«

»… die sich dafür ausspricht«, setzt Frau Skudelny den Satz ihrer Mitarbeiterin fort, »das System der Teillegalisierung auch in anderen Naturschutzgebieten einzuführen.« Sie schaut mich an. »Beschwerde vom selbsternannten Weltretter?«

»Na ja, ich …« Mir wird wieder warm. »Wäre ein Verbot nicht besser?«

Steffen und Lukas schauen auf den Tisch.

»Reingefallen, Herr Praktikant!«, sagt sie und lacht wieder. »Viele Menschen leben dort von der Wilderei, ob uns das hier passt oder nicht. Ein Verbot bringt gar nichts, dann wird es nämlich illegal gemacht, wissen wir ja! Erlaubt man aber die Wilderei einiger, sehr weniger Tiere, dann sorgt man dafür, dass diejenigen, die mit der Jagd Geld verdienen, gegen die massive illegale Wilderei vorgehen. Das zeigt die Erfahrung aus dem Selous-Reservat!« Sie schaut wieder zu mir. »Und was lernen wir daraus?«

»Dass die Teillegalisierung der Wilderei«, sage ich leise, »Tierleben rettet?«

»Ex! Akt!« Judith Skudelny haut auf den Tisch. »Erste Lektion in Sachen Weltrettung: Lieber zweimal nachdenken! TOP 2: Demo gegen das Bundesemissionsschutzgesetz bei mir in Stuttgart. Da muss ich mir doch an den Kopf fassen! Die Leut' wollen alle des Klima schützen, ballern aber weiter mit dem Diesel durch unsere schöne Stadt – kapiert das noch jemand?«

»Ja, ich«, sagt Lukas. »Viele sind beruflich auf das Auto angewiesen, vor allem Berufspendler, die meist Diesel fahren, noch dazu sehr neue Autos. Wenn du denen die Stadt dichtmachst, gehen sie halt auf die Barrikaden, ist doch klar.«

»Ja, da muss doch der Scheuer ran«, ruft sie in den Raum, »und die Konzerne in die Pflicht nehmen – wer betrügt, muss die Hardwarenachrüstung zahlen, ist doch ganz einfach!«

»Sag ich ja auch«, wirft Lukas ein, »aber …«

»Nix, aber! Wenn wir das mit den Autos so weitermachen, kann ich nur sagen: drei Grad Erderwärmung? Wir schaffen das!« Die Skudelny lacht wieder. »Dann bekomm ich vielleicht endlich meinen Hafen am Neckartor! Also, ich schreib 'ne Anfrage an den Scheuer, warum er nicht in die Pötte kommt. Jemand dagegen?« Sie schaut sich kurz im Raum um. »Gut. TOP 3: Papiertüten. Ich versteh ja, dass so eine Papiertüte dem grünen Gewissen unheimlich guttut. Das ist ja ein Naturstoff, der verrottet doch«, sagt sie mit verstellter Stimme, »und dann ist da noch so ein hübscher grüner Frosch drauf – super, oder?!« Sie räuspert sich. »Dass die Dinger aber vier- bis sechsmal genutzt werden müssen, damit sie wegen ihres höheren Energieaufwands bei der Produktion eine bessere Ökobilanz als eine Plastiktüte haben, darüber redet niemand. Stattdessen werden sie einmal für den Bio-Müll genutzt, und dann weg damit – dieser symbolische Umweltschutz ist doch einfach Käse!«

»Jetzt beruhig dich mal wieder.« Lukas grinst seine Kollegin an. »Das geht aufs Herz!«

»Und du gehst mir auf die Nerven!« Sie lacht. »Das könnten wir gleich mal im Arbeitskreis vorbringen: Zoff in der

AG Umwelt! Der Köhler nervt die Skudelny, weil er zu spät kommt, die Skudelny nervt den Köhler, weil sie immer so zickig ist, und der neue Praktikant versteht die Welt nicht mehr, weil die FDP für Glyphosat ist.«

Alle lachen, und ich werde rot.

»Aber das macht doch Krebs«, sage ich, da lachen alle noch lauter.

»Der ist ja super«, wiehert die Frau mit den kurzen Haaren jetzt an Lukas gewandt, »wo hast du den denn her?!«

»Von Christian Lindner!«, ruft Lukas schallend in den Raum, schaut mich aber lachend an. »Nimm's nicht persönlich, Alder, wir müssen manchmal einfach …«

»Doch, sehr wohl persönlich – als Kompliment! Nicht jeder Praktikant wird gleich am ersten Tag verarscht. Sorry, Leute!« Sie reibt sich die Augen. »Ich bin heut albern. Olaf, du hast noch was …«

»Jawoll.« Ein etwas älterer Mann mit Brille und Glatze schaut auf seinen Zettel, dann räuspert er sich. »In der Ostsee liegen 300 Megatonnen alte Munition aus dem Zweiten Weltkrieg, teilweise chemische …«

»300 Megatonnen?«, platzt es aus Judith Skudelny heraus. »Deutsche Munition?!«

»Ja«, sagt er irritiert. »Wieso?«

»Dann ist's ja kein Wunder«, sagt sie.

»Was?«

»Dass wir verloren haben!«

»Judith!«, ruft Lukas in das Lachen der anderen hinein. »Der Philipp schreibt das alles auf!«

»Soll er's halt aufschreiben, wenn ich schlechte Laune hab, dann streich ich's ihm wieder raus. Außerdem können die Leute ruhig wissen, dass die Skudelny einen schwarzen Humor hat – in England würde ich damit Wahlen gewinnen.

Aber im Ernst: Der Scheiß muss natürlich weggeräumt werden, ist doch klar, von mir aus kann der Antrag[40] raus, ich brauch jetzt noch'n Kaffe, bevor wir in den AK gehen – die Sitzung ist geschlossen!«

FDP AK 6

»Schnell, dann schaffen wir noch einen Kaffee«, sagt Judith und startet Richtung Bäcker. »Und dir geb ich einen aus, weil du meinen Humor ertragen musstest.«

»Da sag ich nicht nein«, erwidere ich. »Aber dann will ich auch eine Zigarette haben!«

»Du rauchst?«, fragt Lukas.

»Eigentlich nur, wenn ich trinke …«

»Aber Alkohol gibt's jetzt nicht«, sagt Judith streng. »Im AK 6 ist heute richtig was zu tun!«

Mit großen Kaffeebechern erreichen wir kurze Zeit später ein weiteres Gebäude des Bundestags, das sich weiter hinten auf der Dorotheenstraße befindet. Judith erklärt den Männern von der Security, dass ich noch keinen Ausweis habe, aber unbedingt mit rein müsste, und so betreten wir schließlich gemeinsam mit Lukas und Steffen einen großen Sitzungssaal.

»Muss das denn eigentlich sein«, sage ich zu ihr, »dass ihr mich ständig mit Fakten verwirrt?«

»Aber sicher«, sagt sie trocken, »alles andere wäre keine Politik, sondern Esoterik.« Dann muss sie sich aber mit einem ihrer Sitznachbarn unterhalten, so nehme ich in der zweiten Reihe Platz.

In dem großen, nüchternen Saal stehen so viele weiße Tische in U-Form, so dass innen und außen sicher fünfzig, sechzig Personen Platz finden. Die Stühle werden nach und nach hauptsächlich von Männern in Anzügen eingenommen, wobei ich die meisten in den Vierzigern vermute, einige auch älter, wenige jünger. Die Frauen tragen meist Kleider in gedeckten Farben und sind eher jünger als die Herren.

»In der Reihenfolge der Arbeit im Bundestag kommt der Arbeitskreis nach den Arbeitsgruppen«, erklärt Steffen, als er sich neben mich setzt. »Auch hier sitzen nur Abgeordnete der FDP und ihre Mitarbeiter. Das hier ist der Arbeitskreis 6 mit dem tragenden Namen: ›Ein unkomplizierter Staat‹.«

»So heißt der Arbeitskreis?«

»Ja, die Namen orientieren sich an den Begriffen unseres Wahlprogramms.« Er lächelt. »Hat wohl Marketinggründe. Frank Sitta, der da vorne, leitet den AK, das ist auch ein echt entspannter Typ, und der da mit dem Bart, das ist unser Büronachbar Daniel Föst, den wirst du auch noch kennenlernen. Heute Nachmittag ist übrigens nur noch Fraktionssitzung, da kommen dann alle Abgeordneten zusammen, ist aber ohne Mitarbeiter, kannst nach der Session hier also eigentlich Feierabend machen …«

»Gut, dann komme ich endlich mal zu meinen Hausaufgaben. Ihr haut ja doch ganz schön mit Themen um euch …«

»Findest du, ja? Da gewöhnt man sich wahrscheinlich dran. Hier wiederum gibt's öfter mal Grundsatzdebatten.«

Frank Sitta eröffnet die Sitzung, und als Ruhe eingekehrt ist, verwickeln ihn einige Herren, die im vorderen Teil sitzen, schnell in eine Diskussion über den fraktionsinternen Streit um Redezeit im Bundestag. Wenn die sich schon darum streiten, dürfte es für mich – ohne Mandat oder eigenem Staat – wohl eher schwierig werden mit der Rede da unten … Weil ich der Debatte inhaltlich kaum folgen kann, schaue ich mich im Raum um, wobei mir auffällt, dass auch ein Großteil der anderen Anwesenden nicht zuhört, sondern mit ihren Tablets, Smartphones und Laptops beschäftigt ist. Als die Debatte abgeschlossen ist, wirft jedoch ein Mitarbeiter die Frage auf, wie man Arbeitsprozesse effizienter gestalten könnte. Plötzlich scheinen die Computer für die anderen uninteressant zu sein. Anträge würden geschrieben, sagt er, und dann so lange überarbeitet, bis das Thema gegessen sei.

»Manchmal habe ich das Gefühl«, sagt der Mann, den ich nicht kenne, »dass wir viel Arbeitszeit für den Müll produzieren.«

»Das ist doch überall so«, ruft ein anderer rein.

»Das macht es nicht besser«, entgegnet der Erste, »im Gegenteil! So ein Antrag kostet mich und mein Büro und alle anderen, die damit zu tun haben, unheimlich viel Arbeit – und dann? Wird er von den anderen Fraktionen abgelehnt, und das war's dann?!«

»Dann kannst du ihn öffentlich verwerten«, bemerkt eine Frau. »Ist doch eine gute Pressemeldung: Die FDP fordert etwas Sinnvolles, das von den anderen abgelehnt wird!«

»Aber genau dafür geht es doch viel zu langsam!«, widerspricht er. »Unsere Anträge und kleinen und großen Anfragen gehen von den AGs durch den AK in die Fraktionssitzung, und wenn dann noch eine sitzungsfreie Woche dazwischenliegt, gehen schnell drei, vier Wochen ins Land. Bis dahin haben andere Fraktionen schon zwei Pressemeldungen draußen und drei Interviews gegeben!«

»Aber es geht doch hier nicht nur um Reichweite und Medienresonanz«, wirft Lukas' bärtiger Büronachbar nun verärgert ein. »Wenn das nämlich so ist, lasse ich mich hier bald durch einen Schauspieler ersetzen. Ich bin hier mal angetreten, um die Welt zu verändern, um Programmatik zu betreiben – und nicht als politischer Showmaster.«

»Klar«, entgegnet die Frau ihm nun, »aber wir müssen

doch mit den guten Dingen, die wir fordern, auch außerhalb unserer bundespolitischen Filterblase wahrgenommen werden. Es tut mir leid, dass ich das feststellen muss, aber Die Grünen machen das teilweise sehr gut ...«

Ich muss schmunzeln, denn sobald hier die Grünen erwähnt werden, ist Tumult angesagt.

»Ruhe bitte!«, ruft Frank Sitta, und nach einem Augenblick herrscht dann wieder Stille. »Danke für die strittige Auseinandersetzung, die wir gern in der Frasi weiterführen können – jetzt hat Judith das Wort.«

»Danke!« Sie räuspert sich. »Wir haben eben in der AG schon über Papiertüten gesprochen«, beginnt sie und wiederholt ihre Argumentation. Langsam aber beginnen währenddessen die leisen Gespräche wieder, Handys werden entsperrt, Tastaturen klackern, und das Ganze fällt erst so richtig auf, als Judith mitten im Satz verstummt und ein paar Sekunden wartet. »Ich kann damit auch aufhören«, sagt sie giftig in die Stille hinein, »wenn es hier sowieso niemanden interessiert!« – und hat damit die volle Aufmerksamkeit. »Aber dann dürft ihr euch eben auch nicht wundern, wenn ihr auf Umweltthemen angesprochen werdet, dann keine Ahnung habt und es am Ende heißt: Die FDP hat keine umweltpolitische Kompetenz!«

»Das stimmt doch gar nicht!«, ruft jetzt einer rein, »Wir sind top informiert!«, dann der Nächste, und wieder entstehen aufgeregte Einzelgespräche, die der Vorsitzende unterbinden muss.

»Also, Judith«, sagt er schließlich, »du hast unsere volle Aufmerksamkeit – sorry!« So kann sie ihre Papiertütenargumentation beenden, bekommt dafür Tischklopfer, und es geht zu den nächsten Themen:

FDP-Positionspapiere im Internet, die nächste Klausurtagung, die FDP auf der Grünen Woche, der Parlamentarische

Beirat für nachhaltige Entwicklung ... Als ich den Raum mit Lukas, Steffen und Judith verlasse, ist auf meinen Notizzettel kaum noch Platz. Draußen angekommen, verabschieden sich die beiden in den nächsten Termin, und so habe ich mit Lukas noch ein bisschen Zeit zum Plaudern, bevor ich erst zur Hausausweisstelle und danach meine Hausaufgaben machen muss.

»Und?«, will er wissen. »Dein Eindruck?«

»Viel Streit, was ja eigentlich nichts Schlechtes ist. Spannend, dass nach außen vieles so wirkt, als sei es aus einem Guss ...«

»... was auch nur geht, weil wir intern so viel streiten. Aber jetzt will ich dich auch mal was fragen ...« Er zieht an seiner Zigarette. »Wie ist das Leben als Autor so?«

»Anders.« Ich schnaufe. »Komplett anders als das hier. Einerseits natürlich entspannter, was den Alltag angeht: Kaum feste Termine, ich kann arbeiten, wann ich will und wo ich will, bin im wahrsten Sinne freier Autor, habe also keine Vorgesetzten, die mir irgendwas vorschreiben. Und es gibt keine Fraktionsmeinung, an der ich meine eigenen Vorstellungen verbiegen muss ...«

»Das muss ich auch nicht.«

»Gar nicht?«

»Nö, seh ich auch gar nicht ein! Wir haben natürlich unsere liberalen Grundsätze, und mit denen kann ich mich auch identifizieren, ansonsten wäre ich nicht in der FDP. Aber bei den Einzelheiten gilt immer das beste Argument, nicht die höhere Autorität oder so'n Quatsch. Wir haben andere Probleme, hast du ja gerade gehört, aber wenn ich mich hier verbiegen müsste, wäre ich in der falschen Partei.«

Dass er in Umweltthemen sehr wohl in der falschen Partei ist, muss ich ihm jetzt nicht sagen. Dass ich seinen Büroleiter noch mal um einen Kontakt zu den Grünen gebeten habe, auch nicht.

»Was mich aber am Schreiben nervt, ist die Unbeständigkeit«, sage ich. »Manchmal überlege ich schon, ob ich mir mal 'ne halbe Stelle suche und …«

»Oh, sorry!«, unterbricht er mich und schaut auf die Uhr. »Merk dir den Gedanken, ich muss los!« Mit großen Schritten eilt er davon, dreht sich dann aber noch mal um. »Morgen, halb zehn Umweltausschuss, Paul-Löbe-Haus! Haste den Ausweis?«

»Den hole ich jetzt!«

Nachdenklich laufe ich allein zur Hausausweisstelle, und erst als ich angekommen bin, fällt mir auf, dass ich fast gerannt bin – ist wohl ansteckend, diese Hektik. Hier sieht es ein bisschen aus wie im Bürgeramt – mit dem Unterschied allerdings, dass ich eine Nummer ziehe, und in dem Moment, als ich auf die Anzeigetafel schaue, schon einen Gong höre und meine Nummer sehe.

»Das ging aber schnell«, sage ich zu der jungen Frau, die an einem Schreibtisch sitzt, auf dem ein großer Drucker und eine fest installierte Kamera stehen. Ich überreiche ihr mein Formular, woraufhin sie mich anlächelt. »Steht auf dem Ausweis dann eigentlich auch die Partei?«, frage ich sie.

»Nein, nur der Name des Abgeordneten, bei dem Sie arbeiten. Ist das Ihr erster Hausausweis im Bundestag?«

»Ja.«

»Dann machen wir jetzt ein Foto.« Sie zeigt auf die Kamera, also setze ich ein biometrisches Gesicht auf und schaue ins Objektiv. »Sie dürfen ruhig lächeln!«

»Echt?«

»Ja!« Es klickt im Objektiv, und eine Minute später fällt das blaue Kärtchen mit meinem Foto darauf aus dem Drucker. Behutsam schiebt sie es in eine Halterung, die an einer langen Kette aus kleinen Metallkugeln hängt, und überreicht es mir dann lächelnd. »Ihr Hausausweis für den Bundestag – bitte sehr!«

»Danke!« Ich muss mir ein breites Grinsen verkneifen, als ich ihn in den Händen halte.

»Damit kommen Sie jederzeit in alle Eingänge des Deutschen Bundestags und können sich darin frei bewegen«, sagt sie. »Sie müssen den Ausweis immer gut sichtbar an sich tragen, und geben ihn bei irgendeinem Pförtner ab, wenn er abläuft, also …« Sie schaut auf das Formular. »Oh, schon diesen Freitag?«

»Ja, ist nur eine Woche«, sage ich, »Schnupperpraktikum!«

Als ich die Straße betrete, betrachte ich den Ausweis lange in meiner Hand und laufe dann damit zur Dorotheenstraße 101. Dort wird gerade eine Besuchergruppe eingelassen, die alle ihre Personalausweise einreichen müssen.

»Gehören Sie zum Haus?«, fragt mich die Dame von der Security durch den Lautsprecher.

»Ja.« Ich bedanke mich bei den älteren Damen, die jetzt Platz machen, damit ich meinen Ausweis an das Lesegerät halten kann. Die Lampe springt von Blau auf Grün, woraufhin die Panzerglastür für mich aufgeht und ich an der Sicherheitskontrolle vorbei den Bundestag betreten darf.

Umweltausschuss FDP

Der direkteste Weg von hier zum Paul-Löbe-Haus führt über den abgesperrten Willy-Brandt-Platz zwischen RTG und PG, und dort will offenbar auch ein junges Pärchen lang, offensichtlich Touristen.

»Einmal außen herum, bitte«, sagt jedoch ein Polizist zu ihnen, nickt mir aber zu, als ich ihm meinen Ausweis zeige und durchlaufe.

Vorbei an Staatskarossen, schweren Polizei- und offiziellen Militärfahrzeugen überquere ich den Platz, tue so, als würde ich Jürgen Trittin nicht sehen, gehe dann wieder durch die Absperrung und befinde mich nun am Spreebogen. Dort liegt der etwas unscheinbare Eingang ins Paul-Löbe-Haus, eine weitere Schleuse also in den gigantischen Trakt des Deutschen Bundestags. Eintreten, Ausweis ans Lesegerät halten, auf Grün warten, freundlich nicken, nach dem Klicken durch die zweite Tür, vorbei an der Security und jetzt schön so tun, als wüsste ich genau, wo ich hinmuss – ich will ja hier schließlich nicht als Neuling auffallen. Über einen kleinen Gang erreiche ich das riesige Mittelschiff, finde mich zwischen den Halbrunden wieder und schaue mich um: PLH 4300 steht auf dem Kalenderblatt, das ich ausgedruckt habe – wo zur Hölle ist das denn jetzt bitte?

»Kann ich Ihnen helfen?«, fragt plötzlich eine junge Frau in Uniform und lächelt mich an. »Neu hier?«

»Sieht man das?«

»Ja.« Sie lächelt noch breiter, dann bringt sie mich zum Fahrstuhl. Schnell gewinne ich an Höhe und Überblick über dieses monströse Gebäude, von dem aus unser Land regiert wird. Alle ständigen Ausschüsse tagen hier drin, von A wie Arbeit bis W Wirtschaftliche Zusammenarbeit, und weil diese Gremien in der Arbeitshierarchie auf der letzten Stufe vor dem Plenum stehen, sind das hier quasi alles kleine Bundestägchen. Unten wird eine Schülergruppe durch die Halle geführt, auf den Galerien vor jedem Stockwerk sind viele Menschen unterwegs, Journalisten bauen Kameras auf oder lungern auf den Sofas herum, und als ich aussteige, sehe ich Armin an der Brüstung stehen.

»Guten Tag, Herr Sedlymayr«, sage ich mit gerolltem R.

»Oh, du hast dir meinen urbayerischen Namen gemerkt«, stellt er erfreut fest und strafft sein perfekt gebügeltes, rosafarbenes Hemd. »Ist dein erster Ausschuss, gä?«

»Genau.«

»Und kennst du den Weg eines Gesetzes?«, fragt er lächelnd. »In der Schule aufgepasst?«

»Immer«, sage ich und nehme Haltung an. »Musterschüler Möller: nie geschwatzt, nie geschwänzt, nie gekifft! Aber das ... hab ich vergessen.«

»Okay – in aller Kürze.« Er schaut auf die Uhr und spricht dann, so hochdeutsch er kann, weiter. »In der Politik geht es ja immer darum, Probleme zu lösen. Ohne Probleme kein gesetzgeberischer Handlungsbedarf.«

»Aber die dürften uns ja vorerst nicht ausgehen ...«

»Da bin ich auch sehr zuversichtlich. Hat ein MdB oder das Büro ein Problem entdeckt oder ist darauf aufmerksam gemacht worden, heißt es für uns Mitarbeiterinnen und Mitarbeiter: recherchieren, diskutieren, Lösungsvorschlag formulieren.«

»So gesagt, klingt das recht einfach.«

»Das ist es seeehr selten!« Er schaut wieder auf die Uhr. »Zumal wir den Antrag ja auch mit anderen abstimmen müssen!«

»Furchtbar, diese demokratischen Prozesse, ne?!«

»Schlimm!« Er rollt mit den Augen und lacht. »Wenn wir einen solchen Antrag mit der Arbeitsgruppe ausformuliert haben, kommt er erst einmal in die Frasi zur Abstimmung. Dort gibt's meist noch mal Änderungen, aber wenn er da durch ist, reichen die Fraktionsvorsitzenden ihn beim Präsidium ein: Der Bundestag möge beschließen, und so weiter – erst dann kommt er hier zur Abstimmung …«

»… wird aber meistens abgelehnt, oder?«

»Wenn man zur Opposition gehört? Ja!«

»Ihr hattet ja die Chance!«

»Mit der CDU?« Er zeigt auf den Saal. »Und den Grünen? Danke, nein!«

»Aber sagen wir mal, eine Oppositionsfraktion reicht einen Antrag ein, der wirklich richtig gut begründet ist …«

»Ja?« Er grinst.

»Da wird so richtig wasserdicht argumentiert: juristisch, wissenschaftlich …«

»Jaaa?« Er grinst noch breiter.

»Und die Öffentlichkeit, also das gemeine Wählervolk steht auch dahinter – müsste ihn die Regierung dann nicht annehmen?«

»Ja, klar!« Armin lacht. Er lacht laut. So laut, dass sich die umherstehenden Leute umdrehen. »Das klingt ja geradezu so, als ginge es in der Politik um Argumente!« Er lacht wieder. »Das will ich noch mal erleben, dass eine Regierung einen Antrag von der Opposition annimmt!«

»Kommt das wirklich nicht vor?«

»Bist du jeck?! Aus Prinzip schon nicht! Hab ich zumindest noch nicht erlebt, und wenn, dann ist das ganz, ganz selten.« Er schiebt die Unterlippe vor. »So sollte Politik natürlich eigentlich funktionieren, aber ich sag dir, wonach es hier geht: Parteimeinung, Parteimeinung, Parteimeinung.«

»Der berühmte Fraktionszwang?«

»…-disziplin, heißt das offiziell, genau!«

»Das desillusioniert mich, Armin.«

»Tja, Philipp!« Er haut mir leicht auf die Schulter. »Willkommen in der Realität! Heute geht's um Glyphosat, da kannst du das direkt erleben.«

»Aber das Zeug ist doch …«

»Ja?«

»Krebserregend?«

»Sagt wer?« Er zieht die Augenbrauen hoch. »Konnte von wem nachgewiesen werden? In wie vielen Studien? Von wie vielen unabhängigen Instituten? Wie funktioniert es überhaupt? Seit wann ist es auf dem Markt? Wie lauten die Zulassungsverfahren für solche Mittel in Europa? Wie unterscheidet sich das Prinzip vom US-amerikanischen Markt? Wer stellt es her?«

»Monsanto, das weiß ich!«

»Und wer noch?«

Ich runzele die Stirn. »Niemand?«

»Hach je!« Er schaut wieder auf die Uhr, dann kramt er in der Tasche und reicht mir einen getackerten Stapel Papier. »Unser Antrag dazu, bitte sehr. Recherchieren, diskutieren, formulieren – du musst noch viel lernen. Und ein Tipp noch: Bald wird der 219a diskutiert, da geht's richtig rund! Alle außer CDU und AfD sind für die Abschaffung des Gesetzes, das Werbung für Abtreibungen verbietet, und trotzdem werden die das durchdrücken.«

»Den kenn ich – bin ja Berufsatheist!«

»Ach ja.« Er schmunzelt. »Atheist bin ich natürlich auch!«

»Wieso natürlich?«

»Hallo? Als Bayer?!«

»Ach, du bist Bayer?« Jetzt grinse ich. »Ist mir noch gar nicht aufgefallen.«

»Sehr witzig!« Er kichert.

»Wann ist denn der 219a dran?«

»Ich glaub, in der nächsten Sitzungswoche – ach Mist!« Er schnippst. »Da bist du schon weg, oder? Tja, da kann man nix machen, der erste Teil ist leider nicht öffentlich. So – jetzt müssen wir aber rein, du oben auf die Zuschauertribüne, ich unten zum Lukas.« Als wir gerade zur Anmeldung wollen, fällt Armin noch etwas ein. »Das ist ja übrigens eine nichtöffentliche Sitzung. Du darfst dir natürlich gern Notizen machen, aber sobald du im Buch jemanden wörtlich zitieren willst, musst du dir das schriftlich genehmigen lassen. Mit uns hast du ja eine Vereinbarung dazu, aber den Text musst du dann umschreiben, ja?«

»Schon okay«, sage ich und halte den Antrag hoch, »ich hab ja was zu lesen.«

Nachdem Armin mich angemeldet hat, trage ich mich per Unterschrift in einem Besucherformular des Ausschusses ein und betrete dann die Tribüne des Sitzungssaals. Aus locker vier Metern Höhe schaue ich hier auf den großen, runden Tisch, an dem die Abgeordneten auf schwarzen, schweren Bürostühlen sitzen; hinter ihnen haben die Mitarbeiter ihre Plätze.

Den Ausschussvorsitz hat Sylvia Kotting-Uhl von den Grünen inne,[41] die nun den ersten Tagesordnungspunkt[42] vorstellt: »Euratom-Vertrag reformieren – Sonderstellung der

Atomkraft jetzt abschaffen«, zu dem ihre Fraktion einen Antrag[43] eingereicht hat. Lisa Badum bekommt dazu das Wort. Sie ist klimapolitische Sprecherin der Grünen und somit Lukas' direkte Gegenspielerin – denn Gelb und Grün, das wissen wir, spätestens seitdem Christian Lindner seinen direkten Gegenspieler Robert Habeck als cremig[44] bezeichnet hat, das will nicht zusammengehen. Zu unterschiedlich sind die Positionen hier: die einen betreiben ökologisch orientierte Umweltpolitik und die anderen ökonomisch orientierte. Und bei allem, was über den Fortschritt der Zerstörung der Erde bekannt ist, kann die Formel dazu meines Erachtens doch nur lauten: Öko? Logisch!

Aber es gibt noch zwei weitere Gründe, warum ich der Frau, die etwa Anfang dreißig sein dürfte und wie Armin aus Bayern kommt, sehr genau zuhöre.

Denn zuerst einmal geht es hier um die tödlichste Art und Weise, Strom zu produzieren. Und das ist wieder so ein Thema, bei dem mein Verständnis für politisches Versagen sehr begrenzt ist. Null Verständnis habe ich dafür! Sechs Jahre war ich alt, als uns Menschen diese unbeherrschbare Hochrisikotechnologie zum ersten Mal um die Ohren flog, und zwar in Tschernobyl, einer Stadt, von der ich bis heute nicht genau weiß, wo sie liegt – jedenfalls nah genug, um uns nach der Kernschmelze 1986 eine radioaktive Wolke zu schicken, die für verstrahlten Regen und verseuchte Milch sorgte. Unzählige Todesopfer, ein über Jahrtausende unbewohnbarer Landstrich und sowjetische Geheimhaltung über die Zahl der krebstoten Liquidatoren.[45] Braucht es wirklich noch mehr Argumente, um solche Todesfabriken sofort abzuschalten? Offensichtlich ja: Fukushima. Klara war gerade ein paar Wochen alt, als es in diesem hochmodernen Kraftwerk, das angeblich bestens gesichert war, zur Kernschmelze kam – und anschließend zur politischen Rolle rückwärts von Angela Merkel, die kurz vorher noch die Laufzeiten verlängerte und dann ganz plötzlich den Atomausstieg einleitete. Zu Klaras 11. Geburtstag wird der letzte deutsche Kernreaktor vom Netz genommen – bleibt also schwer zu hoffen, dass bis dahin keines der verbliebenen Atomkraftwerke von seinem »Restrisiko« Gebrauch macht.

Umso besser, dass Die Grünen – einst hervorgegangen aus dem zivilgesellschaftlichen Engagement der Anti-AKW-Bewegung – jetzt für Ordnung sorgen, und zwar grenzübergreifend. Denn offenbar hat man in unseren Nachbarländern, allen voran Frankreich und Belgien, in den vergangenen 33 Jahren keine Nachrichten gelesen und lässt die – auch grenznahen – AKWs teils mit höchsten Sicherheitsrisiken heiter weiterlaufen. Die Verschiebung der Atomgelder in die Erforschung der erneuerbarer Energien und einen festen Termin für den Ausstieg aller europäischen Länder stehen noch aus. Doch ich höre Lisa Badum noch aus einem prsönlichen Grund sehr genau zu: Steffen aus »meinem« Büro ist nämlich mit den Leuten aus ihrem Büro befreundet, und wenn alles gutgeht, dann werde ich den Grünen als Praktikant vererbt. Dann besuche ich die Partei, die das Versprechen, das ich Klara gegeben habe, in ihren politischen Genen trägt. Ohne Gentechnik, versteht sich.

Aber jetzt, nachdem Die Grünen ihren Antrag vorgestellt haben, bekommen alle anderen die Möglichkeit, Stellung dazu zu beziehen. Was hier wer genau sagt, notiere ich mir erst gar nicht, weil ich es ja eh nicht verwenden darf – aber das Ergebnis der Abstimmung wird später als Beschlussempfehlung online landen, und darin ist auch das Abstimmungsverhalten zu sehen: Die Union und die SPD sind dagegen – Armins Prognose stimmt also. Die AfD ebenso, was mich wenig wundert, weil sie in allen Umweltfragen beweist, dass ihre Fraktion aus Betonköpfen besteht. Und in allen anderen Fragen ja eigentlich auch. Die Linke? Enthält sich, was vermutlich die diplomatischste Variante ist – aber jetzt: Lukas? Judith? Wo ist die evidenzbasierte Argumentation der FDP? Come on!

»Wir stimmen dagegen«, sagt Judith nach ihrem Statement. Und so lustig sie auch sein mag, lehne ich mich in diesem Moment zurück und spüre meinen Magen sich zusammenziehen. Das einzig richtige Modell Deutschlands, diese Technologie hinter sich zu lassen, will die FDP also nicht auf Europa übertragen. Wie soll ich das Klara erklären?

Auch der nächste Antrag kommt von den Grünen und fordert von der Bundesregierung eine Regionalquote im Erneuerbare-Energien-Gesetz, um den deutschlandweiten Ausbau der Windkraft zu sichern.[46] Das Abstimmungsverhalten ist gleich – und mein Gefühl ist es auch.

Doch jetzt ist die FDP dran: Judith stellt den Antrag zu Glyphosat vor, den ich mir doch eigentlich schon längst durchgelesen haben wollte, Mist, das geht ja wirklich Schlag auf Schlag hier! Volle vier Seiten hat das Teil, und beim Überfliegen lese ich jede Menge Zahlen, Abkürzungen und Fremdworte. Der erste Satz hingegen klingt eigentlich ganz sinnvoll: »Die Zulassung von Pflanzenschutzmitteln, wie Herbiziden, muss weiterhin zum Schutz von Natur und Umwelt, Mensch und Tier ausschließlich auf der Grundlage wissenschaftlicher Erkenntnisse erfolgen.«[47]

Und was sind diese wissenschaftlichen Erkenntnisse? Die Bemühungen, das Zeugs zu verbieten, werden ja wohl kaum aus der Luft gegriffen sein.

»Glyphosat ist ein Herbizid, dessen Wirkstoff über die grünen Pflanzenteile aufgenommen wird«, lese ich weiter. »Es blockiert ein Enzym, das Pflanzen zur Herstellung bestimmter

Aminosäuren benötigen. Im Uhrwerk Pflanzen-Stoffwechsel wird somit ein Zahnrad blockiert – mehr nicht.« Mehr nicht?! Seit wann ist es denn sinnvoll, überhaupt in solche Mechanismen einzugreifen? »Das von Glyphosat blockierte Enzym kommt in menschlichen und tierischen Organismen nicht vor. Daher hat Glyphosat gegenüber Mensch und Tier nur eine geringe Giftwirkung und ist … weniger akut toxisch als Kochsalz oder Backpulver.«

Bitte?! Also das wäre mir nun wirklich neu! Genau so, wie die Tatsache, dass Glyphosat 1974 von Monsanto patentiert wurde, das Patent 2000 auslief und seitdem von 90 Herstellern vermarktet wird, und daher nicht, so die FDP, »anders als bisweilen dargestellt … die wirtschaftlichen Interessen eines Einzelnen oder ganz weniger Konzerne« stärke. Aber Monsanto? Dieser kürzlich von Bayer für irgendeine Rekordsumme aufgekaufte Konzern wird doch in diesem Zusammenhang immer genannt – warum? Und was ist mit der krebserregenden Wirkung? »Glyphosat gehört zu den in seiner Wirkung auf Mensch, Tier und Natur am besten untersuchten Pflanzenschutzmitteln weltweit«, steht hier, und dass eine »vollumfängliche Bewertung möglich« sei, die in einer Kooperation des Bundesamts für Verbraucherschutz und Lebensmittelsicherheit, des Bundesinstituts für Risikobewertung, des Julius Kühn-Instituts und dem Umweltbundesamt ergeben hat, »dass Glyphosat nach wie vor alle Kriterien erfüllt, die das EU-Recht an Pflanzenschutzmittelwirkstoffe stellt.«

Ich stutze, aber hier haben wir es: Die Internationale Agentur für Krebsforschung hat Glyphosat als »wahrscheinlich krebserregend« eingestuft – das klingt aber gar nicht gut, liebe FDP! »Damit gehört Glyphosat derselben Kategorie an wie die Tätigkeit als Friseur, wie Schichtarbeit, rotes Fleisch oder Frittieren bei hohen Temperaturen.«

Ich überfliege den Rest und finde auf den weiteren drei dicht bedruckten Seiten noch unzählige Abkürzungen von Instituten weltweit, die keine karzinogene Wirkung feststellen konnten, und muss am Ende schließlich schmunzeln. Die Bundestagsfraktion der FDP möchte die anderen Fraktionen nämlich dazu bringen, gemeinsam mit ihr die Bundesregierung aufzufordern, »den Nationalen Aktionsplan zur nachhaltigen Anwendung von Pflanzenschutzmitteln ungeachtet der Versuche weltanschaulicher Einflussnahme unter der Maßgabe von Sachlichkeit, Rationalität und Fachlichkeit umzusetzen« – was ich wiederum ziemlich cool finde, weil es erschreckend gut zu meinen Kriterien passt.

Hat der Armin deswegen so gelacht? Weil schon in diesem Antrag deutlich wird, dass meine Vorstellungen kritisch-rationaler, evidenzbasierter und weltanschaulich neutraler Politik geradezu naiv sind? Genauso naiv übrigens wie meine bisherigen Kenntnisse über Glyphosat, die mit der Lektüre dieses Antrags ungefähr um den Faktor hundert erweitert wurden.

Aber bevor es hier zur Abstimmung kommt, möchte ich doch wissen, was die anderen eigentlich zum Thema sagen. Schnell habe ich die Anträge im Internet gefunden und lese erst einmal den der Linken.[48]

»Glyphosathaltige Pflanzenschutzmittel in Deutschland verbieten«, steht in der Überschrift. Und wie begründen die das? Moment mal, nur zwei Seiten? Und davon eine ganze Seite Forderungen, kaum Zahlen, keine Abkürzungen? Der Dissens zwischen zwei Studien sei hinsichtlich der »kanzerogenen Wirkung von Glyphosat nicht ausgeräumt«, lese ich da – das war's?

»Glyphosatausstieg jetzt einleiten«,[49] schreiben wiederum Die Grünen – auf einer Seite, ohne jegliche Begründung, nur mit Hinweis auf die Tatsache, dass Macron aus dem Glyphosat aussteigen will und das »Abstimmungsverhalten der Bundesrepublik Deutschland auf EU-Ebene zur Wiederzulassung von Glyphosat« nicht der »Weisungslage in der Bundesregierung« entsprach?

Wo ist denn hier die Wissenschaft, die Lukas und Co. fordern? Das, ehrlich gesagt, finde ich dann doch ein bisschen dünne, liebe Linken, liebe Grünen – aber Fehler kommen vielleicht selbst in den besten Parteien mal vor.

Natürlich kann ich hier auf die Schnelle kein Medizin- und Chemiestudium nachholen, genug belastbares Datenmaterial sammeln und mir so meine eigene, fundierte Meinung bilden, aber der Bezug auf diejenigen, die genau das bereits getan haben, erscheint mir dann doch … Hach, ich bin verwirrt, und diesmal ist sogar das Abstimmungsverhalten nicht wie erwartet:

Linke und Grüne stimmen für den Antrag der Linken, aber alle anderen dagegen. Grüne und Linke stimmen für den Antrag der Grünen, und wieder alle anderen dagegen, klar. Grün und Links, das scheint recht gut zu klappen. Aber jetzt wird es spannend: Hat der unerwartet fundierte Antrag der FDP eine Chance? Grüne und Linke werden wohl dagegen stimmen – richtig. Aber Union und SPD auch? Können sie der pedantisch erarbeiteten Argumentation der FDP etwas entgegensetzen? Moment: Müssen sie das überhaupt? Nö, die sagen einfach nein, klar. Und die AfD – stimmt zu, fuck, dann kann ja mit dem Antrag irgendwas nicht stimmen.

Meine Verwirrung bleibt. Kann ich nicht einfach bei Spiegel-Online nachlesen, was es mit dem Zeug auf sich hat, und dann zur nächsten Headline scrollen? Oder bei Wikipedia?! Junge, Junge, diese Weltrettung wird wohl doch viel komplizierter als gedacht.

Während der folgenden Berichterstattung der Bundesregierung zu irgendwelchen Themen mit so langen Namen, dass ich beim Mitschreiben schon die Lust verliere, lehne ich mich ein bisschen zurück, nicke aber zwischendurch immer mal oder schüttele den Kopf, damit die anderen hier oben denken, ich höre noch zu. Als ein Megastaudamm im tansanischen UNESCO-Weltnaturerbe Selous-Wildreservat diskutiert wird, schaue ich auf die Uhr: noch nicht mal elf? Und das ist erst TOP 6 von insgesamt 13? In dieser Dichte geht das noch zwei Stunden weiter?! Ich werd verrückt und finde, dass ich mir nach all der Arbeit, die die da unten leisten, einen Kaffee verdient habe. Beim Aufstehen muss ich mich strecken und mir dabei ein lautes Gähnen verkneifen – doch jetzt passiert irgendetwas Wichtiges da unten. Ich weiß nicht, was, aber die Abgeordneten werden unruhig und die Vorsitzende auch. Die Zuschauer hier oben tuscheln und zeigen mit dem Finger auf einen Bereich unter mir, den ich nicht sehen kann, und dann wird ein Sitzplatz freigeräumt – kommt die Kanzlerin etwa? Al Gore? Oder etwa … Greta Thunberg?!

Es ist die Umweltministerin.

Im Lampenladen

»… und entsprechend bin ich jetzt hier, um den verschiedenen Fraktionen bei der Arbeit zuzuschauen.«

»Das klingt ja spannend.« Die dunkelhaarige Frau, die etwa zehn Jahre jünger als ich sein dürfte und ebenfalls für die FDP arbeitet, legt ihr Besteck neben den leeren Teller und schaut lächelnd auf meinen. »Aber jetzt bist du vor lauter Erzählen gar nicht zum Essen gekommen.«

»Ich sehe dein Arbeitszeugnis schon vor mir«, sagt Lukas lachend. »Herr Möller ist ein äußerst kommunikativer Mitarbeiter, der insbesondere den Kontakt zum weiblichen Personal pflegt.«

»Hey, mit Armin hab ich heute auch schon lange geredet«, verteidige ich mich mit vollem Mund.

»Das macht die Sache nicht besser«, sagt Armin, und die beiden schlagen lachend ein. »Er konnte den Herausforderungen der Weltrettung meist gerecht werden«, fügt Armin hinzu, »wenn er nicht gerade dabei eingeschlafen ist.«

»Im Ausschuss?« Die Frau lacht laut.

»Bin ich gar nicht!« Ich spüre mein Gesicht warm werden. »Ich hab über den Aufbau des Bundestags nachgedacht.« Schnell schaue ich durch die Panzerglasscheiben des Restaurants, auf den Gehweg an der Spree, wo Touristen vorbeilaufen, und schaue mir dann so lange die bunten Lampen über uns an, bis mir nicht mehr so warm ist. »Cool, dass direkt mal die Umweltministerin am Start war. Was ich allerdings ein bisschen arm finde ...«, ich wende mich an Lukas, »ist, dass auf der Klimakonferenz in Kattowice gerade mal beschlossen wurde, dass man sich jetzt alle fünf Jahre Reprint erstatten will.«

»Das ist doch super!«, sagt er, aber das kann ich ihm jetzt nicht durchgehen lassen.

»Toll – das kann ich ja meinen Kindern heute Abend zum Einschlafen erzählen«, sage ich lachend. »Macht euch keine Sorgen, ihr Süßen. Die Erde steuert zwar auf eine Heißzeit zu, mit unkontrollierbaren Rückkopplungsschleifen, Dürreperioden und Millionen Klimaflüchtlingen, aber die Weltbestimmer haben eine Lösung gefunden: Sie erzählen sich ab jetzt alle fünf Jahre, dass sie ihre selbst gesteckten Ziele verfehlt haben. Also schlaft gut und träumt süß!«

»Du bist schon mehr so der Polemiker, oder?« Lukas meint es freundlich. »Und sonst so? Dein Eindruck aus dem Ausschuss?«

»Glyphosat irritiert mich nachhaltig«, räume ich ein, »aber um ganz ehrlich zu sein: Vier Stunden Ausschuss ist ungefähr so anstrengend wie ein Semester Uni.«

»Das kannste ja mal in dein Buch schreiben!« Lukas pocht mit dem Zeigefinger auf den Tisch. »Manche Leute denken ja, wir chillen hier nur und verprassen die Diäten.«

»Bei einigen stimmt's ja auch«, schaltet sich Armin ein. »Wenn ich einer ganz bestimmten Partei, deren Namen ich hier nicht nennen möchte, so beim Meckern zuhöre, frage ich mich, was die den ganzen Tag machen!«

»Das hängt aber eher vom Abgeordneten ab«, erklärt die Mitarbeiterin, »das gibt's nicht nur bei der AfD. Aber klar, die Leute laufen dann hier vorbei, schauen ins Restaurant ...«

»So wie die beiden?«, sagt Lukas.

Vorsichtig drehen wir unsere Köpfe und sehen direkt vor

uns ein Pärchen mittleren Alters, das teure Outdoor-Jacken im Partnerlook und ergonomisches Schuhwerk trägt, vor der Scheibe stehen. Das Panzerglas trennt uns hier im Bundestag so sehr von der restlichen Welt, dass kein Ton und kein Lüftchen von außen hereindringen. Wir können also nur an der Körpersprache erkennen, was die beiden vorhaben. Sie zeigt fragend ins Restaurant, er nickt, dann gehen die beiden auf den Notausgang zu, und er rüttelt an der fest verschlossenen Tür. Inzwischen haben auch die Leute an unseren Nachbartischen die beiden entdeckt und beobachten kichernd, wie sie nacheinander versuchen, die Tür zu öffnen. Jetzt zeigt er auf die besetzten Tische, sie zuckt mit den Schultern und rüttelt noch einmal an der Tür. Mit dem Kopf im Nacken geht sie ein paar Schritte zurück, schlägt dann die Hand an die Stirn und zeigt erst auf das gegenüberliegende Reichstagsgebäude und dann wieder aufs Restaurant. Er hebt jetzt die Augenbrauen, und dann stellen sich beide ganz nah an die Scheibe und schirmen mit den Händen ihren Blick gegen das Licht von außen ab. Kondenskreise bilden sich an ihren Mündern.

»Ob die wissen, dass wir sie sehen?«, fragt Armin.

»Mal schauen!«, sagt Lukas und winkt den beiden, und als sie das bemerken, nehmen sie schnell die Gesichter von der Scheibe und gehen erst in die eine Richtung und dann in die andere weg.

»Übrigens, Herr Praktikant«, sagt er. »Du wolltest doch mal mit den Politikern schimpfen, oder?« Er lächelt mich an. »Heute Abend wäre deine Chance. Im PbnE, dem Parlamentarischen Beirat für nachhaltige Entwicklung, werden die *Ess-Die-Dschies* vorgestellt.«

»Sprecht ihr eigentlich immer so viel Englisch?«

»Klar!« Er nickt. »Wer die Welt retten will, muss auch die Weltsprache sprechen. Normalerweise würden wir heute im

PBnE über den *Peer-Review* sprechen, zu dem ich am Donnerstag die Rede halte, aber diesmal kommt hoher Besuch und stellt die *Ess-Die-Dschies* vor. Die sind 2016 von der UN verabschiedet worden, beruhen auf den *Emm-Die-Dschies*, den Millenium Development Goals – und das ist wirklich pure Weltrettung«, sagt er mit funkelnden Augen. »Kein Hunger, keine Armut, Bildung für alle, Gleichberechtigung, sauberes Trinkwasser und Energie ...«

»Ich kenn die Millenium-Goals«, unterbreche ich ihn.

»Ehrlich?« Er schaut mich streng an.

»Ja, zumindest grob ...«

»Damit wärst du einer der wenigen«, sagt Lukas, »was ich wirklich krass finde. Immerhin hat sich die UN im Jahr 2015 darauf geeinigt, bis 2030 quasi die Welt gerettet zu haben – und kein Schwein weiß davon!« Er schaut auf die Uhr, steht auf und greift nach seinem Tablett. »Überleg dir für heute Abend doch mal eine richtig schön kritische Frage, die du Herrn Seibert dazu stellen kannst – der ist nämlich heute da.«

»Der ... Regierungssprecher?«

»Genau.« Er zwinkert mir zu. »Was die fünfzehnjährige Greta kann, schaffst du doch mit links, oder? Bis später ...«

Die organisierte Weltrettung

Die Rotunde, in der der Menschenrechtsausschuss stattfindet, ist etwas kleiner, aber hier geht es in der gleichen Intensität weiter wie im Umweltausschuss. Einziger Unterschied: Auf den vier Bildschirmen, die oben in der Mitte zu einem Rechteck so zusammengebaut sind, dass sie von jeder Position aus gesehen werden können, läuft jetzt bei jedem Redebeitrag ein dreiminütiger Countdown. Gyde Jensen leitet den Ausschuss professionell und freundlich – was im Arbeitsleben ja bekanntlich keine Selbstverständlichkeit ist –, und so marschieren die MdBs konzentriert durch die Tagesordnungspunkte,[50] kurz TOP: Ratifizierung des UN-Sozialpakts, Menschenrechtsverletzungen in Xinjiang, Friedensprozess zwischen Äthiopien und Eritrea, die Anwendung des Do-no-harm-Ansatzes beim Einsatz von digitalen Innovationen in der humanitären Hilfe, der 14. und 15. Fortschrittsbericht der Kommission an das Europäische Parlament … Jeder Punkt wird mit Anmoderation der Vorsitzenden, Einbringung der Antragsteller, Gegenrede aller Fraktionen und meist auch mit Abstimmung durchgeführt. Neu lerne ich, dass die meisten TOPs von diesem Ausschuss federführend behandelt werden und andere Ausschüsse mitberatend agieren, und bei manchen TOPs dieser Ausschuss hier wiederum nur mitberatend tätig ist. Zu jedem TOP gibt es Berichterstatter aus den einzelnen Fraktionen, die sich dann zu Wort melden.

Doch während die MdBs da unten fleißig arbeiten, treibt

mich hier oben eine ganz andere Frage um: Was frage ich denn Herrn Seibert nachher? Das ist ja immerhin meine erste Chance, mal wirklich zu schimpfen ... Aber wie viele Leute hören da eigentlich zu? Und wäre das vielleicht wirklich der richtige Moment, um ihn mit der Unzulänglichkeit der Bundesregierung in Weltrettungsfragen zu konfrontieren? Mir wird warm, denn Steffen Seibert ist immerhin »Chef des Presse- und Informationsamtes der Bundesregierung und Regierungssprecher im Rang eines beamteten Staatssekretärs«, wie ich auf der Website der Bundesregierung nachlesen kann.[51] Und wie war doch gleich die Frage, mit der ich ausgezogen bin, die Welt zu retten? Ich blättere in meinen Notizen zurück, finde sie, lese sie – und schlucke. Vor meinem inneren Auge baut sich die Situation auf:

Der Parlamentarische Beirat für nachhaltige Entwicklung tagt nachher also in einer dieser Rotunden, sagt Armin, aber in einer sehr großen. Die MdBs versammeln sich an der riesigen runden Tafel, nehmen in ihren schweren schwarzen Sesseln Platz, und dahinter in zweiter Reihe ihre Referentinnen und Referenten. Etwa 50, vielleicht 60 Leute sitzen hier, dann wird es ruhig, und Herr Seibert betritt den Raum. Er ist seit über acht Jahren Regierungssprecher, Vertrauter der Kanzlerin, und stellt die 17 Ziele für nachhaltige Entwicklung vor – die sustainable developement goals.[52] Reihum können die MdBs ihm danach Fragen stellen, während er sich nickend Notizen macht, dann ist Lukas dran.

»Meine Frage stellt heute mein Praktikant, Philipp Möller«, sagt er. »Er ist freier Autor und hat seiner Tochter versprochen, die Welt zu retten.« Lukas rollt mit seinem Stuhl zur Seite, so dass alle mich sehen können. Ich stehe auf. »Bitte, Philipp.«

»Guten Abend allerseits und auch von mir einen ganz herzlichen Dank für die Präsentation der *Ess-Die-Dschies*, Herr Seibert. Mich würde interessieren«, sage ich dann und schaue jetzt in meine Notizen, »wie es eigentlich sein kann, dass die Bundesregierung angesichts der gigantischen Herausforderungen des Klimawandels, der sozialen Spaltung, des Rechtspopulismus und der Digitalisierung – um nur die größten zu nennen – nichts Besseres zu tun hat, als sich zum Handlanger der Wirtschaftsbosse zu machen, statt ihre Arbeit als vom Volk installierte Problemlöser wahrzunehmen – danke.«

Ich raufe mir schon im Voraus die Haare und denke an Greta Thunberg. Ich soll nur eine einzige Frage vor einem internen Gremium stellen. Sie wiederum hat eine höchst anklagende Rede vor den führenden Umweltpolitikern dieser Erde gehalten. Okay, ihr Asperger-Syndrom mag dabei vielleicht behilflich sein, weil sie dadurch – im Gegensatz zu mir – keine Angst davor hat, sich unbeliebt zu machen oder zu blamieren. Ihre Angst hingegen vor der Klimakrise ist furchtbar real, und zwar zu Recht. Also? Komm schon, Möller, schreib dir eine gute Frage, dann schaffst du das auch – für Klara und Anton! Aber dafür schau ich mir die SDGs wohl besser noch einmal an …

»Wir können die erste Generation sein, der es gelingt, die Armut zu beseitigen«, lese ich auf der Homepage des Bundesministeriums für wirtschaftliche Zusammenarbeit und Entwicklung,[53] »ebenso wie wir die letzte sein könnten, die die Chance hat, unseren Planeten zu retten.« Von Ban-Ki Moon stammt dieses Zitat, das unter den 17 Logos dieser einzelnen Ziele steht. Bis zum Jahr 2030 will die internationale Staatengemeinschaft sie erreicht haben und will »weltweiten wirtschaftlichen Fortschritt im Einklang mit sozialer Gerechtigkeit und im Rahmen der ökologischen Grenzen der Erde«

gestalten – dafür könnte ich Herrn Seibert jetzt wohl kaum einen Vorwurf machen.

»Die Agenda 2030 gilt für alle Staaten dieser Welt«, lese ich weiter unten, »Entwicklungsländer, Schwellenländer und Industriestaaten: Alle müssen ihren Beitrag leisten«, während das Kernstück der Agenda in der Weltrettersprache als Five Pee bezeichnet wird: *People, Planet, Prosperity, Peace* und *Partnership*. Bei *People* steht die Würde der Menschen im Mittelpunkt, wobei hier behauptet wird, dass eine Welt ohne Armut und Hunger möglich sei. Unter *Planet* will man den Klimawandel begrenzen und natürliche unsere Lebensgrundlagen bewahren. Unter *Prosperity* soll der Wohlstand für alle und Globalisierung gerecht gestaltet werden. *Peace* will Frieden, Menschenrechte und eine gute Regierungsführung fördern, und unter *Partnership* verstehen die Autoren den Aufbau globaler Partnerschaften und gemeinsames Voranschreiten.

Entsprechend dieser großen Worte klingen auch diese Ziele nach einer heilen Welt: keine Armut, kein Hunger, Gesundheit und Wohlergehen, hochwertige Bildung, Geschlechtergleichheit, sauberes Wasser und sanitäre Versorgung, bezahlbare und saubere Energie, menschenwürdige Arbeit und Wirtschaftswachstum, Industrie, Innovation und Infrastruktur, weniger Ungleichheiten, nachhaltige Städte und Gemeinden, nachhaltiger Konsum und Produktion, Maßnahmen zum Klimaschutz … Erst an dreizehnter Stelle kommt der Schutz des Lebens unter Wasser und an Land, Frieden, Gerechtigkeit und starke Institutionen und schließlich Partnerschaften, um diese Ziele zu erreichen.

Angesichts des realen Zustands unserer Welt schüttele ich langsam den Kopf und notiere mir:

»Guten Abend allerseits und auch von mir einen ganz herzlichen Dank für die Präsentation der *Ess-Die-Dschies*,

Herr Seibert. Mich würde interessieren: In welcher Phantasiewelt leben Sie und Ihre Kolleginnen und Kollegen eigentlich? Danke!«

Denn ambitionierte Ziele sind ja schön und gut, aber allein mit Blick auf den Klimaschutz muss ich mich doch verzweifelt fragen: Wie wollen wir Menschen das eigentlich noch schaffen?! Allein wir Deutschen haben bisher jedes Klimaziel gerissen, vergeigen mit an Sicherheit grenzender Wahrscheinlichkeit das für 2020 und auch das für 2030 – und mit Blick in die USA, aber vor allem nach China und Indien, die durch die schieren Menschenmassen das meiste CO_2 in die Luft blasen, ist der Klimadrops doch eigentlich längst gelutscht! Wenn die Erderwärmung noch auf ein irgendwie erträgliches Maß gebremst werden soll, müssen unsere Treibhausgasemissionen laut Weltklimarat ab sofort so dramatisch gebremst werden, dass Greta Thunberg vollkommen zu Recht von einer Notbremse spricht. Und je länger ich über diese Notbremse nachdenke, desto schlüssiger ist der Gedanke: Wir ballern auf unserer Vergnügungsreise mit Hochgeschwindigkeit auf den Abgrund zu, und es bedarf erst einer Teenagerin, die uns dazu auffordert, die Notbremse zu ziehen … Okay, ganz ruhig, Möller, heute ist deine Chance. Wie bekommst du das in eine einzige Frage gesteckt?

Dritter Versuch: »Guten Abend allerseits, und auch von mir einen ganz herzlichen Dank für die Präsentation der *Ess-Die-Dschies*, Herr Seibert. Mich würde interessieren«, sage ich wohl am besten, »wie ernst Sie Ban-Ki Moons Warnung nehmen, nach der wir die Letzten sind, die diesen Planeten retten können, und für wie wichtig Sie entsprechend die anderen sechzehn Ziele noch halten, wenn wir wegen schlechter Klimapolitik an Punkt Nummer 13 scheitern werden?«

Nein: »krachend scheitern werden« – so klingt es gut!

Lukas' Rede

»Für die FDP-Fraktion«, sagt Petra Pau, die heute im Präsidium sitzt, »hat nun der Kollege Doktor Lukas Köhler das Wort.«

Schlagartig steigt mein Puls, als der Mann, dem ich gestern noch ein paar Sätze in seiner Rede geglättet habe, ans Pult tritt. Und auch wenn ich meinen Enkeln das vielleicht verschweigen werde, weil ich jemandem von der FDP geholfen habe, dann besteht jetzt eine gute Chance, dass meine Worte im Rednermikrophon des Deutschen Bundestags landen werden. Um die Fotos zu machen, die ich Steffen versprochen habe, starte ich die Kamera-App.

»Sehr verehrte Frau Präsidentin! Meine sehr geehrten Damen und Herren!«, fängt Lukas an, und dann sagt er die Worte, die ich mitsprechen kann, weil wir den Anfang gestern sicher zehnmal umgeschrieben haben. »Nachhaltigkeit ist gut für alle. So ähnlich denkt jeder über diesen Begriff, der ihn hört oder liest.«[54]

Jetzt passiert etwas Sonderbares, das ich zuerst nur aus dem Augenwinkel sehe, doch als mein Gehirn geschaltet hat, was hier passiert, ist es schon zu spät: Zwei junge Männer sind auf der Besuchertribüne nebenan nach unten gerannt, stehen jetzt an der gläsernen Brüstung und holen gleichzeitig zum Wurf aus. Den Rest sehe ich wie in Zeitlupe.

»Halt's Maul!«, brüllt einer von ihnen, und dann schleudern sie etwas nach unten.

Mein Herz bleibt stehen. Steine? Messer? Granaten? Wie haben sie die hier reinbekommen? Die Gegenstände verlassen die Hände der Jungs, fliegen los, sind neongelb und entfalten sich in der Luft – zu Warnwesten, die nun langsam ins Plenum segeln. Ich schwenke mit dem Handy rüber und fotografiere die zwei Typen, wahrscheinlich keine zwanzig Jahre alt, die jetzt an der Brüstung stehen und ungehindert herumbrüllen können.

»Volksabstimmung!«, ruft der andere jetzt, und als Lukas – saucool – einfach weiterreden will, marschiert eine Polizistin auf die jungen Männer los.

»Bitte mal einen ganz kleinen Moment – ich halte auch die Uhr an«, sagt Petra Pau zu Lukas. »Ich bitte die Ordnung auf der Besuchertribüne herzustellen.«

»Volksabstimmung – sofort!«, ruft der eine noch, als die große Beamtin hinter den beiden auftaucht.

»Jetzt reicht's aber, Jungs«, sagt sie ruhig und führt die beiden dann in einem lockeren Polizeigriff von der Tribüne.

»Aufstehen, wer Eier hat!«, ruft der andere noch, dann sind die drei wieder weg.

Lukas schaut mit großen Augen nach oben, trinkt einen Schluck Wasser, bekommt dann von der heutigen Präsidentin wieder das Wort erteilt und setzt seine Rede fort.

»Gut, also, äh – Nachhaltigkeit ist gut für alle, äh, und …« Lukas bekommt jetzt rote Flecken im Gesicht, »und Demokratie sollte gelebt werden, das haben wir gerade gelernt. Ich finde es gut«, sagt er mit langsam wiederhergestellter Fassung, »dass wir uns gemeinsam mit der Bevölkerung, mit dem Volk auch mit dem Thema Nachhaltigkeit beschäftigen.«

Ich bin baff. Realistisch betrachtet war das ein harmloser Zwischenruf mit Gelbwestenwurf – aber rein theoretisch hätten die Jungs ja auch einen handgroßen Stein in der Unterhose durch die Security schmuggeln können. Und warum machen sie das gerade bei einem Redner der FDP? Steht die nicht tendenziell eher auf der Seite derer, die mit Gelbwesten gekleidet gegen eine ökologisch orientierte Verteuerung der Spritpreise demonstrieren und randalieren? Und warum werden die Boys eigentlich nicht innerhalb weniger Sekunden dingfest gemacht, sondern wie nach einem Dummejungenstreich sanft von der Tribüne begleitet?

Lukas' Rede zieht an mir vorbei, ich merke jedoch, dass er den gesamten Aufbau verändert und kein einziger Satz von mir übrig bleibt – egal. Hellhörig werde ich erst wieder, als er zu dem Themenblock kommt, der mir gestern schon Bauchschmerzen gemacht hat: Aufgabe des Gesetzgebers sei es, sagt er, Widersprüche und Zielkonflikte aufzulösen.

»Es ist zum Beispiel ein Widerspruch, den globalen Hunger bekämpfen zu wollen«, formuliert er mit Blick zu den Grünen, »und gleichzeitig gegen grüne Gentechnik zu sein.«

»Falsch!«, ruft eine von den Grünen dazwischen, wobei mir wieder einfällt, dass ich Steffen unbedingt noch einmal darum bitten muss, dort für mich anzufragen.

»Es ist ein Widerspruch, die Energiepolitik ausstoßfrei denken zu wollen«, schiebt Lukas hinterher, »aber gleichzeitig bei der Kernfusion nicht voranzukommen – oder sie ganz abzulehnen!«

Junge, Junge: Gentechnik, Kernenergie – wie kann ein so netter Kerl solchen Unsinn von sich geben? Aber genau davor wurde ich ja gewarnt: Auch sympathische Menschen können falschliegen, und als er für seine Ansage zur Kernenergie Applaus von seiner Fraktion, aber auch der AfD bekommt, müsste ihm doch eigentlich klarwerden, dass er mit seiner Partei auf dem Holzweg ist. Auch der Rest der Rede haut mich nicht vom Hocker – inhaltlich, weil sie einen wichtigen

Punkt verkennt, nämlich die Pflicht zum Verzicht, wenn wir diese Welt retten wollen, und stilistisch nicht, weil der arme Lukas den Gelbwestenwurf offenbar doch nicht so locker genommen hat, wie ich erst dachte. Warum er als Oppositionspolitiker darauf verzichtet, die eklatanten Defizite der Bundesregierung herauszustellen, kapiere ich nicht. Das macht dafür der Redner nach ihm, Thomas Lutze von den Linken, sehr deutlich.

»Die Nachhaltigkeitsstrategie der Bundesregierung ist in 66 Nachhaltigkeitsindikatoren aufgegliedert«, erinnert er seine Zuhörer, »und 29 davon weisen momentan einen Trend auf, bei dem davon auszugehen ist, dass das Ziel nicht erreicht wird. Besonders in den Feldern Klimaschutz, Erhaltung der Artenvielfalt und Luft- und Wasserverschmutzung zeigt die Politik der Bundesregierung deutliche Defizite.«[55]

Bettina Hoffmann von den Grünen findet ebenfalls deutliche Worte: »Lässt man mal die Höflichkeit weg«, sagt sie über die nicht erfüllten Indikatoren, »dann heißt das auf gut Deutsch: Die Bundesregierung schafft es nicht, ihre eigenen Ziele in Taten umzuwandeln. Das bedeutet dann leider für uns: Wir hinterlassen unseren Kindern eine Welt, die weniger friedlich ist, in der das Klima verrücktspielt und in der der Wohlstand viel zu ungerecht verteilt ist.«

Ich! Muss! Zu den Grünen, verdammt nochmal! Und offenbar bin ich auch nicht der Einzige, der so denkt, denn die Prognosen der Grünen geben eine gute Richtung vor: Nach der Veröffentlichung des 1,5-Grad-Sonderberichts vom Weltklimarat waren ihre Umfragewerte innerhalb von vier Wochen von 17 auf 23 Prozent hochgeschnellt und halten sich seitdem auf stabilen 20 Prozent – während Lukas' Truppe bei stabilen acht Prozent steht.

Hoffmann bleibt konkret: »Sie haben es nämlich in der

Hand, aus der Kohle auszusteigen und das Klima zu retten«, ruft sie beinahe ins Mikrophon, »die Luft von Abgasen zu befreien für unsere Gesundheit, den Einsatz von Pestiziden zu reduzieren, um das Artensterben zu stoppen, faire Lieferketten in der Welt durchzusetzen und Menschen bessere Teilhabe zu gewähren und niemanden zurückzulassen. Nur solche wirklich konkreten Handlungen machen unsere Welt ökologisch, friedlich, gerecht – eben nachhaltig!«[56]

Weitere vier Redner stehen auf der Anzeigetafel, aber ich habe genug gehört und verlasse das Plenum. Draußen angekommen, drängele ich mich durch die Massen der Besucher bis zu der Galerie, die an den Garderoben entlangführt, zeige dem Sicherheitsbeamten meinen Ausweis und bin dann endlich wieder im ruhigeren Bereich des Bundestags, wo keine Besucher hindürfen. Auf der Plenarebene laufe ich zum gut bewachten Eingang in den Plenarsaal, wo Lukas wenige später aus der Tür kommt.

»Was war das denn bitte?!«, ruft er mir schon von weitem zu, und eine Minute später stehen wir vor dem Hinterausgang des Reichstags auf dem Willy-Brandt-Platz bei den Limousinen und rauchen in der wohltuenden Kälte eine Zigarette. »Das hätte auch'n Stein sein können!«, sagt er.

»Aber deine Rede lief doch trotzdem gut …«

»Null! Ich hab alles durcheinandergebracht, ey!«

»Hey, immerhin hast du überhaupt noch ein Wort hervorgebracht.

»Sooo schlimm war's jetzt auch nicht, aber – egal!« Er atmet einmal durch und schaut dann auf die Uhr. »Wir haben im Büro Köhler übrigens eine Tradition: Immer wenn ich eine Rede gehalten habe, gibt es danach ein Gläschen Sekt – haste Bock?«

»Aber sicher doch!«

Im Büro warten Armin und Steffen bereits mit vier Sektgläsern und einer Flasche Crémant vom Feinkost-Bäcker, die so kalt ist, dass das Kondenswasser am Rand herunterläuft.

»Vornehm geht die Welt zugrunde, was?«, frage ich.

»Wir haben doch einen Ruf zu erfüllen!« Armin zwinkert mir zu und lässt dann den Korken knallen. »Aber nur zur Info: Die Flasche kostet acht-neunundneunzig, und die hab ich privat bezahlt.«

»Ach kommt, FDP, das steht doch für Freiheit, Dekadenz und Porsche, oder?«, frage ich in die Runde, als Armin uns einschenkt, woraufhin die Jungs lachen.

»Komm, als Autor hast du doch bestimmt noch mehr auf Lager«, fordert Steffen mich heraus.

»Finanzstark durch Parteispenden? Oder was Schönes: Fortschritt durch Progression?«

»Der Letzte ist doch gut«, sagt Armin.

»Der ist nicht gut«, korrigiert Lukas uns mit einem Glas in der Hand, »sondern redundant – und jetzt Prost, Männers!«

Nachdem wir alle einen ersten Schluck genommen haben, berichten Lukas und ich kurz von den Gelbwesten, was Armin und Steffen allerdings nicht sonderlich schockiert. Stattdessen haben wir einen Heidenspaß daran, uns über die Redekompetenzen, vor allem aber -inkompetenzen anderer Abgeordneter lustig zu machen – wobei mein Notizbuch natürlich in der Tasche bleibt.

»Also, Philipp«, fängt Lukas an, während er uns ein zweites Glas einschenkt, selbst aber mit dem Hinweis auf den kommenden Termin keins mehr möchte. »Morgen ist dein letzter Tag – wie gefällt's dir denn bei uns?«

»Das ist fies. Erst abfüllen und dann ausfragen – aber ich will ganz ehrlich mit euch sein ...« Ich reiße mich zusammen und warte, bis keiner mehr kichert. »Nicht so gut.«

»Nicht so gut?«, will Armin wissen, während mich die anderen beiden blinzelnd anstarren. »Aber wir waren doch immer total nett zu dir.«

»Das ist ja das Problem«, erkläre ich grinsend. »Ihr seid mir einfach nicht freaky genug«, sage ich lachend und genieße die Erlösung in ihren Gesichtern. »Ehrlich, das nervt mich total, dass ihr drei so umgängliche Typen seid – muss das denn sein? Sogar die Judith, die ich am Anfang total zickig fand, ist total cool …«

»Erfüllen wir dein Feindbild von der FDP etwa nicht?«, will Steffen wissen.

»Du sowieso nicht«, entgegne ich. »Ein vegetarischer Vollbart-Hipster, der am Wochenende Techno tanzen geht – das will nicht zu meinem Bild der FDP passen …«

»Ich bezeichne mich ja auch in erster Linie als Liberalen«, erklärt er mit erhobenem Zeigefinger. »Mit alten FDP-Dogmen kann ich gar nichts anfangen.«

»Der Steffen«, ergänzt Armin lachend, »der geht ja auch immer mit seinen Freunden von den Grünen essen.«

»Magst du die nicht mal fragen«, werfe ich vorsichtig ein, »ob ich da auch ein Praktikum machen kann? Vielleicht komme ich dort ja noch vor der AfD unter …«

»Du willst zur AfD?« Armin verschluckt sich fast an seinem Crémant. »Die lassen dich an sich ran?«

»Mal schauen – ich treff die morgen zum Mittag.«

»Fehlt dir also noch links, grün und schwarz …«, überlegt Lukas.

»Zur CDU hab ich gar keinen Draht«, räume ich ein, »außerdem sind die doch wie die Kirchen und sterben mit ihren Wählern aus. Bei den Linken hab ich Sahra Wagenknecht angefragt.«

»Das wär natürlich super. Man muss mit der Frau nicht

immer einer Meinung sein, aber eine gute Politikerin ist die allemal … Also?« Armin hebt sein Glas zum Anstoßen. »Auf die Zeit mit unserem Weltrettungspraktikanten!«

Wir stoßen an, und mein Blick fällt auf den Bundestagskalender. Die nächste Woche ist sitzungsfrei und danach folgt wieder eine Sitzungswoche.

»Lukas!«, sage ich spontan. »Was hältst du davon, wenn …«

»… wir dein Praktikum bis Ende der nächsten Sitzungswoche verlängern?«

»Was nicht heißt«, halte ich mit erhobenem Zeigefinger fest, »dass ich immer eurer Meinung bin!«

»Nur manchmal?«, will Armin wissen.

»Ich mag es halt, ent-täuscht und mit Fakten verwirrt zu werden. Außerdem könnte ich dann in der nächsten Woche, wenn du nicht da bist, mal alles aufschreiben, was so passiert ist, und in der nächsten Sitzungswoche wieder hinter dir her dackeln. Ich find's ehrlich gesagt auch einfach megageil hier im Bundestag!« Ich reibe mir die Hände. »Also – was meint ihr?«

»Also ich fand's schon ein bisschen schade«, sagt Lukas, »dass du im Parlamentarischen Beirat für nachhaltige Entwicklung gekniffen hast.«

»Ach komm! Da ging's gar nicht um die Sustainable Development Goals«, verteidige ich mich, »sondern nur um eine jugendgerechte Aufarbeitung. Meine kritische Frage wär da total deplatziert gewesen …«

»Gib's zu«, sagt Armin. »Du hast die Hosen voll gehabt!«

»Na ja …« Ich spüre mein warmes Gesicht. »Stimmt.«

»Wir machen doch nur Spaß«, sagt Lukas und hält mir die Hand zum High-Five hin. »Deal!«

Mittag mit der AfD

Die Kantine des Bundestags ist riesig – wie soll ich die Typen denn hier jemals finden? Vielleicht mal laut »Heil Hitler« in den Saal rufen und schauen, wo spontan die gestreckten Hände in die Luft gehen? Wobei das von den restlichen Gästen wiederum missverstanden werden könnte. Verstohlen laufe ich durch die Reihen und halte nach dem schlanken, blonden Typen Ausschau, den ich am Montag im fünften Stock getroffen habe.

»Ich bin's, Philipp«, sage ich schließlich in mein Telefon, »wo sitzt ihr denn?«

»Ziemlich genau mitte-rechts«, sagt Felix Thiessen hörbar grinsend, »Aber der Geräuschkulisse nach zu urteilen, bist du in der Kantine – kann das sein?«

»Ja – und ihr?«

»Im Bedienrestaurant, ein Stockwerk weiter oben.«

Mit dem Telefon am Ohr verlasse ich die Kantine, werde von Felix die Treppen nach oben gelotst, erreiche einen weiteren riesigen, hallenden Flur, wo ich den Eingang zu einem Restaurant entdecke. Ich beende das Telefonat und halte mit der Klinke in der Hand noch einmal inne.

Essen mit der AfD – ist das wirklich noch okay? Bei denen hospitieren? Meine Kaumuskeln spannen sich an, ich lasse die Klinke los, trete ein paar Schritte zurück und starre auf die Tür. Noch könnte ich auf dem Absatz umdrehen und durch den Tunnel zurück ins Büro laufen. Ich könnte dem Felix am

Telefon erzählen, Lukas hätte eine spontane Aufgabe für mich gehabt, und außerdem sei mir klargeworden, eine Hospitation bei der AfD könne zwar spannend werden, wolle aber irgendwie nicht zum restlichen Konzept meines Buches über die Weltrettung passen. Ich seufze, und die Sohlen meiner Herrenschuhe klacken auf dem Steinboden, während ich vor dem Restaurant auf und ab laufe. Ich spüre meinen Herzschlag im Hals.

»Nachricht an Felix Thiessen«, spreche ich in mein Handy. »Sorry Komma bin noch kurz am Telefon Komma in fünf Minuten bei euch Ausrufezeichen.« Als die Nachricht gesendet ist, spreche ich weiter. »Michael Schmidt-Salomon anrufen.«

»Michael Schmidt-Salomon, guten Tag.«

»Hey Micha«, sage ich erleichtert, »ich bin's …«

»Ich kann zur Zeit leider nicht ans Telefon gehen«, unterbricht mich seine Stimme, woraufhin ich fluchend auflege und mir mit geschlossenen Augen die Schläfen massiere. Okay, ganz ruhig, Möller: Was würde Micha sagen? Keine Ahnung, sonst würde ich ihn ja wohl kaum anrufen, oder?! Stimmt, aber was würde er tun – weglaufen oder streiten?

Die Tische sind weiß eingedeckt und eher vereinzelt besetzt. Ein dicker Mann isst Eisbein mit Sauerkraut, neben ihm steht sein Köfferchen. Die Kellnerin begrüßt mich freundlich, und am rechten Rand steht ein blonder Mann auf und winkt mir: Felix. Auf dem Weg zu ihm und seinen Kollegen passiere ich einen Tisch mit zwei Frauen in meinem Alter, die erst zu mir schauen, dann zu Felix' Tisch, dann wieder zu mir, und sich dann dezent zunicken.

»Das soll also Mitte-Rechts sein?«, frage ich lachend, als ich am Tisch angekommen bin und Felix die Hand gebe. »Grüß dich!«

»Alles eine Frage der Perspektive«, sagt er und zeigt auf den jungen Mann ihm gegenüber. »Das ist Johannes Huber, unser Abgeordneter.«[57]

»Guten Tag, Herr Huber!« Ich schüttele dem Mann die Hand und frage mich, wie vielen blutjungen bayerischen MdBs ich hier eigentlich noch begegnen soll. Seine Augen sind freundlich und sein Lächeln irgendwie auch.

»Grüß Gott«, sagt er.

»Wenn ich ihn sehe«, rutscht es mir heraus, aber der Herr Huber lächelt einfach weiter.

»Das ist mein Kollege Markus«, sagt Felix, woraufhin ein Mann aufsteht, der mir ebenfalls freundlich die Hand schüttelt.

»Und das ist Tobias Teich.«[58]

»Auch aus Bayern?«, frage ich den Mann.

»Ja, freilich!«, sagt er ruhig und ebenso freundlich.

»Bei euch ist schon Wochenende?« Ich lächele in die gut gedeckte Runde aus Steak, Burgern, Weißwein und Bier, und weil der Kellner gerade vorbeischaut, bestelle ich auch ein Pils, dann nehme ich mir einen Stuhl vom Nachbartisch und am Kopf der Tafel Platz. »Freitag ab eins macht also auch im Bundestag jeder Seins …«

»Das gilt bei uns jeden Tag«, sagt Markus und lächelt mich an.

»Und ihr wollt also der Untergang des christlichen Abendlands, sein?«

»Im Gegenteil!«, sagt Markus schnell und kräuselt seine Lippen.

»Der Philipp«, erklärt Felix Thiessen seinem Kollegen schnell, »der provoziert gern mal.«

»… sagt ein Mitglied der Fraktion der Friedlichen und Freundlichen«, ergänze ich, »ja?«

Felix schnalzt lächelnd mit der Zunge, da kommt auch schon mein Bier, also stoße ich mit den Mitgliedern der AfD im Bundestag an.

»Ich will ganz ehrlich mit Ihnen sein«, sage ich mit Blick zu Herrn Huber, der so alt sein dürfte wie Lukas. »Das fühlt sich für mich total komisch an, hier zu sitzen.«

»Wieso?«, fragt Johannes Huber mit einem so scharfen S, dass ich es später eigentlich mit Doppel-S schreiben müsste. »Wir sind doch auch nur Menschen, oder?«

»Sicher, aber sehen Sie das denn auch bei anderen Menschen so?«, frage ich dagegen. »Etwa bei Muslimen? Oder Afrikanern?«

»Selbstverständlich.« Er spricht ein klar verständliches Bayerisch, kein Weißbier-Lallen, sondern ruhig, präzise und elaboriert. Seine Mimik ändert sich beim Sprechen kaum, und auch seine Hände bewegen sich nur wenig. »Wir von der AfD haben kein grundsätzliches Problem mit Ausländern.«

»Aber leider auch kein grundsätzliches Problem mit Menschen und Verbänden, die sehr wohl ein grundsätzliches Problem mit Ausländern haben.«

»Jede Partei hat verschiedene Flügel«, wirft Felix ein, »und wir haben eben auch diese Gruppen, das stimmt – aber so denken nicht alle in der AfD.«

»Ach komm, Felix, ich glaube ja auch nicht, dass ihr vier Rechtsradikale seid«, woraufhin glücklicherweise alle nicken. »Gut. Aber eure Partei ist eben längst keine Initiative zur Rettung der D-Mark mehr oder zur Stärkung der direkten Demokratie, sondern nachweislich der parlamentarische Arm der rechten Szene in Deutschland – und ihr seid eben ein Teil davon.«

»Diese Diskussion werden wir wohl auf die Schnelle nicht klären«, sagt Felix.

»Aber toll, wie schnell man mit dir bei der Sache ist«, wirft Tobias ein. »Ich darf doch du sagen, oder?«

»Klar, ich bin Philipp.« Ich hebe mein Glas und nehme einen Schluck Pils. »Und ich bin ja genau deswegen hier im Bundestag, weil ich statt Smalltalk lieber Bigtalk betreibe.«

»Erzähl uns doch mal ein bisschen von deinem Buchprojekt«, schlägt Felix vor.

»Gern!« Nachdem ich das ja inzwischen ein paarmal getan habe, ist mein Plan schnell skizziert, dem alle drei Herren am Tisch aufmerksam lauschen. »Ihr müsstet euch natürlich im Klaren darüber sein«, schiebe ich hinterher, »dass ich wahrheitsgetreu berichten möchte, was ich erlebe.«

»Wir haben nichts zu verbergen«, sagt Johannes Huber. »Von mir aus können Sie mich gern eine Woche bei der Arbeit begleiten.«

»Ehrlich?« Ich lehne mich zurück. »Obwohl ich so über die AfD denke, wie ich das eben gesagt habe?«

»Sicher.«

»Und ich kann alles aufschreiben, was ich erlebe?«

»Sie können schreiben, was Sie wollen.«

»Keineswegs!«, korrigiere ich ihn zwinkernd. »Ich will doch keine Fake News produzieren.«

»Na gut, solange Sie uns nichts andichten«, sagt er, »sind Sie herzlich willkommen bei der AfD.«

Wir stoßen an, und aus dem Augenwinkel sehe ich die zwei Frauen zu uns schauen. Vielleicht sollte ich mir ein Kärtchen drucken lassen: Philipp Möller – freier Autor auf Recherche, oder noch besser: AfD-Nichtmitglied. Das könnte ich den beiden beim Gehen unauffällig auf den Tisch legen. Andererseits: Wer – außer überzeugten Anhängern der AfD – kann schon von sich behaupten, mal mit denen unterwegs gewesen zu sein? Was geht bei der Partei, die Deutschland so erfolgreich spaltet, hinter den Kulissen ab? Und wie kommen vier so augenscheinlich harmlose Kerle dazu, Mitglied dieser Bewegung zu werden?

Wir zücken unsere Kalender, verabreden uns für eine Sitzungswoche im Februar, und dann erinnere ich mich wieder an mein Vorhaben: Mehr fragen als sagen, also lasse ich mir bei meinem restlichen Bier von den Herren erklären, wie sehr die Mitglieder der Altparteien, wie sie alle anderen außer ihrer eigenen bezeichnen, sich an den parlamentarischen Privilegien bedienen.

Als ich mich schließlich verabschiedet und ein paar Euro für das Bier auf dem Tisch gelassen habe, laufe ich an den zwei Frauen vorbei, lächele sie an und rolle demonstrativ mit den Augen, bekomme aber nur ein Kopfschütteln von der einen und eine hochgezogene Braue von der anderen.

Der FDP fehlt die Emoción!

Mit Anton auf den Schultern und Klara an der Hand starte ich am Montag zum Kinderladen, gebe Klara danach heute mal ohne Heulen in der ranzigen Schule ab, steige dann in die volle S-Bahn, lese im Stehen die Nachrichten, steige am Brandenburger Tor aus, ziehe in der Ausweisstelle des Bundestags eine Nummer, höre auf dem Weg zum Schalter den Gong, sitze wieder bei der jungen Frau, laufe wenig später mit meinem neuen Ausweis in der Tasche zu Lindner, zahle ein Käse- und zwei Franzbrötchen kontaktlos und ohne PIN mit der EC-Karte, laufe dann auf die Doro101 zu, warte in der Schleuse mit meinem Ausweis am Lesegerät auf das grüne Licht, spaziere in der Lobby erst an den Lobbyisten und dann an dem Eimer mit dem Tropfwasser vorbei, nicke danach Sahra Wagenknecht zu, die meinen Gruß mit leicht gerunzelter Stirn, aber freundlich erwidert, nehme den Fahrstuhl in den vierten, überfliege dabei meine Mails und betrete dann mein Büro – also: Lukas' Büro.

»Guten Morgen.« Ich lege die Bäckertüte auf den Tisch. »Ich habe euch Brötchen mitgebracht«, verkünde ich und drücke den Kaffee-Knopf, und während die Bohnen gemahlen werden, strecke ich den Kopf bei Steffen rein.

»Der kommt erst später rein«, sagt ein Mitarbeiter mit vollem Mund. »Danke übrigens! Wir lassen's in den sitzungsfreien Wochen gern ein bisschen ruhiger angehen …«

»Von wegen!«, widerspricht Steffen, der in diesem Moment

das Büro betritt. »Ich hab das ganze scheiß Wochenende an dem verfluchten Antrag gesessen. Moin, Philipp!«

»Moin!«

»Klima?«, frage ich.

»Ja, vielleicht sollten wir das auch so machen wie die GroKo und unseren Gesetzen einfach immer tolle Namen geben: Das Prima-Klima-Gesetz oder das Bildung-für-alle-Gesetz ...« Leicht genervt drückt er auf den Knopf der Kaffeemaschine.

»Das könnte helfen«, werfe ich ein.

»Wobei?«

»Beim Klettern aus der Acht-Prozent-Falle.«

»Du kennst unsere Wahlprognosen?«

»Ich kenne alle Wahlprognosen«, sage ich. »Auch die der Grünen!«

»Tja!« Er schüttelt den Kopf. »Irgendwas machen die genau richtig ...«

»Lass mich überlegen. Vielleicht ... Klimapolitik?«

»Sehr witzig!«, gibt er leicht angefressen zurück. »Wir halten genauso an den Pariser Klimazielen fest, wir wollen sie bloß auf einem anderen Wege als die Grünen erreichen: mit dem Emissionshandel zur Reduktion der Treibhausgase und technologischen Neuerungen zur Vermeidung. Und das ist beides nachweislich effizienter als die Lösung der Grünen: Der persönliche Verzicht ist doch nur eine symbolische Handlung ohne wirklichen Effekt aufs globale Klima. Der Ausbau der Erneuerbaren ist gut, befürworten wir ja auch, aber der stößt schon längst an seine Grenzen.«

»Ich kenne eure Haltung dazu ja jetzt«, beruhige ich Steffen und setze mich zu ihm an den Konferenztisch. »Und ich weiß auch gar nicht, ob ich euch zu besseren Wahlergebnissen verhelfen will ...«

»... oder kann«, ergänzt er.

»Das stimmt – aber ...« Ich grinse anerkennend über seinen berechtigten Einwand. »Euer Problem liegt doch nicht in Gesetzesnamen, sondern im gesamten Image der Partei. Mal ganz ehrlich: Die FDP ist da draußen die Partei der Porschefahrer, die bereit sind, für die nächste Rolex ihre Oma zu verkaufen.«

»Danke!« Steffen lächelt schief und schaut auf seine Casio-Uhr.

»Und weil Klimaschutz zu Recht das absolute Oberthema ist, startet halt die Partei durch, die ein ganz anderes Image hat. Im Gegensatz zu euch gelten die Grünen da draußen eben nicht als Porsche-, sondern als Fahrradfahrer, die bereit sind, zur Rettung des Planeten für ihre Enkel auf Luxus zu verzichten – und das ist in allen Punkten das genaue Gegenteil von euch. Ihr sprecht doch hier immer von Narrativen, also von politischen Erzählungen, und das Narrativ der Grünen ist eben verflucht viel besser als eures.«

»Aber das ist doch total oberflächlich!«, verteidigt Steffen sich.

»Ist doch egal!« Ich lache. »Ich war ja noch nicht bei den Grünen – vielleicht fragst du dann noch mal nach? Deswegen kann ich die Sachebene noch nicht einschätzen, aber fest steht doch: Deren Image ist einfach besser. Die Grünen sind lieb und nett und jung und weiblich und wollen die Welt retten. Die FDP hingegen ist fies und kalt und profitgeil und rein männlich, und ihr wollt die Welt nur retten, wenn es sich wirtschaftlich lohnt.«

»Aber genau das stimmt doch nicht«, hält Steffen wieder dagegen. »Wir wollen genauso die Welt retten wie die Grünen. Die Liberalen haben schon von Umweltschutz gesprochen, da gab es die Grünen noch gar nicht. Und als Liberale wissen wir natürlich, dass eine freie Gesellschaft nur in einem funktionierenden Ökosystem stattfinden kann. Aber weil Klimagase keine Grenzen kennen, erkennen wir halt an, dass die Welt nur gemeinsam gerettet werden kann. Und so ist es doch nun einmal: Wir werden den Rest der Welt nur davon überzeugen können, sich daran zu beteiligen, wenn dadurch nicht der Wohlstand gefährdet wird, den viele Länder endlich erreicht haben.«

»Siehst du? Wohlstand!« Ich lächele ihn an. »Ihr seid eben Kapitalisten.«

»Wir sind vor allem Realisten.«

»Und vielleicht ist genau das euer Problem«, entgegne ich lachend. »Ihr seid Realisten, die anderen sind Idealisten. Ihr verkauft Tatsachen, die anderen Emotionen – und damit holen sie sich Wählerstimmen. Ich bin ganz ehrlich: Ich kann nach einer Woche natürlich längst nicht beurteilen, ob eure Klimapolitik besser ist als die der Grünen. Ihr habt natürlich tausend Argumente für eure, aber das wird hier bei allen Parteien so sein. Vielleicht schafft es ja auch nur eine Kombination ökologischer Maximen mit ökonomischen Prinzipien, die Welt zu retten, das weiß ich nicht. Eines weiß ich aber aus eigener Erfahrung – ganz ehrlich: Eine Wahlentscheidung ist vor allem eine emotionale Entscheidung. Wer hat denn Zeit, all die Wahlprogramme zu lesen? Oder sogar mal Anträge? Da macht man höchstens mal den Wahl-O-Mat an, bei dem man natürlich auch schon weiß, welche Antworten zu der Partei führen, die man am Ende empfohlen bekommt. Dann werden noch ein paar versprengte Informationen aus der Nachrichtenflut, die kein Schwein mehr verarbeiten kann, zusammengemischt – und fertig ist das Wahlkreuz oder die Antwort auf die telefonische Sonntagsfrage. Und wenn dann noch die Wahlplakate aufgestellt werden, ist es doch vor allem eine Geschmacksfrage, ob man eher auf Bienchen und Blümchen oder einen Yuppie im schicken Hemd steht.«

»Aber Politik ist doch mehr als das«, entgegnet Steffen. »Da geht es doch um Inhalte, verdammt nochmal, um gute Argumente und um praktikable Lösungen!«

»Hier drinnen vielleicht – und das ist ja auch gut so! Da draußen ist die Wahlentscheidung aber weitgehend eine Frage des Lifestyles, der Zugehörigkeit und des Gefühls, das mir eine Partei vermittelt.«

So philosophieren Steffen und ich weiter, bis unsere Mägen knurren, und auch bei einer Portion Kartoffelsalat mit Veggie-Bulette, die wir uns vom Delikatessenhändler zu Mittag geholt haben, finden wir kein Ende. Der Dienstag und der Mittwoch laufen ähnlich, wobei ich meine Zeit auch dazu nutze, diesen gigantischen Regierungstrakt kennenzulernen. Meinen Kaffee besorge ich mir in der Reichstagskantine, die ich inzwischen finde, ohne mich zu verlaufen. Zum Mittagessen gehen Steffen, Armin und ich auch einmal ins Casino, also in die riesige Kantine für die Abgeordneten. Dazwischen spaziere ich mal über die schwindelerregend hohe Brücke, die zwischen Paul-Löbe- und Marie-Elisabeth-Lüders-Haus über die Spree führt, besorge mir einen Schokoriegel in der Reichstagskuppel und genieße ihn oben mit Blick über Berlin oder sitze mit meinem Laptop in der riesigen, runden Bibliothek des Bundestags. Warum? Because I can. Die nächste Sitzungswoche wird bestimmt wieder stressig, und dann läuft mein Hausausweis auch schon ab – höchste Zeit also, dass ich meine Bewerbungen fortsetze!

Am Donnerstag muss ich wieder auf Lesereise gehen, was mir fast schon leidtut, doch als ich nach meinem Auftritt abends im Hotel ankomme, starre ich auf die Twitter-App. Offensichtlich hat Greta Thunberg wieder zugeschlagen, und diesmal so richtig. Weil Fliegen als Klimakiller Nummer 1 gilt, ist sie 65 Stunden lang mit dem Zug aus ihrer schwedischen Heimat bis nach Davos in die Schweiz gefahren, wo Topmanager, Wirtschaftswissenschaftler, Spitzenpolitiker und Journalisten sich jedes Jahr zum Weltwirtschaftsforum treffen, um globale Fragen zu diskutieren – und dieses junge Mädchen mittendrin.

»Unser Haus brennt«, sagt sie vor dem Logo des World Economic Forum, und schaut nervös in die Menge der Kameras, die um sie herum klicken. »Ich bin hier, um zu sagen, dass unser Haus brennt. Nach Angaben des IPCC sind wir weniger als zwölf Jahre davon entfernt, unsere Fehler nicht rückgängig machen zu können.«[59]

Ich schlucke, denn genau dann wird Klara volljährig – das ist also die Deadline, und zwar im wahrsten Sinne des Wortes.

»Jetzt ist es an der Zeit, klar zu sprechen«, sagt Thunberg nach ein paar sehr deutlichen Appellen an die Elite, die den Klimawandel mit ihrem kapitalistischen Lifestyle erst verursacht hat. Und dann findet sie genau diese klaren Worte: »Die Lösung der Klimakrise ist die größte und komplexeste Herausforderung, mit der Homo sapiens jemals konfrontiert war.«

Ich atme wieder tief durch, und auch der Rest ihrer Rede ist so genial, dass ich nach ein paar stilistischen Korrekturen[60] folgende Zeilen in dieses Manuskript kopiere:

»Die Lösung ist jedoch so einfach, dass auch ein kleines Kind sie verstehen kann«, sagt die schwedische Teenagerin. »Wir müssen die Emissionen von Treibhausgasen stoppen. Und entweder tun wir das – oder wir tun es nicht! Man sagt zwar, nichts im Leben sei schwarz oder weiß, aber das ist eine Lüge. Eine sehr gefährliche Lüge. Denn entweder verhindern wir eine Erwärmung um 1,5 Grad, oder wir tun es nicht. Entweder verhindern wir den Start einer irreversiblen Kettenreaktion, die jenseits jeglicher menschlichen Kontrolle liegt, oder wir tun es nicht. Entweder entscheiden wir uns, als Zivilisation fortzubestehen, oder wir tun es eben nicht. Das ist so schwarz oder weiß, wie es nur geht. Wir müssen fast alles an unseren heutigen Gesellschaften ändern. Je größer euer Fußabdruck ist«, sagt sie mit Blick in das Publikum, »desto größer ist auch eure moralische Pflicht. Je größer eure Plattform ist, desto größer ist auch eure Verantwortung.« Jetzt macht Greta Thunberg eine längere Pause. »Erwachsene sagen die ganze Zeit: ›Wir schulden es den jungen Leuten, ihnen Hoffnung zu geben.‹ Aber ich will eure Hoffnung nicht. Ich will nicht, dass ihr hoffnungsvoll seid. Ich will, dass ihr in Panik geratet. Ich will, dass ihr die Angst spürt, die ich jeden Tag spüre. Und dann will ich, dass ihr handelt. Ich möchte, dass ihr so handelt, als ob ihr in einer Krise steckt. Ich möchte, dass ihr so handelt, als ob euer Haus brennt – weil es so ist.«

Die Uhr tickt

»Guten Tag allerseits!« Steffen klopft an die offene Tür eines Abgeordnetenbüros im dritten Stock. »Wie versprochen, bringe ich euch unseren Weltrettungspraktikanten vorbei – das ist Philipp Möller.«

Nach Steffen betrete ich das Büro und schüttele erst zwei Frauen und dann zwei Männern die Hand. Sie nennen mir zwar ihre Namen, die bekomme ich aber so schnell nicht mit, und als wir mit der Begrüßung fertig sind, stehen wir etwas bedröppelt beieinander: links neben mir der Mann der FDP in einem Büro der Grünen – und ich in der Mitte.

»Dann geh ich auch direkt mal wieder.« Steffen winkt. »In einer Stunde ist das Fachgespräch Immissionsschutzgesetz im Umweltausschuss«, erinnert er mich noch. »Drüben im MELH – den Weg kennst du?«

»Klar, ich bin doch alter Hase hier im Bundestag!« Es geht um das Marie-Elisabeth-Lüders-Haus, also das MELH, wie wir hier sagen.

»Wie lange bist du denn schon hier?«, will eine der Frauen wissen.

»Das ist seine dritte Woche«, sagt Steffen, woraufhin ich das geplante Gelächter ernte. »Also – bis später!«

»Nimm doch kurz Platz«, sagt die größere der beiden, »ich muss noch eine winzige Mail beantworten, dann setzen wir uns rüber, ja?«

»Gern.«

Ich nehme im mittleren der drei Räume Platz und schaue mich um. Von der Einrichtung her ist das Büro ganz ähnlich wie oben – helle Holzmöbel auf dunkler Auslegware vor bodentiefen Fenstern – aber ansonsten ist hier so ziemlich alles anders: Die Wände hängen voller politischer Infografiken, auf denen Flüchtlingsbewegungen, Klimaprozesse und der personelle Aufbau des aktuellen Bundestags erklärt sind. Auf den Schreibtischen stapeln sich Unterlagen, bunte Post-its kleben an den Monitoren, in der Ecke sind Mineralwasserkisten bis fast unter die Decke gestapelt, und Postkarten füllen die letzten Lücken an den Wänden – kein Zweifel: Ich bin endlich bei den Grünen angekommen! Hier ist es bunt, hier ist es herrlich unordentlich, drei von vier Menschen arbeiten an Stehtischen, aber noch ein wichtiger Kontrast zu oben fällt auf: Hier sind 50 Prozent der Angestellten weiblich, im Gegensatz zu keiner einzigen Frau in Lukas' Büro. An der offenen Tür entdecke ich das Plakat der Abgeordneten, an die ich hoffentlich vererbt werde: Lisa Badum. »Bayerisches Energiebündel«, steht neben dem Foto der jungen Frau, darunter die unangenehme Botschaft, die auch Greta Thunberg für uns hat: »Die Uhr tickt.«

»Okay, bin fertig«, sagt die Frau nun und bittet mich in den Nachbarraum, der ganz offenbar als Büro der Abgeordneten dient. »Lisa ist unterwegs«, sagt sie, als ich mich an deren Konferenztisch setze, »aber du kannst uns ja erst mal erzählen, was du vorhast.«

»Und ich bin Sylwia«, stellt sich nun die andere Mitarbeiterin vor, die jetzt den Raum betritt. »Ich mach hier die Büro-Orga«, sagt sie mit einem leicht osteuropäischen Dialekt, und dann betritt ein kleinerer Mann den Raum.

»Ich bin Joachim, hi!« Der junge Mann mit der Brille und

dem freundlichen Lächeln setzt sich zu uns. »Ich bin politischer Referent bei Lisa.«

»Ich bin Benjamin«, ruft der Größere der beiden aus dem letzten Raum, »und ich muss leider noch einen Antrag fertig machen.«

»Und du willst also die Welt retten«, fängt Joachim an. »Wie hast du dir das denn vorgestellt?«

»Ganz ehrlich?« Ich schau in die Runde dieser drei super sympathischen Menschen. »Das weiß ich noch nicht – aber am liebsten bei euch. Also vielleicht nicht genau hier, aber spätestens seit der Eskalation der Klimakrise kommt für mich eigentlich nur eine Partei in Frage – und die ist grün. Ich bin als freier Autor schon lange auch politisch tätig, vor allem zur Trennung von Staat und Kirche, aber angesichts all der politischen Entwicklungen will ich mich einfach nicht länger davor drücken, parteipolitisch aktiv zu sein.«

»Das ist ja erst mal schön«, sagt Lisa und schaut ihre Kollegen etwas verstohlen an. »Aber was sagen denn die FDP-Herren aus dem Büro Köhler dazu?«

»Also erst mal kann ich nur sagen: Die sind supernett und ich fühle mich da persönlich total wohl!«, beteuere ich.

»Klar«, fügt Joachim hinzu. »Steffen ist ein echt netter Kerl – aber politisch streiten wir uns umso heftiger.«

»Das fällt mir noch etwas schwer«, räume ich ein, »weil ich eben noch nicht so im Thema bin, aber ich glaube, die haben schon gemerkt, dass ich eigentlich lieber zu euch will – vorher muss ich allerdings noch zur AfD!«

»Ehrlich?« Sylwia schlägt sich die Hand vor den Mund.

»Ja. Aber um es kurz zu machen: Ich würde eure Abgeordnete Lisa Badum gern eine Weile bei der Arbeit begleiten, um darüber schreiben zu können, wie sich Die Grünen an der Weltrettung beteiligen.«

»Klingt gut.« Joachim nickt. »Wir müssen das natürlich noch mal mit Lisa besprechen, aber ich denke, von uns aus ...« Er schaut zu seinen Kolleginnen, die ebenfalls nicken. »... geht das klar.«

Eine grenzwertige Debatte

Mit dem Fahrstuhl in den Keller, zweimal links, einmal rechts, durch den Tunnel, am Lampenladen vorbei, so tun, als sei es für mich das Normalste auf der Welt, dass Olaf Scholz mir entgegenkommt, dann mit dem Fahrstuhl in den sechsten Stock des PLH, über die windige Brücke ins MELH und wieder mit dem Fahrstuhl runter – dann bin ich im Foyer des großen Anhörungssaals des Bundestags. Als Steffen mich sieht, zeigt er auf eine Treppe, die mich zur Besuchertribüne führt, und als ich diese betrete, spüre ich: Mehr Politik-Feeling als hier geht kaum! Nach dem Plenum ist das hier der zweitgrößte Sitzungssaal des gesamten Bundestags und bietet einem runden Tisch Platz, an dem locker fünfzig Leute sitzen können. Auf etwa zehn Metern Höhe, die der Saal hat, ist hinter einer der Fensterfronten der Reichstag zu sehen und hinter der anderen das Paul-Löbe-Haus. Dazwischen schippern Touristenschiffe auf dem Spreebogen entlang.

Ich entdecke Lukas neben Judith im Saal, und auch viele andere Abgeordnete sitzen schon an dem großen Tisch. Die Vorsitzende, Sylvia Kotting-Uhl, hat bereits Platz genommen, und genau gegenüber sitzen etwa zehn Damen und Herren, die orange Gastausweise tragen, an einem Tisch innerhalb des Kreises.

»Sehr geehrte Damen und Herren«, sagt sie nun, »der Umweltausschuss des Deutschen Bundestages berät heute den ›Entwurf eines dreizehnten Gesetzes zur Änderung des Bundes-Immissionsschutzgesetzes‹« – die Grenzwerte also, die zu den berühmten Diesel-Fahrverboten führen. Die konkrete Änderung, die die Bundesregierung mit diesem 13. Gesetz anstrebt, besteht im Anheben dieses Grenzwerts von 40 auf 50 Mikrogramm – und zwar mit der Begründung, dass der europarechtlich vorgegebene Grenzwert mit anderen Maßnahmen der Bundesregierug eingehalten werden kann. Mit anderen Worten: Wir schaffen das – auch ohne Fahrverbote.

»Es soll also mit den eingeladenen Sachverständigen erörtert werden, ob der Gesetzentwurf zielführend ist, also den Grundsatz der Verhältnismäßigkeit wiederherstellt«, fügt sie hinzu und erklärt dann später, dass es in der Anhörung eben nicht um die Frage gehe, »ob die bei uns festgelegten Grenzwerte falsch sind«. Ihr sei zudem »bewusst, dass vor dem Hintergrund der gerade aufgeregt geführten Debatte die Verführung groß ist, unsere Anhörung zu einer Auseinandersetzung über den Sinn der Grenzwerte zu machen«.[61]

Klingt kompliziert? Ist es auch, aber das kommt wohl dabei heraus, wenn man als Bundesregierung jahrelang die Augen davor verschließt, dass die fetten Automobilkonzerne ihre Kunden betrügen. Das Ergebnis: dicke Luft, aber nicht nur im Bundestag, in den Landtagen, in den Chefetagen bei VW und Co. und auf der Straße, sondern vor allem auch bei den Dieselfahrern. Hätte man das vermeiden können? Sollen? Müssen? Und kann das denn wirklich so schwer sein, die Konzerne zur Nachrüstung zu verdonnern? Okay, all das wird wohl heute nicht debattiert werden, aber das Dieselfiasko entwickelt sich zum Treppenwitz der deutschen Wirtschaft, der auf jeder Stufe noch ein bisschen absurder wird. Doch spätestens, wenn es um Absurdität geht, darf natürlich auch die AfD nicht fehlen: Die behauptet nämlich, die ganze Grenzwertdebatte sei totaler Nonsens, weil in Innenräumen ohnehin viel höhere Stickstoffoxidkonzentrationen herrschten, und das Ganze sei doch bloß eine Attacke der Grünen gegen die Diesel-Fahrer ...

Dass ich mir die Sache wohl etwas zu einfach vorgestellt habe, wird deutlich, als die zehn geladenen Sachverständigen jeweils drei Minuten Zeit haben, ihre Stellungnahmen zu formulieren. Mit leichtem Überziehen und zwischenzeitlicher Moderation vergeht schon hier fast eine Dreiviertelstunde, in der ich Jurist, Arzt, Wirtschaftswissenschaftler und Ingenieur sein müsste, um alles zu verstehen – oder eben Politiker, sodass ich mir das entsprechende Know-how aneignen und mit Hilfe meiner Referentinnen und Referenten vertiefen und letztlich guten Gewissens Entscheidungen treffen könnte.

Zwei Stunden dauert die Veranstaltung insgesamt, und als ich Lukas vor der Tür treffe, dröhnt mir der Schädel.

»Irgendwas war da drinnen komisch«, sage ich zu ihm. »Warum fragen dieselben MdBs immer dieselben Leute?«

»Weil wir die einladen – ist doch klar! Jede Fraktion lädt sich den Experten ein, der die Meinung vertritt, die ihm politisch in den Kram passt.« Er lacht. »Tut mir leid, du bist immer noch Idealist, oder? Hach Möllerchen ... Dich werd ich vermissen.«

Willkommen in St. Bundestag

Alter – was mache ich hier eigentlich?! Leise schließe ich die Bürotür hinter mir, nicke einer sehr blonden Frau zu und laufe dann den Flur des fünften Stocks entlang. Habe ich gerade wirklich zwei Stunden im Bundestagsbüro eines Abgeordneten der AfD gesessen und mit ihm und seinen Kollegen meine Hospitationswoche durchgesprochen? Habe mich dabei – zumindest auf zwischenmenschlicher Ebene – sogar halbwegs wohl gefühlt, weil die Jungs zwar arschkonservativ, aber einfach nicht so richtig schön rechts sind, wie ich es gern hätte? Und halte ich hier wirklich einen Hausausweis des Bundestags in der Hand, von dem mich mein eigenes Konterfei angrinst und sagt: Guten Tag, ich bin Philipp Möller, knapp vierzig, passe nicht mehr so richtig in meine Sakkos und mache gerade ein Praktikum bei der AfD?!

Fuck, ich brauche eine kleine Pause, denn das Schlimmste an meinem heutigen Tag kommt schließlich erst jetzt: die Nagelprobe der Bundesregierung, bei der sie höchstwahrscheinlich beweisen wird, dass sie in allen drei Punkten des Michael-Schmidt-Salomon-Tests für gute Politik durchfällt. Zufällig fällt sie auch mit meinem ersten Tag bei der AfD zusammen. Anlass für meinen Politiker-Check ist eine geplante Änderung des Paragrafen 219a, der Werbung für Schwangerschaftsabbrüche verbietet, doch was es mit dieser Änderung auf sich hat, ist in einem modernen Rechtsstaat so kompliziert und zugleich so absurd, dass ich vorher noch ein bisschen frische Luft brauche.

Also: mit dem Fahrstuhl aus dem fünften ins EG, am Tropfwassereimer vorbei durch die Lobby des JKH Nord, raus aus der Doro101 in die Welt der Normalbürger eintauchen, Stickstoffoxidexposition durch flache Atmung minimieren, zwischen den Autos die Straße überqueren, weil nur Touris bei Rot warten, durch die Absperrung an den Bull…izisten vorbei wieder in die Welt des Bundestags eintauchen, wieder normal atmen, weil die Stickstoffoxidkonzentration hier wieder geringer sein sollte, dann zwischen RTG und PG an den Limos vorbei, Horst Seehofer nicht grüßen, weil der mich ja gar nicht kennt und sich wohl fragen würde, was ich für ein Spinner bin, dann wieder durch die Absperrung und erst einmal an den Spreebogen setzen – denn zwanzig Minuten Zeit habe ich noch. Mit dem kalten Boden unterm Hintern schaue ich in die Tagesordnung der öffentlichen Anhörung des Ausschusses für Recht und Verbraucherschutz, der sich für heute Sachverständige eingeladen hat, die ihre Stellungnahme zum »Entwurf eines Gesetzes zur Verbesserung der Information über einen Schwangerschaftsabbruch« abgeben sollen.

Nach der letzten Veranstaltung dieser Art, in der es um Stickoxide-Grenzwerte und daraus resultierende Diesel-Fahrverbote ging, kann ich mir allerdings schon vorstellen, wie das läuft: Jede Fraktion hat sich Sachverständige eingeladen, die genau das sagen, was sie hören will, und am Ende macht die Bundesregierung sowieso, was sie für richtig hält. Das allerdings ist in einer Großen Koalition aus Union und SPD gar nicht mal so klar – es könnte also spannend werden. Und lang und kompliziert. Wie kompliziert genau, lässt sich allerdings nur verstehen, wenn man die Geschichte einer Frau kennt, die heute zwar nicht hier sein wird, die aber erst dafür gesorgt hat, dass dieser Termin heute stattfindet: Kristina

Hänel – und der Anfang ihrer Geschichte liest sich auf der Homepage des Instituts für Weltanschauungsrecht erst einmal recht harmlos.

»Auf der Webseite der Ärztin Kristina Hänel befindet sich in ihrem Leistungsspektrum unter der Rubrik ›Frauengesundheit‹ das Wort ›Schwangerschaftsabbruch‹. Klickt man auf diesen Link, öffnet sich ein Fenster, und der Nutzer kann seine E-Mail-Adresse eingeben. Sodann erhält er Informationen zu einem legalen Schwangerschaftsabbruch übersandt. Er wird auf die Gesetzeslage zu dem Paragraphen 219 und 219a des Strafgesetzbuchs hingewiesen, und es werden drei Methoden des Schwangerschaftsabbruchs erläutert, welche in der Praxis angeboten werden. Informiert wird über die Durchführung des Schwangerschaftsabbruchs, die erforderlichen Vorbereitungsmaßnahmen und mögliche Nebenwirkungen, Komplikationen sowie das Verhalten nach dem Abbruch.«[62]

Vor allem in dieser nüchternen, juristischen Formulierung klingt das Ganze ja eher unkompliziert – aber der Teufel steckt in diesem Fall im Paragraph 219a des Strafgesetzbuches. Der verbietet nämlich jegliche »Werbung für den Schwangerschaftsabbruch«, weshalb Kristina Hänel von einem selbsternannten Lebensschützer zunächst angezeigt und dann vor Gericht in den ersten beiden Instanzen auch verurteilt wurde.

Natürlich hat Kristina Hänel keine Plakatwände an Bahnhöfen gebucht, auf denen sie Zehnerkarten für Abtreibungen anbietet – was der Begriff »Werbung« zumindest bei mir suggeriert –, sondern sie hat auf ihrer Homepage seriös über die medizinischen Hintergründe dieses Eingriffs aufgeklärt. Warum aber sollte eine ärztliche Information über den Schwangerschaftsabbruch strafbar sein? Ganz einfach: Weil Abtreibung in Deutschland noch immer als »rechtswidrig« gilt und damit ganz offiziell eine Straftat ist. Zwar wird der Schwangerschaftsabbruch hierzulande unter bestimmten Bedingungen nicht mehr bestraft, aber – und das ist politisch und juristisch entscheidend – er wird noch immer als »rechtswidrig« eingestuft.

Kristina Hänels Verurteilung hatte eine so heftige Debatte ausgelöst, dass sich letztlich auch der Deutsche Bundestag mit dem Werbeverbot in Paragraph 219a des Strafgesetzbuches beschäftigen musste. Und weil der für normalsterbliche Nichtjuristen doch eher kompliziert klingt, habe ich ihn mir vor der Anhörung extra noch ausgedruckt: »Wer öffentlich, in einer Versammlung oder durch Verbreiten von Schriften (…) seines Vermögensvorteils wegen oder in grob anstößiger Weise (1) eigene oder fremde Dienste zur Vornahme oder Förderung eines Schwangerschaftsabbruchs oder (2) Mittel, Gegenstände oder Verfahren, die zum Abbruch der Schwangerschaft geeignet sind, unter Hinweis auf diese Eignung anbietet, ankündigt, anpreist oder Erklärungen solchen Inhalts bekanntgibt, wird mit Freiheitsstrafe bis zu zwei Jahren oder mit Geldstrafe bestraft.«[63]

Übersetzt heißt das wohl: Wer mit Schwangerschaftsabbrüchen Geld verdient – was für Ärztinnen recht elementar ist und nach § 218a Abs. 2 ohnehin von niemand anderem durchgeführt werden darf –, darf darüber keine Informationen anbieten, denn das gilt im Sinne des Gesetzes schon als »Werbung«. Wer's doch tut, dem droht eine Freiheitsstrafe bis zu zwei Jahren oder eine Geldstrafe, vorbestraft ist er auf jeden Fall. Kein Wunder also, dass so viele Menschen gegen die Verurteilung von Kristina Hänel demonstrierten – und dass auch die Mehrheit der Experten, die heute in der öffentlichen Anhörung aussagen, für eine Abschaffung von 219a plädiert. Grundsätzlich sind die Voraussetzungen für eine grundlegende Rechtsreform gar nicht einmal so schlecht, denn eigentlich gibt es im Deutschen Bundestag eine klare Mehrheit für die Abschaffung dieses Paragraphen 219a. Sowohl die SPD als auch die Grünen, die FDP und die Linken hatten sich bereits für eine Streichung ausgesprochen. Nur die CDU/CSU und die AfD wollten den alten Paragraphen unbedingt aufrechterhalten.

Ich schaue auf die Uhr, und weil es da drinnen gleich losgeht, reibe ich mir angesichts der Tatsachen die Schläfe: Eine vollkommen irrationale katholische Lehrmeinung aus dem Jahr 1869 ist auch 150 Jahre später noch juristische Grundlage für Strafrechtsartikel, mit denen das Recht auf reproduktive Selbstbestimmung von Frauen in Deutschland eingeschränkt wird. Willkommen, liebe Leute, in der BRD – der Bekloppten Republik Deutschland.

Mir brummt der Schädel, als ich das PLH betrete und auf der Zuschauertribüne des Sitzungssaals Platz nehme, in dem der Rechtsausschuss jetzt acht Expertinnen und Experten befragen wird: eine Sexualwissenschaftlerin, vier Juristen, der Rechtsphilosoph Reinhard Merkel, zwei Gynäkologen und – surprise, surprise! – eine Frau vom Sozialdienst katholischer Frauen. In der Sache Christdemokraten gegen den liberalen Rechtsstaat ist das Spiel jetzt also eröffnet. Gepfiffen wird es von dem keineswegs unparteiischen Ausschussvorsitzenden Stephan Brandner von der AfD, der in wenigen Minuten das Prozedere erklärt und dann auch schon das Match für eröffnet erklärt, indem er der Sexualwissenschaftlerin Prof. Dr. Ulrike Busch das Wort erteilt.

»Ich halte den vorgelegten Gesetzentwurf für nicht geeignet«, sagt sie ohne jeglichen Umschweif, »die derzeitige Informationssituation wirksam zu verbessern. Nach wie vor wird das Informationsrecht von Frauen und Ärzten strafrechtlich limitiert.«[64]

Aha. 1:0 für den liberalen Rechtsstaat, dann ist die Strafrechtlerin Prof. Dr. Elisa Marie Hoven dran: »Der vorgelegte Gesetzentwurf löst das grundsätzliche Problem des Paragraph 219a StGB nicht«, sagt auch sie. »Ärztinnen und Ärzte machen sich auch nach der Neufassung strafbar, wenn sie sachlich über die Rahmenbedingungen von Schwangerschaftsabbrüchen, also Risiken, Methoden und Kosten, informieren. Somit werden weiterhin Handlungen unter Strafe gestellt, die keinen Unrechtsgehalt aufweisen.« Und damit steht es 2:0, zumal sie am Ende formuliert, dass der Gesetzentwurf »verfassungsrechtlich in hohem Maße bedenklich ist«.

»Der Entwurf der Fraktionen der CDU/CSU und SPD ist entgegen den Ausführungen meiner Vorrednerin verfassungskonform«, meint hingegen der Strafrechtler Prof. Dr. Dr. h. c. Michael Kubiciel, »und löst die Probleme, über die die letzten anderthalb Jahre gestritten wurde«, und erzielt damit den Anschlusstreffer für das christdemokratische Team – es steht 2:1.

»Der Gesetzentwurf der Regierungskoalition verhilft Paragraph 219a StGB leider nicht zur gewünschten Verfassungsmäßigkeit«, knallt Prof. Dr. Ulrike Lembke vom Juristinnenbund e. V. das 3:1 ins Religionstor und warnt am Ende ihrer Ausführungen davor, dass sich mit dem Gesetz »die Versorgungslage verschlechtert und die Zahl illegaler Abbrüche in Deutschland steigt«.

»Der Entwurf behebt die straf- und verfassungsrechtlichen Mängel des Paragraph 219a Absatz 1 StGB nicht«, erhöht der Rechtsphilosoph Prof. Dr. Reinhard Merkel den Spielstand zum 4:1 und zerschmettert in seinem Beitrag die katholisch gefärbte Arbeit der Union: Der Entwurf sei »nicht mit dem Grundgesetz vereinbar«, sondern trage zum »Verdunkeln des wirklichen Problems« bei, wohingegen seine Konsequenzen

»unter dem verfassungsrechtlichen Gebot der Verhältnismäßigkeit staatlichen Strafens nicht akzeptabel« seien.

Nadine Mersch vom Sozialdienst katholischer Frauen braucht mehrere Minuten, um zu erklären, ihr Verband sei »einigermaßen erleichtert darüber, dass wir einen Kompromissvorschlag vorliegen haben« – was ich als Lattenschuss bezeichnen möchte, so dass es beim 4:1 bleibt.

Die geplante Änderung des Paragraph 219a, stellt die praktizierende Frauenärztin Nora Szász fest, schaffe eine »äußerst problematische Situation«, außerdem sei sie »nicht modern und hinkt gesellschaftlichen Realitäten hinterher«. Und dem deutlichen 5:1 gegen die Katholiken im Deutschen Bundestag setzt sie noch einen drauf: »Unser Land ist schon viel weiter in Sachen Demokratie und Gleichberechtigung der Geschlechter als diese Gesetzesvorlage uns weismachen will.«

»Grüß Gott, ich komme aus Bayern und bin ein typischer Landfrauenarzt«, sagt Dr. Wolfgang Vorhoff, was ich den besten Eröffnungssatz für eine Vorabendserie im ZDF fände, und dann kommt der Mann so lange ins Plaudern, bis der Vorsitzende ihn unterbricht.

»Noch zwei kurze Sätze«, sagt er, »oder wie haben Sie sich das vorgestellt?«

»Ich halte vor allem für ganz wichtig, die Ursachen des Schwangerschaftsabbruchs zu bekämpfen«, sagt der Landarzt. »Frauen machen Abbrüche, weil sie keine Möglichkeit sehen, verantwortungsvoll für das Kind zu sorgen.«

»Danke schön!« Der Vorsitzende wendet sich an die Abgeordneten, die jetzt Fragen stellen dürfen, aber der Landdoktor ist offenbar gerade im Redefluss.

»Solange ein Kind ein Armutsrisiko bedeutet, wird kein Gesetz dieser Erde etwas daran ändern«, schiebt er hinterher.

»Jetzt ist aber wirklich Schluss!«

»Genau das hat das BVerfG dem Staat auch aufgegeben«, sagt der Mann in aller Ruhe. »Er muss für die Rahmenbedingungen sorgen und die positiven Voraussetzungen für die zu behandelnde Frau schaffen.«

Okay, der Alpenarzt hat zwar ein Tor gemacht, sich dabei aber eine rote Karte eingefangen, es bleibt also beim 5:1 für den liberalen Rechtsstaat gegen die religiöse Einflussnahme auf ein Gesetz, das für alle Menschen dieses Landes gelten soll. Der Rest der Session läuft wie erwartet: FDP, Grüne und Linke geben mit ihren Fragen all jenen die Möglichkeit, die sich für die Streichung des Paragraph 219a aussprechen. Die Union hingegen fragt die zögerliche Katholikin und den Doktor von der Alm. Nur die SPD sitzt genau dort, wo sie seit vielen Monaten, vielleicht Jahren schon sitzt: in der Klemme – und genau so läuft am Ende auch die Abstimmung im Plenum: Die SPD kippt um und wirft ihre berechtigte Forderung nach der Streichung des Paragraphen aus der Agenda – obwohl es eine Mehrheit dafür im Parlament gäbe, die rationalen Argumente dafür sprechen würden.

Das Ergebnis: Die Homepage von Kristina Hänel bleibt weiterhin illegal, die Rechtsunsicherheit bleibt weiterhin bestehen, und fundamentalistische Lebensschützer haben weiterhin die Möglichkeit, Anzeigen zu stellen, die zu strafrechtlichen Verurteilungen führen können. Hier hat Micha also recht behalten: Rationale Argumente zählen in der Politik sehr viel weniger als Machtinteressen. Muss man sich da noch wundern, dass die Politikverdrossenheit, oder besser: Die Politikerverdrossenheit in der Bevölkerung steigt?

Auch Meinungen können waffenscheinpflichtig sein

»Halt!« Die zwei älteren Damen winken uns und beschleunigen, so gut es geht, ihren Gang. Felix hält seine Hand vor den Sensor, so dass die Fahrstuhltüren wieder aufgehen und die beiden einsteigen können.

»Danke!«, sagt die erste freundlich.

»Sehr nett von ...«

Mit offenen Mündern mustern sie uns: vier stattliche Männer aus dem fünften Stock? Einer von ihnen hat zwar so etwas Ähnliches wie ein Vogelnest auf dem Kopf, aber die anderen sind sehr ordentlich frisiert. Die Damen schauen sich kurz an, dann blicken sie zu Boden und sagen keinen Mucks mehr.

»Gern«, sagt Felix Thiessen und sucht ihre Blicke, »ist doch selbstverständlich.«

Eine Reaktion bekommt er nicht, stattdessen starren die Frauen stumm nach unten, und als der Fahrstuhl im zweiten Stock hält, pressen sie sich an die Fahrstuhlwand, bis wir draußen sind.

»Einen schönen Tag noch«, sagt Tobias, auch von der AfD, woraufhin eine von ihnen regelrecht zusammenzuckt. Kurz bevor die Tür zu ist, werfe ich noch einen lächelnden Blick in die Kabine, schaue für den Bruchteil einer Sekunde in die aufgerissenen Augen der Frauen, dann sind sie weg.

»Vielleicht sollte ich mal bei den Linken vorbeischauen und mir einen FCK-AfD-Sticker abholen«, sage ich grinsend zu Johannes Huber. »Den könnte ich mir dann ans Jackett heften.«

»Den kriegst du eher bei den Grünen«, wirft Felix ein. »Die sind doch die wahren Linken hier.«

»Ich weiß auch nicht, ob das in unserer Fraktion so gut ankommt«, überlegt Johannes. »Außerdem sollte deine Frisur den gleichen Zweck erfüllen.«

»Ich wollte ja schon längst zum Frisör«, entgegne ich den lachenden Männern. »Aber damit warte ich dann wohl lieber. Passiert so etwas wie eben im Fahrstuhl denn öfter?«

»Ständig!«, antworten sie im Chor.

»Fast immer«, sagt Tobias. »Wir sind hier die größte Konkurrenz für die etablierten Parteien.«

»Und wie erklärt ihr euch das?« Ich kann mir ein fettes Grinsen nicht verkneifen.

»Weil wir eine Bedrohung für die Etablierten sind«, überlegt er. »Allein durch unsere Wahlerfolge.«

»Mit eurer Kommunikation hat das nichts zu tun?«

»Naaa – wieso?«

»Wieso?!« Jetzt lache ich, aber die drei nicht. »Okay, das ist jetzt mein zweiter Tag mit euch, und ihr wart gestern in der Teamsitzung alle supernett zu mir. Und abgesehen davon, dass ich eure Haltung ziemlich konservativ finde, habe ich bisher nichts Rechtes, nichts Ausländer- oder Demokratiefeindliches gehört.«

»Wirst du von uns auch nicht hören.«

»Aber ich sag's euch trotzdem ganz ehrlich: Ich hab ein bisschen Angst davor, mit euch gleich in diesen Raum zu gehen und allein mit sieben oder acht AfD-Mitgliedern zu sein.«

»Also das ist echt totaler Quatsch!«, entgegnet Felix leicht aufgebracht. »Ja, es gibt auch problematische Tendenzen in der AfD, aber du wirst sehen: Da sind heute nur freundliche, ganz normale Menschen.«

»Das sagst du nur, damit ich das in mein Buch schreibe und alle lesen können, dass die AfD angeblich eine ganz normale Partei ist – nur eben ein bisschen konservativ, oder was?!« Ich kichere, wische dabei aber meine feuchten Handflächen an der Jeans ab. »Ich habe einen Vorschlag: Ich schreibe gern auf, dass ihr das so seht – aber ich schreibe auch alles andere auf, was ich so sehe oder höre. Und ich werde das nicht kommentieren, so dass meine Leserinnen und Leser sich ihren Teil selbst denken können. Deal?«

Die drei nicken, dann betreten wir den Sitzungsraum, in dem die Arbeitsgruppe tagt. Am Kopf des ovalen Konferenztisches sitzt ein eher kleiner, älterer Herr mit schütterem Haar in einem zu großen Anzug. Er lächelt mich verschmitzt an. Neben ihm sitzt ein Mann, der etwas jünger ist und unerlässlich auf seinen Kugelschreiber drückt, während er mich durch dicke Brillengläser anschaut. Mein Puls normalisiert sich, als Johannes, Felix und Tobias an der langen Seite zum Fenster hin Platz nehmen und mir den Stuhl am anderen Kopfende anbieten.

»Ich bin Philipp Möller, guten Tag«, sage ich zu den beiden Männern. »Ich bin Hospitant bei Herrn Huber und begleite ihn in dieser Woche, weil ich ein Buch über die Arbeit im Bundestag schreibe.«

»Ein Buch, he?« Der kleine Mann schaut mich aus zusammengekniffenen Augen an, lächelt aber. »Und worum soll's da gehen?«

»Wenn ich ehrlich bin, dann …« Ich räuspere mich und versuche, das permanente Kugelschreiberklicken zu überhören, »… habe ich meiner Tochter versprochen, die Welt zu retten, und will jetzt herausfinden …«

»Die Welt retten?« Der ältere Herr lacht. »Wovor denn?«

»Ach, ich sehe da jede Menge Herausforderungen«, sage ich. »Soziale Spaltung, Integration, Umweltfragen, Klimawandel, Extremismus …«

»Na ja!«, unterbricht er mich. »Da sind Sie ja bei uns genau richtig, denn wir sind ja hier die Einzigen, die wirklich die Welt retten. Das wissen die anderen bloß nicht!«

Verhaltenes Lachen kommt auf, während ich aufstehe, um mir einen Kaffee einzugießen.

»Das habe ich jetzt schon öfter gehört«, sage ich dabei und zucke so sehr zusammen, als die Tür aufgerissen wird, dass ich dabei ein wenig Kaffee verschütte.

»Grieß Gott, die Herren!«, ruft eine Frau mit einer Haarpracht aus rotblonden Locken und lächelt in die Runde.

»O nein«, sagt der ältere Herr mir gegenüber. »Eine Frau! Jetzt müssen bitte alle Herren bis auf einen den Raum verlassen, damit wir die Fünfzig-Fünfzig-Quote hergestellt haben.«

»Ach Schmarrn!«, ruft die Dame mit dem AfD-Bayern-Pin am Jacket und packt sich mit beiden Händen an ihre üppigen Brüste. »I bin für zwei Männer da!«, sagt sie, und während alle anderen lachen, schaut sie zu mir. »Und wer bist du?«

»Philipp Möller, hallo!« Ich stehe auf und gebe ihr die Hand. »Ich bin hier der Weltrettungspraktikant.«

»Des find ich mal gut!« Sie lacht laut, setzt sich neben mich und lächelt mich an. »Aber ob diese Welt noch zu retten ist?«

»Ganz sicher bin ich mir auch nicht«, antworte ich.

»Mein Chef kommt übrigens etwas später«, sagt die Bayerin und rollt mit den Augen.

Der ältere Herr eröffnet die Sitzung, und so gehen die Anwesenden die verschiedenen Petitionen, die der Petitionsdienst nicht als totalen Unsinn aussortiert hat, nach und nach durch. Einmal sei eine Petition eingereicht worden, wird mir erklärt, mit der die Bundesregierung aufgefordert wurde, den Todesstern aus Star Wars nachzubauen.[65] Doch jetzt geht es wegen eines Online-Preisvergleichsportals um EU-Recht, und die Bayerin schaltet sich jetzt ein.

»Als Politikerin muss ich feststellen«, sagt sie, »dass die EU sukzessive unsere Rechtsordnung und unsere nationale Souveränität zersetzt. Das dürfen wir uns nicht …«

Die Tür fliegt auf. »Guten Tag allerseits«, ruft ein Mann mit Schnurrbart in den Raum, schaut niemanden an, lässt die Tür gegen den Stopper krachen, schließt sie aber nicht und pfeffert so laut seine Sachen in die Ecke, dass der freundliche ältere Herr jetzt seine Moderation unterbrechen muss. Der Kugelschreiberklicker steht auf und schließt die Tür, während der Mann mit dem weißen Kurzarmhemd nun leise schimpfend etwas in seiner Aktentasche sucht. Das Gespräch am Tisch geht weiter. Mit einer Aktenmappe und seinem Handy in der Hand tritt der Neue nun an den Tisch, woraufhin die Üppige in Sekundenschnelle in ihre Hosentasche greift, ein Taschentuch hervorzieht und meinen Kaffeefleck an seinem Platz wegwischt, dann lässt er die Mappe auf den Tisch krachen, sein Handy hinterher und schmeißt sich selbst ächzend in den Stuhl neben seine Mitarbeiterin.

»Tut mir leid, dass ich zu spät komme«, unterbricht er den Mann, der bisher die Sitzung geleitet hat, »aber ich hatte wieder nur Stress!«

Er lockert seine Krawatte, schlägt den Ordner auf, dann setzt der Moderator die Sitzung fort, und ich bin froh, dass ich mich ihm nicht vorstellen muss.

»Du kannst übrigens auch gern Fragen stellen, Philipp«, sagt Johannes, woraufhin der Mann nun doch zu mir schaut.

»Wer sind Sie?«

»Ich bin Philipp Möller und …«

»Was machen Sie hier?«

»Der Herr Möller recherchiert für ein Buch bei mir«, erklärt Johannes ihm. »Ich hatte das auch vorher per Mail …«

»Ein Buch, ja?« Er blinzelt einmal. »Was haben Sie bisher so verfasst? Wo kann man das lesen? Bekomme ich das schriftlich?«

»Ich bin freier Sachbuchautor«, sage ich durch meine geschwollene Kehle und weiche seinem Blick nicht aus, dann hole ich Luft. »Mein erstes Buch ist ein Erfahrungsbericht aus meiner Zeit als Vertretungslehrer an Berliner Grundschulen, mein zweites eine literarische Auseinandersetzung mit den eher sonderbaren Mitgliedern unserer Gesellschaft, mein drittes widmet sich der deutschen Sprache und ihren Herausforderungen, in meinem vierten lege ich dar, warum wir ohne Religion besser dran wären und den Staat von der Kirche trennen sollten, und in dem kommenden schreibe ich über den Bundestag und die Weltrettung.« Ich schlucke.

»Joa mei – echt jetzat?«, will die Frau neben mir lachend wissen. »I hab g'dacht, des wär a Witz!«

»Können wir dann weitermachen?«, will der ältere Herr wissen und schlägt die nächste Petition auf. »Der Bundestag möge beschließen, eine umfassende Geburtshilfereform vorzunehmen«, liest er vor, »welche Frauen, ihre ungeborenen Kinder, ihre Partner/innen sowie geburtshilfliches Personal vor physischer, psychischer und struktureller Gewalt in der Geburtshilfe schützt.«

»Hä?« Die Bayerin tippt sich an die Stirn. »Was soll denn der Schmarrn? Darf ich mal den Namen des Petenten hören?«

»Steht hier nicht.«

»Na gut.« Sie schaut mich an und redet leise weiter: »Oft erklärt sich der Blödsinn, den manche Leute einreichen, schon über den Namen. Wenn …«

»Entschuldigung?«, sagt der ältere Herr nun. »Darf ich den Herrn Weltretter um Aufmerksamkeit bitten?«

»Aber sicher, sorry!«, sage ich, wobei Anglizismen hier ähnlich ungern gehört werden dürften wie bei Salafisten. »Tut mir leid.«

»Jedenfalls geht es in der Petition um …«, fährt er fort, wird aber wieder von der Bayerin unterbrochen.

»Also gerade wenn ich strukturelle Gewalt höre, dann muss ich doch davon ausgehen, dass es sich dabei um ein multikulturelles Anliegen handelt«, sagt sie und wird dabei immer lauter. »Es gibt ja eine neue Richtlinie, nach der man gegen den Islam gar nichts mehr sagen darf. Wir bekommen in dieser Gesellschaft noch alle einen Maulkorb angelegt.«

»Aber was hat das jetzt mit dem Islam zu tun?«, will Johannes wissen.

»Das sag ich dir«, entgegnet sie laut und ignoriert dabei ihren Chef, der ihr zwischen den Stühlen mit der Hand signalisiert, dass sie ein bisschen vom Gas gehen soll. »Nein, des muss ich jetzt mal sagen! Ich kenne doch die Situation aus den Krankenhäusern: Wenn eine muslimische Frau eines ihrer weiteren Kinder zur Welt bringt, dann steht am selben Tag die gesamte Großfamilie auf der Matte. Und wenn sie …«

»Also das ist jetzt vielleicht …«, startet der Moderator einen Versuch, wird aber abgebügelt.

»Nein, das ist die Realität!«, setzt sie sich durch. »Und wenn das Krankenhauspersonal die Sippe nicht ins Zimmer lassen will, weil vielleicht eine Europäerin neben ihr liegt, die auch gerade entbunden hat und keine zwanzig fremden Männer neben ihrem Bett ertragen kann, dann wird das als strukturelle Gewalt empfunden – darum geht es in dieser Petition! Wir kennen doch die Fälle: Kaum hat die muslimische Frau entbunden, kommt der Mann und will die Ehe an ihr vollziehen.« Sie schaut mich an und ignoriert erneut die Handzeichen ihres Chefs. »Sollen die von mir aus machen, aber dann brauchen wir spezielle Entbindungsstationen für Migranten, wo die ihren Käse veranstalten können. Aber wenn eine europäische Frau ein Kind zur Welt bringen will, muss sie das in Ruhe tun können!«

Ein Moment der Stille entsteht, dann geht der Moderator zur nächsten Petition über. Die Dame neben mir rückt jedoch etwas näher an mich heran und redet leise weiter.

»Das sind Zustände!«, sagt sie. »Warst du schon mal in einem Kreißsaal?«

»Ja«, flüstere ich.

»Und, hast du das schon mal erlebt?«

»Nein«, lüge ich sie an, denn meine beiden Kinder sind in Neukölln zur Welt gekommen. »Aber ich hab schon davon gehört…«

»Na also. Aber ich bin ja wieder die Verrückte hier!«

»Das ist mir allerdings auch schon aufgefallen.«

»Was?«, sagt sie laut und lacht Johannes an. »Dein Praktikant sagt, ich sei verrückt!«

»Bitte!« Der Moderator schaut wieder zu uns. »Können wir jetzt weitermachen?«

»Das wäre mir auch sehr lieb«, sagt der Mann in dem Kurzarmhemd. »Ich muss nämlich schon bald wieder los.«

So spricht die AG die weiteren Petitionen durch. Der Kugelschreiberklicker sagt fast nie etwas, hat jetzt aber mit dem Klicken aufgehört und knabbert dafür an seinen Nägeln, und irgendwann verabschiedet der Chef meiner Nachbarin sich genauso laut, wie er zuvor aufgetaucht war. Meine Nachbarin lehnt sich immer mal wieder zu mir und tuschelt, und als der Moderator die Sitzung als beendet erklärt, schlägt sie mit der flachen Hand auf den Tisch.

»Ich muss doch jetzt noch etwas loswerden«, sagt sie, woraufhin sich alle wieder setzen, die gerade aufstehen wollten. »Ihr kennt das Gefühl ja nicht, von einem muslimischen Mann angestarrt zu werden, deswegen erklär ich euch das jetzt mal.« Sie dreht sich zu mir und schaut mich durchdringend an. »Die gucken nicht einfach nur – die glotzen! Die starren!«

»Und das machen europäische Männer nicht?«, frage ich mit zurückgelehntem Oberkörper. »Ganz ehrlich: Wenn ich eine schöne Frau sehe, dann …«

»Anders!«, sagt sie laut. »Die Moslems gucken anders. Aggressiver. Ich war ja früher Modell, noch bevor ich zur SPD gegangen bin. Und mein Mann – breites Kreuz, schmale Hüfte – der wollte mir das auch nicht glauben. Also hab ich im Sommer in der Fußgängerzone zu ihm gesagt: Du läufst jetzt mal zehn Meter hinter mir, und dann schaust du mal, wie die Deutschen gucken – und wie die Moslems.« Wieder schlägt sie mit der Hand auf den Tisch. »Ihr habt einfach keine Ahnung, wie eine europäische Frau sich bedroht fühlt durch diese Kerle!«

»Ach, komm schon …«, versucht Felix es nun, aber die Frau ist nicht mehr zu bremsen.

»Nein, ich lass mir nicht mehr das Maul verbieten. Muslime sind unmenschlich. Ich fühle mich von denen bedroht, und deswegen bin ich auch im Schützenverein – damit ich im Notfall abdrücken kann. Meine ehrliche Meinung? Nur ein nicht vorhandener Muslim ist ein guter Muslim!« In der Stille hört man nur meinen Stift kritzeln. »Ich hab ja vor kurzem wieder einen Haufen muslimische Gören im Flugzeug erlebt«, fährt sie fort. »Da sind ja sogar die Mädchen dazu erzogen, ihre Mutter wie Scheiße zu behandeln – mit dieser abfälligen Handbewegung, zum Kotzen!« Weil ich jetzt endlich etwas sagen will, zeigt sie mir ihre Handfläche. »Warte!«

»Ich warte«, sage ich und atme durch, »aber nicht mehr lange.«

»Ich hab zu meinem Sitznachbarn gesagt: ›Ich erschlag zwei – wie viel nehmen Sie?‹ Da sagt er: ›Den Rest.‹ Ganz ehrlich: Wenn ich meine eigenen Kinder mal geschlagen habe, hatte ich danach wenigstens immer noch ein schlechtes Gewissen. Aber diesen Gören tät ich ohne schlechtes Gewissen eine zimmern.«

»Okay – Stopp!«, sage ich aus Versehen total autoritär und schaue ihr so lange in die Augen, bis sie nicht mehr wegschaut. »Der Felix weiß es: Mit Islamkritik rennt man bei mir offene Türen ein. Der politische Islam ist eine totalitäre Ideologie, in der Persönlichkeitsrechte nicht vorgesehen sind, und Frauen- und Kinderrechte sowieso nicht – aber!«, unterbinde ich ihre rege Zustimmung, »du leistest hier keine Islamkritik, sondern betreibst blanken Antimuslimismus.«

»Wo ist da bitte der Unterschied?«

»Ich kritisiere eine Ideologie – du hetzt gegen die Anhänger dieser Ideologie. Ich will ja nicht abstreiten, dass es zwischen bestimmten Elementen arabisch-islamischer Kultur und europäisch-humanistischer Kultur echte Unverträglichkeiten gibt – zum Beispiel in Kreißsälen, vor allem aber in Gerichtssälen, wenn die Scharia auf das Grundgesetz prallt. Ich kritisiere auch aufs schärfste, dass Politiker diese Unverträglichkeiten viel zu lange verharmlost und totgeschwiegen haben – denn sonst würde eure Partei vermutlich nicht im Bundestag sitzen. Parallelgesellschaften sind ein Problem, Paralleljustiz erst recht, und keine einzige Religion darf Entschuldigung dafür sein, weltliches Recht zu brechen – aber solche Sätze: ›Nur ein nicht vorhandener Muslim ist ein guter Muslim‹, ›Ich erschlag zwei davon‹ – das ist reinste Fremdenfeindlichkeit, und diese Fremdenfeindlichkeit ist keinen Deut besser als der Islamismus, den du selbst so verabscheust.«

»Tut mir leid«, hält sie dagegen, »für mich ist der Islam die reinste Nichtkultur. Niemand hat es bisher geschafft, aus diesem System auszubrechen, und wenn ...«

»Aber das stimmt doch gar nicht«, unterbreche ich sie genauso vehement. »Wir haben gerade das zehnjährige Jubiläum des Zentralrats der Exmuslime gefeiert, in dem unzählige Personen sind, die dem Islam abgeschworen haben und deswegen mit dem Tode bedroht werden.«

»Da hast du's doch!«, beharrt sie laut. »Der Islam ist eine menschenverachtende Ideologie.«

»Ja – aber deine eben auch«, sage ich noch lauter. »Du hast eben wörtlich gesagt: ›Muslime sind unmenschlich.‹ Das ist doch keinen Deut besser! Wenn wir auf das eine menschenfeindliche System mit einem anderen menschenfeindlichen System antworten, dann muss sich doch wirklich niemand mehr wundern, wenn nur Scheiße dabei rauskommt!«

»Vielleicht beruhigen wir uns jetzt ...«

»Nein«, unterbrechen die Bayerin und ich Felix im Chor, und dann müssen wir beide ein bisschen schmunzeln.

Stachelmann

Der Petitionsausschuss am nächsten Tag ist so brachial langweilig, dass ich mich frage, ob das hier das Pendant zur Verkehrspolizei ist: Keiner hat Bock drauf, aber irgendjemand muss sich ja mit den Spinnereien auseinandersetzen, die das gemeine Fußvolk da draußen produziert. Ich sitze auf dem Zuschauerrang und starre auf meine Notizen von gestern. Ob ich das alles so aufschreiben kann, was die Frau gestern gesagt hat? Immerhin hat sie erst so richtig losgelegt, als sie erfahren hat, dass ich auf Recherche neben ihr sitze. War das also Absicht? Verspricht sie sich vielleicht neue Wähler davon? Solche, die es richtig gut finden, dass jemand mal ungebremst gegen Muslime hetzt? Mache ich vielleicht also auch noch so etwas wie Werbung für sie und die AfD, wenn ich das aufschreibe?

Einmal horche ich noch auf, als eine Frau von den Grünen eine Petition zum Klimaschutz erwähnt und sehr, sehr deutlich erklärt, auf welche Katastrophe die Menschheit dadurch zusteuert.

»Danke für das Wort zum Mittwoch«, sagt ein großer Mann von der AfD, und seine Mitarbeiter, die hinter ihm sitzen, lachen.

»Friede sei mit dir«, entgegnet die Grüne cool, aber mehr kriege ich von dieser Session nicht mit.

»Und, wie fandest du den Petitionsausschuss?«, will Felix später wissen, als wir uns im Büro einen Kaffee zapfen.

»Schlimmer als jede Vereinssitzung«, sage ich spontan.

»Versteh schon.« Ich setze mich auf einen der Sessel, so dass ich Johannes, Felix und Tobias jetzt voll im Blick habe. »Ich will euch jetzt mal etwas fragen«, sage ich und schlage die Beine übereinander. Ich kneife meine Augen ein bisschen zusammen und vergegenwärtige mir, dass ich hier der Älteste im Raum bin.

»Kriegen wir jetzt Ärger?«, will Tobias wissen.

»Nicht direkt.« Ich nippe an meinem Kaffee. »Als ihr gestern Abend zu Hause wart – wie war das so?« Die drei schauen sich an, dann mich, dann wieder sich. »Gab es da irgendwas, das euch besonders beschäftigt hat?« Sie blinzeln.

»Dich?«, will Felix wissen.

»Sagen wir's mal so: Als ich vom Joggen kam, hat mein Schlüssel irgendwie nicht mehr gepasst – und dann hat der Nachbar mir die Tür geöffnet.«

»Bist du sicher«, fängt Tobias langsam an, »dass du joggen warst?«

»Also mich hat's schon auch beschäftigt«, sagt Johannes endlich. »Aber vor allem, weil's dich offensichtlich so beschäftigt hat.«

»Du fandest das okay?« Ich ignoriere die anderen beiden, die sich ratlos anschauen. »Muslimische Kinder verhauen? Im Notfall abdrücken?«

»Ach so«, wirft Felix jetzt ein. »Das meinst du.« Er lacht. »Das meint die nicht so!«

»Bitte?!« Ich verschütte fast meinen Kaffee. »Den Eindruck hatte ich aber nicht.«

»Die ist vor allem eine ganz fähige Frau«, erklärt Johannes. »Eine Top-Juristin, blitzgescheit.«

»Umso schlimmer!«

»Ach, manchmal dreht sie halt ein bisschen auf, aber …«

»Die hat's extra für dich aufgedreht«, sagt Tobias jetzt.

»Die denkt also gar nicht so?« Ich lache ungläubig.

»Des scho!« Er schiebt die Unterlippe vor. »Aber nett so drastisch.«

»Dann jetzt mal Hand aufs Herz, Männers!« Ich setze mich aufrecht hin und schaue die drei der Reihe nach an. »Ich mag euch, okay? Ihr seid nett zu mir, ihr nehmt euch Zeit zum Diskutieren … Ihr drei, so wie ihr hier sitzt, habt mein Bild von der AfD – zumindest oberflächlich – verändert.«

»In welche Richtung?« Johannes schaut mir direkt in die Augen.

»Ich hab weniger Angst«, sage ich nach einem Moment. »Ich halte die AfD immer noch für höchst problematisch, und ich bin nicht eurer Meinung, aber ich find's gut, dass ihr sachlich mit mir streitet. Ich geb euch auch in einigen Punkten recht – und ich habe schon Angst vor den Reaktionen, wenn ich das aufschreiben sollte.«

»Wieso?«

»Es gibt Leute, die mich allein schon deshalb bei Facebook anstinken werden, weil ich überhaupt mit euch rede – so als würde die AfD einfach von allein wieder verschwinden, wenn man lange genug die Augen und Ohren verschließt.«

»Den Gefallen werden wir niemandem tun«, stellt Felix fest.

»Weiß ich! Viele Menschen plädieren ja auch lautstark dafür, dass der moralisch einzig vertretbare Umgang mit euch darin besteht, grundsätzlich das Gegenteil von dem zu behaupten, was ihr sagt. Aber das ist natürlich blanker Unsinn! Für manche ist das ja vollkommen undenkbar, Populisten auch nur in einem einzigen Punkt zuzustimmen. Die spannen sofort den Regenschirm auf, wenn einer von euch sagt, dass die Sonne scheint.«

»Du hältst uns also für Populisten«, sagt Felix.

»Aber volle Pulle – hör dir doch mal die Reden eurer Abgeordneten an! So viel Wut, so viel Hass – warum?«

»Weil so vieles falsch läuft in unserer Gesellschaft und ...«

»Aber, Felix – deswegen muss man doch nicht gleich zu den Rechten gehen!«, unterbreche ich ihn. »Davon wird die Sache doch nur schlimmer. Ich finde ja auch, das vieles falsch läuft, deswegen bin ich ja im Bundestag, aber ...«

»Und was tust du dagegen?« Felix schaut mich lange an. »Du redest ja gern von der Weltrettung, aber was ist eigentlich dein ganz konkreter Beitrag dazu?«

Stille kehrt ein. Ich kaue auf meiner Unterlippe. Schaue blinzelnd in meinen Kaffee.

»Ich weiß es nicht«, sage ich leise. »Ich bin ehrlich gesagt überwältigt von der Komplexität der Probleme. Und auch der schieren Menge. Ich weiß auch manchmal nicht, wem ich noch glauben soll. Ich weiß im Moment nur, dass ich seit dem Gespräch von gestern ...« Ich raufe mir die Haare. »... total verstört bin. Geht euch das nicht auch so? Sitzt ihr nicht abends auf der Couch, mit einem Glas Wein, und fragt euch: Was mache ich da eigentlich? Steht ihr eigentlich nie vorm Spiegel und denkt: Fuck – ich bin in der AfD! – ?«

»Ist die Frage ernst gemeint?«, will Johannes wissen.

»Absolut!«

»Nein.« Er schüttelt leicht den Kopf. »Ich denke, wir sind auf dem komplett richtigen Weg.«

»Wohin?«

»Zu einer ausgewogeneren Gesellschaft. Und zu mehr Demokratie.«

»Ehrlich?« Ich schüttele den Kopf. »Schau mal, da muss sogar der Tobias lachen.«

»I lach bloß über die Situation«, verteidigt der sich.

»Für mich war das gestern total beklemmend«, erkläre ich. »So muss doch Antisemitismus in den Dreißigern geklungen haben – bloß, dass jetzt eben Muslime dran sind. Und ihr sitzt abends zu Hause, nach solchen Worten wie gestern, und denkt euch: Jo, läuft?«

»Also das war schon sehr drastisch, was sie da gesagt hat«, erklärt Johannes ruhig, »aber sie hat schon recht.«

Stille. Ich kaue weiter auf meiner Unterlippe und nicke langsam, dann wird plötzlich die Tür aufgerissen, und ein Typ mit stachelig hochgelegten Haaren betritt den Raum.

»Was'n hier für'ne Trauerstimmung?« Er schlägt Felix auf die Schultern, so dass der sich fast verschluckt. »Stör ich euch, Mädels?«

Der Kerl grinst. Seine Haut ist gebräunt, und er schaut mich mit eisblauen Augen an.

»Hi, ich bin Philipp.« Ich stehe auf, um ihm die Hand zu geben. »Ich bin hier Praktikant auf Recherche für ein Buch.«

»Schon gehört«, sagt er und grinst noch breiter. »Bist so'n Linksgrüner, he?« Er lacht dreckig und lässt sich in einen der freien Sessel fallen, dann schaut er auf die Kaffeetassen der anderen. »Ach, Mädels, gibt's hier immer noch keinen Alkohol bei euch?« Er schaut zu mir. »Spaß!«

»So'n Bier könnte ich jetzt auch vertragen«, sage ich und schaue auf die Uhr. »Was läuft denn eigentlich im Plenum?«, frage ich mit Blick auf den Fernseher, der die ganze Zeit die Debatte ohne Ton überträgt.

»Keine Ahnung«, sagt der Stachelmann. »Wenn man hier länger arbeitet, kann man sich das Gelaber irgendwann nicht mehr anhören. Vor allem nicht bei bestimmten Leuten!«

»Ich muss mal arbeiten.« Johannes steht auf und verlässt den Raum.

»Streber«, ruft Igel-Mann ihm hinterher, dann haut er Felix wieder auf die Schulter. »Habt ihr wirklich kein Bier hier?«

»Nein!«

»Dann geh ich halt auch arbeiten«, sagt er, springt auf und geht, streckt den Kopf aber noch einmal rein. »Morgen gibt's Sushi!«

»Kommt ruhig noch mal rein«, sagt Stachelmann, als wir ihn am nächsten Tag in seinem Büro abholen. »Ich muss noch eine Mail schreiben, dann können wir los.«

»Das ist diese Luisa Neugebauer von den Fridays for Future, oder?«, frage ich und zeige auf ein schwarzweiß ausgedrucktes Foto von ihr, das an der Wand neben einer Deutschlandfahne hängt.

»Neubauer«, korrigiert er mich, »genau, das hat mein Kollege aufgehängt.«

»Hat der auch ›blöd aber geil‹ darunter geschrieben?«

»Jo!«

Die anderen kichern und zeigen mir noch ein zweites Bild. Unter der Überschrift »Gay Test« sind zwei Frauen in knappen Kleidern und mit gigantischen Brüsten abgebildet, und neben ihnen steht ein kleiner, grüner Dinosaurier. »Wenn du den Dinosaurier gesehen hast«, steht darunter, »habe ich schlechte Nachrichten für dich.«

»Hast du ihn gesehen?«, will Stachelmann von mir wissen.

»Wen?«, frage ich und starre mit betont offenem Mund auf die zwei Frauen. Felix und Tobias lachen.

»Richtige Antwort«, sagt er und steht auf. »Humor hast du ja schon mal ...«

»Ich bin ja selbst auch Proll. Und wen ich den Humor nicht hätte«, entgegne ich auf dem Weg nach draußen, »dann ...«

»… würdest du nicht mit uns essen gehen – schon klar.« Er lacht.

Und so startet mein vorletzter Tag bei der AfD: Ich gehe mit Felix, Tobias und Stachelmann Sushi essen. Alle, die uns auf dem Weg durchs Jakob-Kaiser-Haus entgegenkommen, stellen ihre Gespräche ein und schauen auf den Boden. Felix und Tobias zucken mit einer Schulter, als ich sie mit einem Blick dazu befrage, aber Stachelmann lacht.

»Man kann's halt nie allen recht machen, warte mal, bis wir draußen sind. Da kriegst du mal echtes AfD-Feeling.«

Und in der Tat werden wir auf dem Weg Unter den Linden von der gefühlten Hälfte der Passanten als AfD identifiziert und schnellstens ignoriert. Am Anfang denke ich noch, ich würde es mir einbilden, aber als ich mich ein bisschen zurückfallen lasse und die Jungs von dort beobachte, wird das Phänomen sehr deutlich.

»Das ist auch in Restaurants so«, erklärt Felix. »Wir sind teilweise schon aus unseren Stammlokalen rausgeworfen worden – nur weil wir gesagt haben, dass wir bei der AfD sind!«

»Nur bei der AfD?! Man könnte fast denken«, sage ich grinsend, »dich würde das wundern.«

»Tut es auch.«

»Felix!«, sage ich laut. »Schau dir bitte drei beliebige AfD-Reden an, lies dir dazu die Positionen deiner eigenen Partei durch – und dann sag mir noch mal, dass dich das wundert!«

Stachelmann hält sich aus der Debatte raus und ignoriert meine offene Kritik, und so sitzen wir schon bald in einem riesigen Sushi-Restaurant an einem größeren Tisch. Es ist laut, voll, bunt, riecht nach frischem Fisch und grünem Tee, und das etwas ältere Pärchen, das am anderen Ende unserer langen Tafel sitzt, verstummt bald, als wir anfangen lebhaft über Migrationspolitik zu streiten. Ich sitze neben dem eher stillen Tobias, Felix sitzt mir gegenüber, und schräg gegenüber sitzt Stachelmann.

»Ich nehm ein Bier«, sage ich zu der Kellnerin.

»Ich auch«, sagt Stachelmann, und so prosten wir uns schon wenige Minuten später zu.

»Könnt ihr das eigentlich gut aushalten«, frage ich in die Runde, »dass hier fast nur Ausländer um euch herum sind?«

»Klar!«, sagt Felix zwinkernd. »Schmeckt doch super hier.«

»Er isst so gern Ćevapčići«, zitiere ich die Toten Hosen.

»Kroaten mochte er noch nie«, ergänzt Felix. »Kenn ich – aber im Ernst: Ich war schon in so vielen Ländern der Welt, vor allem in Asien – … Ich hab null Probleme mit Ausländern.«

»Nur wenn sie in deinem Land sind?«

»Auch nicht«, entgegnet er. »Mir geht es wirklich nur um Sozialschmarotzer. Das gäbe es zum Beispiel in China nicht!«

»Wie meinst du da …«

»Neeeiiin!«, unterbrechen mich die anderen beiden laut im Chor.

»Wenn's den Felix einmal auf China ospricht, dann hört's der nett mehr auf!«

»Sehr witzig!« Dann redet und redet und redet Felix so lange über China, dass Tobias, der Stachelmann und ich uns schon ein neues Bier bestellen und fast unser ganzes Sushi aufessen können. »Ist ja auch egal«, beendet Felix irgendwann sein Referat.

»Gut«, sage ich frech, »ich hab eh nicht zugehört!«, woraufhin Stachelmann sich an seinem Bier verschluckt.

»Jedenfalls wollte ich euch mal zusammenbringen«, sagt Felix jetzt und zeigt auf seinen Sitznachbarn und mich, »weil du dich doch auch fürs Klima interessierst, oder, Philipp?«

»Klar doch«, sage ich, »die Klimakrise ist schließlich in vollem Gange.«

»Ach du Scheiße«, der Stachelmann wendet sich jetzt zu mir, »bist du etwa auch klimareligiös?«

»Klimareligiös?«, entgegne ich laut. »Ich? Ich bin Berufsatheist!«

»Das macht gar nichts«, erwidert er locker. »Klimareligiös kann jeder sein.«

»Ich bin überhaupt kein bisschen klimareligiös.« Ich stelle mein Bier einen Tick zu doll auf dem Tisch ab. »Ich orientiere mich einfach an wissenschaftlichen Erkenntnissen!«

»Das glauben alle Klimareligiösen.« Der Stachelige nippt an seinem Bier. »Aber Wissenschaftler haben eben verschiedene Meinungen.«

»Moment mal«, bremse ich ihn und sehe Felix grinsen. »Wissenschaftler vertreten keine Meinungen, sondern Tatsachen, und …«

»Und welche Tatsachen haben deine Klimawissenschaftler?«

»Dass es immer wärmer wird«

»Das ist vollkommen normal.«

»Aber nicht in dieser Geschwindigkeit«, entgegne ich. »Der von Menschen verursachte Ausstoß von Treibhausgasen beschleunigt die Erderwärmung massiv, das ist doch längst nachgewiesen!«

»Also doch – klimareligiös!« Der Stachelige schaut schulterzuckend zu Felix. »Irgendwann erwischt es sie alle … Aber selbst wenn es so wäre, dass wir das verursacht haben«, wendet er sich wieder an mich. »Das hilft doch nicht, dass wir jetzt den Klimagott um Vergebung bitten und alle Veganer werden müssen, damit er uns vorm Weltuntergang verschont.«

»Hast du mal den 1,5-Grad-Bericht vom Weltklimarat gelesen?«, frage ich ihn.

»Klar, ich bin Klimapolitiker. Hast du ihn denn gelesen?«

»Logisch«, sage ich schnell. »Also – teilweise.«

»Dann schau da mal genauer rein.« Er lächelt mich an. »Aber statt Geld in einer komplett ideologischen Energiewende zu verbrennen, die am Klima gar nichts ändern wird, weil China und die USA einfach weitermachen, wir dafür aber ohne Ende Jobs in Deutschland zerstören, sollten wir unser schönes Geld lieber dafür ausgeben, uns an den Klimawandel anzupassen.«

»Das ist doch zynisch!«, sage ich kopfschüttelnd. »Soll ich das etwa meiner Tochter erzählen? Dass wir uns halt mit den Kipppunkten abfinden sollen, die in zehn Ja…«

»Totaler Bullshit«, unterbricht mich Stachelmann. »Kipppunkte sind blanke Hysterie, wissenschaftlicher Schwachsinn. So wie der ganze Wahnsinn da draußen. Das ist doch die reinste Wahlkampagne der Grünen.«

»So ein Quatsch!«

»Aber Luisa Neubauer ist doch bei den Grünen«, wirft Felix jetzt ein.

»Meinetwegen – aber es ist doch gut, dass endlich mal jemand was tut!«

»Was tun die denn – Schule schwänzen?« Stachelmann tippt sich an die Stirn. »Keine Flugreisen mehr machen? Fleischfresser verurteilen? Die eigene Elterngeneration anklagen?«

»Den Politikern gehörig in den Arsch getreten«, erkläre ich ihm, »die sich jahrzehntelang nicht um den Klimawandel geschert haben.«

Und dann herrscht erst einmal Ruhe am Tisch. Das ist also die AfD, denke ich mir, und ich Naivling gehe noch schön mit denen zu Mittag essen – um mir dann hier erzählen zu lassen, das sei alles nur Panikmache?!

»Aber Philipp, du musst doch zugeben, dass …«

»Gar nichts muss ich!«, unterbreche ich Felix und schüttele den Kopf.

»Ach – ist er jetzt etwa beleidigt?«, fragt Stachelmann mit spitzem Mund. »Fühlt der Linke sich jetzt in seinen klimareligiösen Gefühlen verletzt?«

»Ach, komm!« Ich winke der Kellnerin. »Das bringt einfach nix mit euch.«

Johannes' Rede

»Sehr geehrte Frau Präsidentin«, beginnt Johannes Huber, als er ans Rednerpult tritt, »sehr geehrte Damen und Herren! Die heutige Debatte ist eine Folge der eigentlich abgewählten Großen Koalition der vergangenen Wahlperiode.«

Ich lächele müde über den armseligen Versuch dieses Typen, Menschen zurechtzuweisen, die schon Politik gemacht haben, als er noch in seine bayerischen Windeln geschissen hat. Braun vermutlich. Anhören kann ich mir das eigentlich nur noch mit halbwegs guter Laune, weil ich mich heute von ihm verabschiede. Länger als eine Woche würde ich es bei diesen Muslimhassern, Eurogegnern und Klimawandelleugnern einfach nicht aushalten, mögen sie auch noch so nett zu mir sein. Natürlich ist es schade, heute wieder meinen Hausausweis abgeben zu müssen. Doch es gibt auch Grund zur Freude: Meine Hospitation bei den Grünen steht endlich fest! Endlich bin ich da! Endlich bei der sympathischsten Truppe von allen, endlich nicht mehr nur mit Kerlen zusammenarbeiten, und vor allem nicht mit stachelhaarigen Vollproleten! Vor allem aber bin ich endlich bei denen angelangt, die sich wirklich mit der Klimakrise auseinandersetzen … statt unseren Planeten mit *business as usual* an die Wand zu fahren.

»Es ist ein Skandal, dass Bundesfamilienministerin Giffey eine Broschüre gefördert hat«, sagt Johannes nun, »in …«. Nervös schaut er auf sein Blatt, während seine Gegner im

Plenum schon reinrufen. »... Kitas. In der Kitas ...«, korrigiert er sich und stammelt dann weiter, »mit Gesundheit ...«

»Nicht ablesen vom Blatt«, ruft eine von den Grünen rein, während ihre Kolleginnen lachen. »Vielleicht wird's dann besser!«

»... mit einer Gesinnungskontrolle zu arbeiten«, kriegt er sich jetzt wieder ein, aber die Stimmung ist längst gekippt – klar: Wer sich so weit aus dem Fenster lehnt wie die AfD, sollte aufpassen, dass er nicht hinausfällt, und genau das passiert Johannes jetzt. Er strauchelt, verspricht sich, betont falsch, und da hilft es am Ende auch nicht mehr, dass er eine alte Posse auspackt.

»Die Zugriffsmöglichkeiten der Grünen beim Thema Kinder sollte man sowieso beschränken« – komm schon, Johannes, lass stecken!

»Kommen Sie bitte zum Schluss«, fällt Claudia Roth ihm ins Wort, woraufhin Johannes noch stärker strauchelt und am Ende gerade noch einen Satz zustande bekommt: »Wer während des Asylverfahrens in- und außerhalb von Aufnahmeeinrichtungen Gewalt gegen Kinder und Jugendliche verübt, der muss unverzüglich abgeschoben werden. Erst wenn Sie das verstanden haben, hat Kinder- und Jugendhilfe in Deutschland eine Zukunft!«

Applaus bei der AfD, betretenes Schweigen bei der FDP, während ich mich frage: Lieber Johannes, wer hat dir denn bitte diese miese Rede geschrieben?!

»Und?«, will Felix mit großen Augen wissen, als ich aus dem Plenum ins Büro zurückkomme. »Wie hat dir die Rede gefallen?«

»Nicht so gut, ehrlich gesagt.«

»Inhaltlich oder stilistisch?«

»Weder noch. Wer ...«

»Ich.«

»Oh.« Ich lächele schief, als Johannes den Raum betritt.

»Das war wohl nichts«, sagt er und wirft das Manuskript auf den Tisch.

»Ach, ging doch«, sagt Felix. »Die haben dich aber auch häufig unterbrochen.«

»... sagt die Partei«, zwinkere ich, »die immer ganz brav zuhört.«

Schnell bin ich wieder in einem kleinen Disput mit den beiden, und weil heute schließlich mein letzter Tag ist, setzen wir uns noch ein letztes Mal zum Kaffee auf die Couch.

»Bist du denn zufrieden?«, will Felix wissen.

»Ja«, antworte ich spontan. »Und zwar aus drei Gründen: Mir gefällt eure Bereitschaft zum Streiten. Wäre das in der restlichen AfD auch so ...«

»Ist es«, sagt Felix entschieden. »Plenum ist Show, das werden dir die anderen Fraktionen auch sagen. Aber hinter den Kulissen könntest du auch mit der Fraktionsspitze so streiten wie mit uns.«

»Das werde ich ja leider nicht mehr herausfinden«, sage ich lächelnd. »Aber wo wir gerade dabei sind, hätte ich zwei Tipps an die AfD.«

»Willst du uns etwa zu mehr Wahlstimmen verhelfen?« Felix grinst.

»Nein – nur dem Rest der Nation zu etwas mehr Frieden: Seid doch erstens einfach mal ein bisschen netter. Ich bin ja ehrlich gesagt mit der Befürchtung in meine Hospitation bei euch gestartet, ihr wärt die größte Bedrohung der deutschen Demokratie.«

»Und?«

»Ich weiß nicht, warum, aber vielleicht ist das bei euch wie mit den angeblich bösen bösen Ausländern: Wenn man sie kennenlernt, verliert man die Angst vor ihnen. Wenn ihr diesen Effekt, den ihr bei mir erzielt habt, in der restlichen Republik erzielt, dann schlafen wir, glaube ich, alle etwas ruhiger. Wenn ihr die positive, konstruktive, demokratische Partei seid, von der ihr mir immer erzählt habt – dann zeigt uns das doch auch mal!«

»Aber die anderen schneiden uns doch immer – hast du doch gemerkt.«

»Felix! Wer sich nach der Wahl hinstellt und sagt: ›Wir werden sie jagen!‹, der darf sich nicht wundern, wenn einen die anderen meiden. Das ist, als würde ich auf 'ne Party kommen und rufen: ›Ihr seid alle scheiße!‹, und mich dann beschweren, dass keiner mit mir tanzen will. Aber der zweite Punkt ist mir viel wichtiger: eure Kontakte in die rechte Terrorszene. Ich glaube euch ja«, wehre ich den Versuch der drei ab, mich zu unterbrechen, »dass ihr persönlich damit nichts zu tun habt. Aber wenn eine Bundestagsfraktion Kontakte zu radikalen Gruppierungen pflegt, dann ist jegliche Kritik daran bitter nötig.«

»Das gälte dann aber auch für die Linken«, sagt Felix.

»Aus welcher Richtung der Stein fliegt, ist vollkommen egal«, nicke ich, wobei der Satz mir irgendwie bekannt vorkommt. »Was zählt, ist das Bekenntnis zu Demokratie und Rechtsstaatlichkeit – und das fehlt der AfD leider gänzlich.«

»Das ist ja erst mal ein gutes Feedback von außen«, sagt Johannes, als Felix gerade wieder etwas erwidern will. »Danke dafür. Ich habe auch noch mal viel über deinen Hinweis auf den Antimuslimismus nachgedacht.« Er nickt. »Der Begriff ist gut, aber der Vergleich mit den Juden funktioniert eher andersherum: Wir sind eigentlich die Juden von heute. Wir sind die Verfolgten.«

Stille herrscht, die ich nur stehenlassen kann, weil ich mir nach dieser Woche vorgenommen habe, meine Beobachtungen doch wieder etwas neutraler durchzuführen – ohne ihnen also zu sagen, wie brutal sie mit solchen Sätzen die Geschichte verzerren und sich in eine Opferrolle begeben, in der sie nie waren.

»Aber was ist der zweite Grund dafür, dass es dir bei uns gefallen hat?«

»Dass zumindest ihr keine gewaltbereiten Nazis seid – auch wenn ich befürchten muss, dass ihr damit die gute, alte Wolf-im-Schafspelz-Taktik fahrt.«

»Und der dritte?«

»Dass ich selbst bei euch, aber erst recht in der Fraktion sehr stabile Gegensätze zu meinen Positionen gefunden habe.«

»Welche sind das?«

»Abgesehen von eurer Taktik, die Schwäche der anderen Parteien auszunutzen und unangenehme Wahrheiten auszusprechen«, sage ich nachdenklich, »so ziemlich alles.« Wir lachen.

»Mal im Ernst«, will Johannes wissen. »Was würde dich ganz konkret davon abhalten, die AfD zu wählen?«

»Puh!« Ich schaue auf die Uhr. »Also: Zuerst natürlich die nationalistisch-völkische Grundhaltung. Da bin ich komplett anders gestrickt. Ich finde, Deutschland und Europa sollten offen für alle sein, wenn auch nicht für alles. Souveräne Nationalstaaten sind gut, Abschottung gegen außen nicht. Eure ablehnende Haltung gegenüber Europa wäre wahrscheinlich der nächste Punkt: Es gibt sicher Probleme mit der EU, aber eben auch Friede, Freude, Eierkuchen, also Friede, Gerechtigkeit und Wohlstand. Dann stört mich ganz massiv euer christlich-konservatives Menschenbild, das sich in der

219a-Debatte gezeigt hat: Ich könnte niemals eine Partei wählen, die den Grundsatz der weltanschaulichen Neutralität des Staates so eklatant missachtet. Und es gäbe sicherlich noch viele Punkte, aber einer ist mir eigentlich gestern erst so richtig klargeworden: Dass ihr den menschlichen Einfluss aufs Klima leugnet – das geht gar nicht!«

»Okay.« Johannes steht auf und schüttelt mir die Hand. »Danke für deine ehrlichen Worte! Und schön, dass du bei uns warst.«

Fitness für Fakten

»Ich fahr jetzt in die Bibliothek, okay?«

Sarah drückt mir von hinten einen Kuss auf die Wange, während ich am Schreibtisch sitze und die Gunst des Montagmorgens nutze, um meine schlechte Laune wegzuschreiben. »Hast du dich langsam erholt?«

»Von den drei beschissenen Wohnungsbesichtigungen, mit denen wir ein weiteres unserer ungefähr 250 verbleibenden Wochenenden verplempert haben?«, frage ich und raufe mir die Haare, »oder von meiner Woche bei den Antagonisten für Demokratie?«

»Das klang am Freitag aber noch ein bisschen anders.« Sarah verstellt ihre Stimme und klingt wie ein alter Mann: »Die sind vielleicht arschkonservativ, aber bestimmt keine ernsthafte Bedrohung für unseren liberalen Rechtsstaat!«

»Sind sie ja vielleicht auch nicht – außerdem haben sie ja in einigen isolierten Positionen sogar recht …«

»Ach, Süßer – Kopf hoch!« Sie knetet meine Schultern. »Und eine Wohnung finden wir auch noch, selbst wenn es …«

»Ich hab die Schnauze so voll«, unterbreche ich sie. »Dieser Lärm da draußen, die Feuerwehr, die tausend Autos, die Atzen in der Puffkneipe gegenüber, die Atzen an Klaras Schule – mit oder ohne Migrationshintergrund, mir scheißegal! – die Unfallkreuzug, die Shisha-Mafia …«

»Und die schönen Cafés und Bars?«

»Sind mir auch egal, zu Hause schmeckt mir der Kaffee eh

am besten! Und wie oft gehen wir beide denn bitte noch in Bars?« Unversehens bin ich laut geworden. »Wer sich da in unserem Alter noch rumtreibt, hat entweder nichts zum Poppen oder ein Alkoholproblem ...«

»Also das kann auch nur ein Mann sagen!«, hält sie dagegen. »Manche wollen vielleicht einfach nur'n schönen Abend haben?«

»Sag' ich doch!« Ich reibe mir die Augen. »Ist ja gut, sorry. Ich frag mich nur manchmal, ob die Stadt immer bekloppter wird oder ich immer empfindlicher.«

»Vermutlich ist es beides.« Sarah seufzt. »Aber du hast schon recht: Wegen einmal Ausgehen im Monat muss man wirklich nicht im Feinstaubparadies wohnen. Nächstes Wochenende wäre wieder eine Wohnungsbesichtigung bei deinen Eltern in der Nähe.« Ich starre aus dem Fenster. »Und selbst wenn es mit dem Umzug noch ein paar Monate dauert, dann geht die Welt davon auch nicht unter.«

»Davon nicht, das stimmt.« Ich seufze und drehe mich zu ihr um. »Bis nachher ...«

Ich hasse es zwar, mich mit schlechter Laune von Sarah zu verabschieden, aber offenbar wirkt das Gift des Populismus eher wie Haschischkekse als wie ein Joint: Die Wirkung setzt nicht sofort ein, so dass man schnell die Finger davon lässt, sondern schleichend, also konsumiert man weiter. Und schließlich haut es einen richtig um. Lange sitze ich vor dem kurzen und prägnanten Text von Greta Thunberg, der mir bei genauerer Lektüre immer besser vorkommt, und schaue zwischendurch ständig aus dem Fenster auf die Berliner Altbauten gegenüber. Die Autos schlängeln sich durch die nahe gelegene Hauptstraße, und ich frage mich beim Schreiben immer wieder: Wie können wir Menschen nur so unfassbar doof sein, den Ast abzusägen, auf dem wir sitzen? Wie kommen wir nur darauf, all diese Ressourcen so brachial zu verschwenden und dabei gleichzeitig den Planeten auf den sicheren Hitzekollaps zuzusteuern? Wie soll dieser Planet die Bevölkerungsexplosion überstehen – vor allem angesichts der wachsenden Armut?!

»Wer soll das noch verstehen?«, frage ich in mein leeres Arbeitszimmer, dann ertönt das Signal für eine Mail. Freund Micha Schmidt-Salomon schreibt:

Hey Phil,
tut mir leid, dass deine Woche bei der AfD so hart war. Aber: Was hattest du denn erwartet?
Zum Thema Weltrettung habe ich einen kurzen, aber spannenden Fragebogen entdeckt, der dich vielleicht ein wenig überraschen wird. Möglicherweise hilft dir das ja bei deinen Recherchen. ;-)
Viel Erfolg weiterhin bei der Weltrettung und Gruezi,
Dein Michael

Missmutig klicke ich auf den Link und lande auf einer billig gestalteten Homepage,[66] wo ich auf Fragen über die Welt aus jeweils drei Antworten die richtige heraussuchen soll.

»In den letzten 20 Jahren hat sich der Anteil der in extremer Armut lebenden Weltbevölkerung …?«, lautet die erste Frage, »entweder nahezu verdoppelt, nicht oder nur unwesentlich verändert, oder nahezu halbiert?«

Was soll das denn jetzt? Soll ich noch schlechtere Laune bekommen? Die Armut nimmt weltweit zu, klar, aber dass sie sich nahezu verdoppelt hat, ist mir neu – krass, das muss natürlich mit ins Buch.

»Wie viele der einjährigen Kinder auf der Welt sind gegen irgendwelche Krankheiten geimpft? 80, 50 oder 20 Prozent?«

Auf der Welt? Also bei uns sicher 80, aber weltweit wird es wohl kaum die Hälfte sein, also 20 Prozent.

»Wie hat sich die Zahl der Todesfälle pro Jahr durch Naturkatastrophen über die letzten 100 Jahre entwickelt? Mehr als verdoppelt, etwa gleich geblieben oder mehr als halbiert?«

Tja, mit der fortschreitenden Klimakatastrophe nehmen eben auch die Naturkatastrophen zu – selbst schuld, Menschheit! Einziger Vorteil dieser Frage ist, dass die Antwort hier wenigstens eindeutig ist: verdoppelt.

»Wo lebt die Mehrheit der heutigen Weltbevölkerung? In Ländern mit geringem Pro-Kopf-Einkommen, in Ländern mit mittlerem Pro-Kopf-Einkommen oder in Ländern mit hohem Pro-Kopf-Einkommen?«

China, Indien, Afrika, Südamerika? Mit geringem Pro-Kopf-Einkommen natürlich.

»Weltweit haben 30-jährige Männer durchschnittlich zehn Jahre lang eine Schule besucht. Wie viele Jahre haben gleichaltrige Frauen die Schule besucht? Neun, sechs oder drei Jahre?«

Uff, die Unterdrückung der Frau ist doch vor allem in den Ländern mit hohen Geburtenraten ausgeprägt, wo es deswegen viele Menschen gibt – aber drei Jahre sind wiederum auch zu krass, also sechs?

»Heute leben circa sieben Milliarden Menschen auf der Erde. Welche Karte zeigt die realistischste geographische Verteilung?«

Ich bekomme drei Weltkarten mit Spielfiguren für jeweils eine Milliarde Menschen auf den Kontinenten gezeigt und entscheide mich für diejenige mit den meisten Afrikanern. Das weiß man ja aus den Nachrichten.

»Nach einer Prognose der UN wird die Weltbevölkerung bis zum Jahr 2100 um weitere vier Milliarden Menschen wachsen. Was ist die Hauptursache dafür? Es wird mehr Kinder geben, es wird mehr Erwachsene geben, oder es wird mehr sehr alte Menschen geben?«

Wer weiß das schon? Bei dieser Bevölkerungsexplosion? Natürlich muss ich auch hier gefühlt antworten – also vermutlich mehr Kinder.

»Wie viele Mädchen absolvieren heute die Grundschule in den Ländern mit niedrigem Einkommen? 20, 40 oder 60 Prozent?«

Okay, das weiß ich nun wieder, denn mit Bildung kenne ich mich ja aus: Das sind traurige 20 Prozent.

»Wie viele Menschen auf der Welt haben ein gewisses Maß an Zugang zu Elektrizität? 20, 50 oder 80 Prozent?«

Ein gewisses Maß? Das ist natürlich sehr unklar gefragt, aber mit einem Blick in die weiten Slums dieser Welt, in denen noch mit Feuer gekocht wird: 20.

»Wie hoch ist die durchschnittliche Lebenserwartung bei der Geburt heute weltweit? 50, 60 oder 70 Jahre?«

In den entwickelten Ländern sind es sogar mehr als siebzig, aber die Entwicklungsländer ziehen den Schnitt runter. Auf 50? Ich klicke mal 60 an, einfach um nicht immer so pessimistisch zu sein.

»1996 standen der Tiger, der Riesenpanda und das Spitzmaulnashorn auf der Liste der gefährdeten Tierarten. Wie viele dieser drei Spezies sind heute stärker vom Aussterben bedroht als 1996? Keine, eine oder zwei?«

Das Artensterben geht so rasant voran, dass ich eigentlich gesagt hätte: Alle, also klicke ich die Zwei an und widme mich der letzten Frage.

»Wie schätzen Experten die Entwicklung des globalen Klimas in Zukunft ein? Es wird kälter, es bleibt gleich oder es wird wärmer?«

Haha, sehr witzig. Die Website lädt einen Moment, dann erscheint mein Testergebnis.

»Hä?!«, rufe ich durch unser Arbeitsschlafzimmer. »Nur eine einzige richtige Antwort?«

Mit aufgerissenen Augen überfliege ich die richtigen Lösungen: Nur die Klimwandelfrage hatte ich richtig. Alles andere hingegen habe ich nicht nur falsch beantwortet, sondern immer das genaue Gegenteil getippt! Wollen die mich verarschen? Umgehend google ich dieses komische Gapminder-Institut und lande bei seinem Erfinder: Hans Rosling – den Namen kenne ich doch irgendwoher ... Schnell bin ich auf seiner Wikipedia-Seite[67] und überfliege den Text unter dem Foto eines älteren Herren mit Brille.

Nach seinem Lebenslauf und seinen Meriten – u. a. war er als Arzt im mosambikanischen Gesundheitswesen tätig, 1983 bis 1996 war er Berater der Weltgesundheitsorganisation (WHO) und ist eines der Gründungsmitglieder von Ärzte ohne Grenzen in Schweden – steht der Hinweis auf ein von ihm gegründete Institut, die Gapminder-Stiftung, die sich zur Aufgabe stellt, eine »auf Fakten beruhende Sicht der Welt« zu fördern.[68]

»Einer auf Fakten beruhenden Sicht der Welt?«, frage ich laut. »Klar, worauf denn sonst?!«

Und dann finde ich einen Hinweis auf sein gerade erschienenes Buch: *Factfulness – wie wir lernen, die Welt so zu sehen, wie sie wirklich ist.*

»Es wird alles immer schlimmer«, lese ich mir den Ankündigungstext des Buches vor, »eine schreckliche Nachricht jagt die andere: Die Reichen werden reicher, die Armen ärmer. Es gibt immer mehr Kriege, Gewaltverbrechen, Naturkatastrophen. Viele Menschen tragen solche beängstigenden Bilder im Kopf. Doch sie liegen damit ...« Ich stocke. »... grundfalsch.«

Wie bitte?!

Wieder blinzele ich, spüre meine angespannte Stirn und meinen trockenen Mund, dann lese ich weiter. »Unser Gehirn verführt uns zu einer dramatisierenden Weltsicht, die mitnichten der Realität entspricht, wie der geniale Statistiker und Wissenschaftler Hans Rosling erklärt.« Ich beuge mich vor. »Wer das Buch gelesen hat, wird ein sicheres, auf Fakten basierendes Gerüst besitzen, um die Welt so zu sehen, wie sie wirklich ist. Er wird die zehn gängigsten Arten von aufgebauschten Geschichten erkennen, wird bessere Entscheidungen treffen können und wahre Factfulness erreichen – jene offene, neugierige und entspannte Geisteshaltung«, lese ich lachend, »in der Sie nur noch Ansichten teilen und Urteile fällen, die auf soliden Fakten basieren.«

Kostenlose Lieferung heute bis 18 Uhr schreit Amazon mich an, aber dafür werde ich sicher kein weiteres CO_2 in die Luft blasen lassen – außerdem ist mir 18 Uhr zu spät!

Ich finde eine Buchhandlung, die den Titel vorrätig hat, sitze zwei Minuten später auf dem Fahrrad. Kann das denn wahr sein?! Die Anzahl der Menschen, die in extremer Armut leben, soll sich in den letzten 20 Jahren halbiert haben? Genauso wie die Anzahl der Menschen, die durch Naturkatastrophen ums Leben gekommen sein sollen? Achtzig Prozent aller Kinder sollen weltweit geimpft sein, und die meisten Menschen angeblich in Ländern mit mittlerem Pro-Kopf-Einkommen leben? Das würde ja bedeuten, dass … ich ein vollkommen falsches Bild von der Welt habe!

Also: Fahrrad anschließen, Buch kaufen, nebenan ins Café setzen, Cappuccino bestellen – los geht's!

»Die meisten Menschen haben ein vollkommen falsches Bild von der Welt«, verrät der Text auf dem Buchrücken, »ein viel zu düsteres.«

Dreimal lese ich diese Zeilen, dann schlage ich das Buch auf, überblättere den Gapminder-Test, den ich ja schon kenne, und muss mir dann von Herrn Rosling erklären lassen, dass ich dümmer bin als ein Schimpanse – und damit in bester Gesellschaft. Hätte man Schimpansen nämlich den Test absolvieren lassen, in dem man auf jeweils eine Banane A, B oder C geschrieben hätte, hätten sie die Fragen allein schon durch Zufall zu 33,3 Prozent richtig beantwortet. Aber allein die Frage nach der Weltbevölkerung in extremer Armut wurde in Schweden und Finnland nur zu 25 Prozent richtig beantwortet, in Japan zu zehn, in Deutschland zu sechs und in Spanien sogar nur zu drei Prozent. Roslings Institut hat 12 000 Menschen aus 14 Ländern befragt, und im Schnitt wurden zwei von 13 Fragen richtig beantwortet. Auffällig war: Je höher der Bildungsgrad der Testpersonen war, desto schlechter waren ihre Ergebnisse. Einige der miesesten Ergebnisse stammten von Nobelpreisträgern! Aber vor allem waren die Antworten stets systematisch falsch, so wie bei mir.

»Jede Gruppe, die ich befrage«, schreibt Rosling, »glaubt, die Welt sei weitaus bedrohlicher, gewalttätiger und hoffnungsloser – in einem Wort: dramatischer –, als sie in Wirklichkeit ist.«[69]

Durch die ganze Welt ist der Mann gereist, hat seine Ergebnisse in Vorstandsetagen und Ministerien präsentiert und überall das gleiche Bild festgestellt, selbst auf dem Weltwirtschaftsforum in Davos: Ob Armut, Bevölkerungswachstum oder Impfraten – die Leute haben keine Ahnung und antworten aus einer gefühlten Wahrheit heraus.

»Denken Sie über die Welt nach«, fordert Rosling mich auf. »Kriege, Gewaltverbrechen, Naturkatastrophen, menschengemachte Katastrophen, Korruption.« Ich krame mein Notizbuch aus der Tasche, blättere an den Anfang und finde ziemlich genau diese Liste vor. »Schreckliche Dinge passieren, und es fühlt sich an, als ob alles immer noch schlimmer wird, richtig? Die Reichen werden immer reicher, die Armen immer ärmer. Und die Zahl der Armen nimmt zu. Und bald werden uns die Ressourcen ausgehen, es sei denn, wir unternehmen etwas dagegen, und zwar sofort. Das ist zumindest das Bild, das die meisten Menschen im Westen in den Medien sehen und in ihren Köpfen mit sich herumtragen«, lese ich und spüre, wie sich die Härchen auf meinen Unterarmen aufstellen. »Ich nenne das die überdramatisierte Weltsicht. Sie ist belastend und irreführend.« Ich nicke, und beim nächsten Satz, den ich lese, fühlt es sich an, als ob Rosling mein Gehirn in die Hand nimmt und einmal herumdreht – und zwar vom Kopf auf die Füße: »Schritt für Schritt, Jahr für Jahr wird die Welt besser«, schreibt er. »Auch wenn wir vor riesigen Herausforderungen stehen: Wir haben enorme Fortschritte gemacht. Das ist die faktengestützte Weltsicht.«[70]

Mir wird ein bisschen schwindelig, und so lese ich wie betäubt Roslings evolutionspsychologische Erklärung für diese dramatisierte Weltsicht: Wir verfügen inzwischen zwar über Internet und Statistiken, mit denen wir die tatsächliche Beschaffenheit der Welt in Erfahrung bringen können. Aber in den vielen Millionen Jahren davor, in denen sich unser Hirn und unsere Instinkte entwickelt und verfestigt haben, sah das ganz anders aus. So wie unser Hunger nach Zucker und Fett, argumentiert Rosling, sei das Drama ein evolutionäres Überbleibsel, ein Rudiment, das uns heute zu falschen Entscheidungen führe. »Wir müssen lernen, unseren Dramenkonsum in den Griff zu kriegen.«[71] Ich fange an, schwarze Löcher in die Luft zu starren.

Als ich *Was auf dem Spiel steht* las – damals, in jener Nacht, als die AfD in den Bundestag gewählt wurde, habe ich das

Buch am Stück verschlungen und mich dabei mehr gegruselt als bei jedem Thriller. Und hängt es vielleicht auch mit unserem Dramadurst zusammen, wenn Sarah und ich uns auf der Couch für einen Apokalypsenfilm entscheiden und mit großen Augen Chips futtern, während auf dem Flatscreen die Welt untergeht?

Rosling, der 2018 verstorben ist, hat sein Buch als sein Vermächtnis geschrieben. »Es ist mein letzter Versuch, Einfluss auf die Welt zu nehmen: Die Denkweisen der Menschen zu verändern, ihre irrationalen Ängste zu lindern und ihre Energien in konstruktives Handeln umzulenken.« Mit Daten, so meint er, kann der Mensch wieder zur Ruhe kommen, denn die Welt ist gar nicht so dramatisch. Wie gesunde Ernährung und regelmäßige sportliche Betätigung schlägt er Factfulness vor, um ein ausgeglichenes Leben zu führen. Folgender Satz lässt mich über meine eigene Dummheit halb lachen und halb heulen: »Sie werden bessere Entscheidungen treffen, aufmerksam für reale Gefahren und Chancen bleiben und vermeiden, ständig wegen der falschen Dinge unter Stress zu stehen.«[72]

Fuck. Das klingt, als hätte er diese Zeilen für mich geschrieben, aber offensichtlich bin ich bei weitem nicht der Einzige, der gewisse Eckdaten komplett falsch einschätzt. Ich brauche frische Luft, schlage das Buch zu, lasse all meine Sachen am Platz liegen und trete auf den belebten Gehweg vorm Café. Dort schaue ich mich um: 94 von 100 Menschen, die hier an mir vorbeilaufen, wissen nicht, dass heute nur noch halb so viele Menschen in extremer Armut leben wie zu meinem 18. Geburtstag. Natürlich sind das noch immer viel zu viele Arme, aber wenn dieser Trend sich fortsetzt, dann … sind die Sustainable Development Goals vielleicht doch gar nicht so unwahrscheinlich? Ich muss lachen. Ein Mann mit Halbglatze und Schnurrbart schaut mich grimmig an, als er an mir vorbeiläuft. Und je mehr Menschen ich im Vorbeigehen sehe, je mehr Gesichtsausdrücke ich lese, desto mehr Stirnfalten sehe ich. Klar, denn der Großteil meiner Mitmenschen geht davon aus, dass die Welt entweder so schlecht bleibt, wie sie ist, oder sogar noch schlechter wird … Da muss man ja miese Laune haben! Ob ich es ihnen sagen soll? Ihnen allen? Ob ich auf den Stromkasten klettern und rufen sollte, dass die Welt schon jetzt viel besser ist, als sie denken, und mit jedem Tag weitere Fortschritte erzielt werden? Und vor allem: dass sie viel besser ist, als *ich* es bisher geglaubt habe?!

»Kann das denn wahr sein?«, flüstere ich und packe mir an den Kopf, dass ich mich seit zehn Jahren für eine faktenbasierte Weltanschauung einsetze und selbst keine Ahnung habe? Weil ich mir die Welt bisher überhaupt nicht angeschaut habe? Kann es also sein, dass ich – abgesehen von meinem Lieblingsthema, der Religion – mit einem vollkommen unvollständigen Weltbild durch die Gegend laufe, das dem Gegenteil der Realität entspricht? Und dass ich Gläubigen vorwerfe, sich nicht richtig zu informieren und stattdessen das Halbwissen nachzuplappern, das sie irgendwo aufschnappen … während ich genau das Gleiche tue?

Ich gehe zurück ins Café.

»Stimmt so«, sage ich zum Kellner. »Und ich hab mal eine Frage an Sie.«

»Ja?« Er lächelt schief.

»Die Anzahl der Menschen, die in extremer Armut leben – hat die sich in den letzten 20 Jahren halbiert, ist sie gleichgeblieben oder hat sie sich verdoppelt?«

»Weltweit?«

»Ja.«

»In extremer Armut?«

»Ja, auf der untersten Stufe, die mit höchstens einem Dollar pro Tag und Person auskommen müssen.«

»Verdoppelt!«

»Nee!« Lachend packe ich meine Sachen zusammen. »Halbiert«, sage ich, dann verlasse ich das Café und steige aufs Fahrrad.

Rosling in der Bibliothek

»Philipp!«, zischt Sarah mich flüsternd an. »Was ist denn mit dir los?«

»Ich kann das alles kaum fassen!«

»Aber du kannst auch nicht seit über zwei Stunden in einer Bibliothek sitzen und die ganze Zeit beim Lesen den Kopf schütteln und lachen – der Typ gegenüber ist schon total genervt.«

Nach meiner Erleuchtung im Café bin ich direkt in die Bibliothek zu Sarah geradelt, wo ich seit zwei Stunden Roslings Text verschlinge.

»Hast du eine Ahnung«, kichere ich und zeige in das Buch, »wie viele spielbare Gitarren es 1962 pro eine Million Menschen gab?« Ich warte, aber Sarah blinzelt nur langsam. »Zweihundert! Und im Jahr 2014?«

»Keine Ahnung!«

»Elftausend! Okay, wir machen jetzt den Test…« Leise gehe ich mit Sarah die ersten Fragen durch, die sie natürlich falsch beantwortet, wobei ich mich total zusammenreißen muss, nicht ständig breit zu grinsen.

»Äh, sorry?« Ein hagerer Studi mit V-Pullunder und rosa Hemd darunter, der uns gegenübersitzt, schaut Sarah und mich böse an. »Wollt ihr euer Quiz vielleicht draußen machen?«

»Ist gleich fertig«, sage ich und lese Sarah flüsternd die nächste Frage vor. »Wie hoch ist die durchschnittliche…«

»Wie viele Fragen sind das noch?«, will sie wissen.

»Zehn.«

»Vergiss es«, zischt sie. »Ich muss lernen. Was ist das überhaupt für ein Buch?«

»Eine Anleitung«, sage ich begeistert, »die Welt so zu sehen, wie sie ist.«

»Jetzt reicht's aber«, sagt der Studi und schaut von seinem würfelförmigen Buch auf. »Ich muss hier Gesetze büffeln, ja?!«

»Okay, sorry, wir gehen schon raus«, flüstere ich und stehe auf. »Nur eine Frage an dich: Die Anzahl der Menschen, die in extremer Armut …«

»Tut mir leid«, sagt Sarah zu dem Typen und schiebt mich weg. »Mein Mann ist manchmal leicht zu begeistern …«

In der Cafeteria setzen Sarah und ich den Test fort, und als ich mit ihr die Auflösung durchgehe, runzelt sie die Stirn, bis sich auch an ihrer Nasenwurzel Falten bilden.

»Krass.« Sarah leckt ihren Kaffeelöffel ab. »Aber du hast auch alles falsch gehabt, oder?«

»Nicht nur ich – fast alle Menschen in westlichen Ländern haben ein vollkommen falsches Bild von der Welt. Dieser Rosling hat frei verfügbare Daten über die Welt gesammelt – belastbare, überprüfbare Zahlen – und dann herumgefragt und überall das gleiche Ergebnis bekommen: Die Leute halten die Welt für viel schlechter, als sie ist.«

»Als unsere Welt vielleicht ist«, hält Sarah dagegen, »aber was ist mit den Entwicklungsländern?«

»Die entwickeln sich eben – aber wir leben nicht mehr im Jahr 1965! Die Kindersterblichkeit ist weltweit genauso zurückgegangen wie die Geburtenrate. Es gibt natürlich noch Elend, aber eben viel weniger, als die meisten Menschen glauben. Ist das nicht geil?« Ich muss lachen. »Das ist doch voll die gute Nachricht und bedeutet letztlich: Das System funktioniert! Es hat Lücken und Luft nach oben, aber es funktioniert. Hier:« Ich zeige ihr die Tabellen im Buch. »Ölkatastrophen gehen zurück, Hunger nimmt ab, die Zahl der HIV-Infektionen sind stark rückläufig, es gibt kaum noch Analphabeten …«

»Ja, Philipp.« Sarah tätschelt mein Bein. »Aber das heißt noch längst nicht, dass alles gut ist.«

»Keineswegs, das will er ja auch nicht sagen, aber es stimmt eben auch nicht, dass alles stagniert oder immer schlechter wird – so wie ich es immer dachte.«

»Aber wieso glauben wir dann alle, dass es so ist? Sind das nur die Medien, die uns das glauben lassen?«

»Das ist ein Teil seiner Erklärung, ja, weil schlechte Nachrichten sich einfach besser verkaufen lassen – und weil *bad news* überhaupt erst News sind, denn gute Dinge sind alltäglich und offensichtlich keine Schlagzeile wert.«

»Schade eigentlich, dann hätten die Leute vielleicht nicht immer so schlechte Laune …«

»Vor allem aber meint Rosling, dass die Menschen in den westlichen Ländern die Welt von sehr weit oben betrachten – und von oben betrachtet sieht eben alles gleich klein aus.«

»So wie du alle Menschen für klein hältst, die nicht so groß sind wie du?«

»Genau! Aber es gibt eben nicht nur Schwarz und Weiß, nicht nur große und kleine und reiche und arme Menschen – sondern die meisten liegen dazwischen. Rosling unterteilt Wohlstand nicht in zwei, sondern in vier Kategorien, wobei die meisten Menschen auf Stufe zwei und drei leben – und eben immer weniger auf Stufe eins, absolut wie prozentual.«

»Und wir hier leben alle auf Stufe vier, oder was?« Sie prustet. »Es gibt doch auch bei uns arme Menschen.«

»Klar gibt's auch bei uns riesige Unterschiede, aber egal, ob Hartz-IV-Empfänger oder Millionär: Wir haben alle sauberes Wasser, niemand stirbt an Hunger, wir haben Elektrizität, Heizung, Transportmittel, medizinische Versorgung, Krankenversicherung und Sozialhilfe, Bildung, eine geringe Geburtenrate, die Kindersterblichkeitsrate liegt bei quasi null[73] – und wahrscheinlich auch die höchste Anzahl von spielbaren Gitarren.«

»Allein du hast vier!« Sarah haut mich. »Aber was soll diese Statistik mir denn sagen?«

»Ganz einfach: Wer ein Instrument spielt, ist satt, gesund und hat Zeit dafür. Das nennt man Wohlstand, und genau dieser Wohlstand ist weltweit gewachsen.«

»Aber ganz ehrlich, Philipp?« Sie schaut auf die Uhr. »Deswegen muss man die Welt nicht gleich durch eine rosarote Brille sehen.«

»Nein! Aber genau darum geht es ja: keine Brille!« Ich klopfe auf das Buch. »Ich muss mir einfach eingestehen, dass ich die Welt bisher offenbar durch eine schwarze Brille gesehen habe – und extrem viele andere Menschen tun das auch. Was Rosling als Factfulness bezeichnet, bedeutet aber eben nicht, die finstere gegen die rosarote Brille einzutauschen, sondern jegliche Brille abzusetzen, die die Welt in eine bestimmte Richtung färbt, sondern die Dinge stattdessen ganz unaufgeregt und nüchtern auf der Basis von Statistiken und Fakten genau so zu sehen, wie sie sind.«

»Glaube keiner Statistik ...«

»... die du nicht selbst gefälscht hast, schon klar: Es gibt natürlich gefälschte Statistiken. Statistiken sind Erhebungen der Wirklichkeit, und die ist offensichtlich viel besser, als ich gedacht habe. Aber die beste Lektion daraus ist doch: Die Verhältnisse lassen sich tatsächlich verändern – und genau diese Hoffnung hatte ich ehrlich gesagt schon aufgegeben. Die Nachricht, dass heute halb so viele Menschen in extremer Armut leben wie noch vor 20 Jahren, bedeutet doch vor allem, dass eine bessere Welt ganz real möglich ist. Es ist keine verrückte Utopie. Ich hab die Sustainable Development Goals bisher ehrlich gesagt für total verrückt gehalten. Erstes Ziel: die Armut bis 2030 beenden? Das klingt vollkommen verrückt, aber wenn du dir die Kurve anschaust ...« Ich schlage die Graphik dazu auf, »... dann steuern wir genau auf dieses Ziel zu: Im Jahr 1800 lebten 85 Prozent der etwa eine Milliarde Menschen, die es weltweit gab, in extremer Armut – also fast alle. Im Jahr 1970 waren es zwei von vier Milliarden, also nur noch 50 Prozent, und heute ist es noch eine von sieben Milliarden, also zwölf Prozent. Und wenn man nicht anerkennt, schreibt Rosling, dass es trotz all der schlechten Nachrichten einen kontinuierlichen Fortschritt gibt, dann verliert man auch den Glauben daran, dass die Mühe sich lohnt. Dann wird man Zyniker, so wie Harrie, dann verzweifelt man an der Unlösbarkeit der Probleme, an der Schlechtigkeit der Welt und der Bosheit der Menschen im Allgemeinen. Rosling nennt sich selbst – und das finde ich einen guten Begriff – nicht Optimist und nicht Pessimist, sondern Possibilist: weil er auf Basis des real existierenden Fortschritts daran glaubt, dass weitere Verbesserungen möglich sind – und das gefällt mir.«

»Aha!« Sie schmunzelt und gibt mir einen Abschiedskuss. »Du liest also ein Buch und siehst die Welt plötzlich mit anderen Augen?«

»Ganz ehrlich? Ich hab das alles nicht gewusst. Und ich hab mir noch nicht einmal Gedanken darum gemacht, wie die genauen Zahlen lauten. Außerdem habe ich ja keinen Roman gelesen«, verteidige ich mich, »sondern hier stehen 1000 Fakten drin! Und du weißt genau, was mich überzeugt: belastbare Daten und gute Argumente. Außerdem sind ja noch genug Probleme übrig«, wiederhole ich mich. »Aber vor allem nach einer Woche AfD tut es mir verdammt gut, endlich aus dieser dystopischen Filterblase aufzutauchen, in der ich spätestens seit der AfD-Wahl versunken bin – ohne es zu merken.«

»Amen.« Sarah geht. »Holst du die Kids ab?«

»Ach ja: Die Kids!« Ich muss wieder lachen. »Na klar hole ich die ab, aber herzlich gerne …«

Auf zu neuen Ufern

Große Wolken, von denen ich glaube, dass sie Kumuluswolken heißen, stehen am Himmel über der Berliner Stadtautobahn, und die Sonne scheint. Das Außenthermometer zeigt 16 Grad an, also lasse ich das Fenster herunter und lege meinen linken Arm in die noch zarte Wärme. Fast meine ganze Arbeitswoche habe ich damit verbracht, die Prinzipien einer faktenbasierten Weltanschauung zu verinnerlichen, und dabei fast permanent und schmerzhaft feststellen müssen, wie ignorant ich bisher war.

Fahrtwind umweht meine Nase, ich atme tief ein und wieder aus, die Kids rappen hinten *Deine Freunde,*[74] und Sarah liest sich noch einmal die Anzeige für die Wohnung durch, die wir uns jetzt anschauen.

»Ich kann's immer noch nicht glauben«, sagt Sarah und liest aus ihrem Handy vor. »Fünf Zimmer, 130 Quadratmeter in der hellen Belle Etage einer Vorstadtvilla, Terrasse und eigener Gartenanteil.«

»Da muss irgendein Haken dran sein – bei dem Preis!«, entgegne ich. »Die Bude kostet weniger als das Vierzimmer-Loch an der Schöneberger Unfallkreuzung, das wir uns letzte Woche angeschaut haben. Aber weißt du was?« Meine Haare flattern im Wind, als ich zu Sarah schaue. »Wir werden's ja sehen – und notfalls gehen wir danach zu den Pferdekoppeln in der Nähe, lassen die Kids spielen und trinken Kaffee in der Sonne.«

»Laaaauuuteeeer!«, ruft Klara, also drehe ich das Radio auf, lasse die anderen drei Fenster auch herunter, und so sitzen wir für ein paar Augenblicke jubelnd und kopfnickend im Auto.

»Ich bin echt happy«, sagt Sarah, als die Fenster wieder geschlossen und die Kids wieder in den Rap vertieft sind, »dass du auch mal gute Nachrichten nach Hause bringst. Ich weiß natürlich, dass dir die Auseinandersetzung mit Religion wichtig ist, aber …« Sie seufzt. »Das ist alles so deprimierend. Und als du mir von deinem Plan für das Politik-Buch erzählt hast, hab ich gedacht: Na super, jetzt wird er nur noch schimpfen – und dann bist du ja auch immer gleich so krass: soziale Spaltung, Rechtsnationalismus, Klimawandel …«

»… sind ja auch alles echte Probleme«, unterbreche ich ihre erschreckend treffende Parodie. »Aber du hast natürlich recht: Das Gesamtbild ändert sich einfach, wenn man anerkennt, dass die allermeisten Dinge nicht schlechter, sondern besser werden.« Jetzt seufze ich. »Aber schau dich mal um: Autos, Autobahn, Fabriken, Mülihalden, Baumärkte, Zugstrecken. Meine Befürchtung ist: Je besser es den Menschen geht …«

»… desto schlechter dem Planeten?« Sarah nickt.

»Und gerade der Klimawandel ist ja eine direkte Folge der Industrialisierung – in dem Thema ist also keine Entwarnung angesagt.«

»Aber genau dafür fängst du doch Montag in einer Woche bei den Grünen an. Bis dahin kannst du einfach mal froh sein, kein gebügeltes Hemd tragen zu müssen. Nur zum Frisör müsstest du mal wieder …« Mit ein paar Handgriffen richtet sie meine Frisur. »Wir treffen ja jetzt erst mal die aktuellen Mieter. Aber wenn der Vermieter später noch kommt, übernimmst du das Reden, ja?« Sie drückt mir einen Kuss auf die Wange. »Mein kleiner Diplomat …«

Eine Viertelstunde später parke ich den Wagen vor besagter Villa, doch als wir mit den Kids an den Händen vor dem Gartentor stehen, sehe ich schwere Falten auf Sarahs Stirn.

»Vorstadtvilla?« Sie prustet. »Da hat aber jemand viel Phantasie gehabt! Und wo soll das bitte hell sein?« Sie zeigt auf riesige Tannen, die den Blick auf die bräunliche Fassade eines alten Hauses versperren, und obwohl die Sonne scheint, ist der winzige Vorgarten stockdunkel.

»Das wäre dann wohl der Haken«, sage ich und schaue auf die Uhr. »Wollen wir gleich zu den Pferden?«

»Nein«, stöhnt Sarah. »Eine Schrottwohnung mehr oder weniger ist jetzt auch egal …«

Die Klingel klemmt, die schwere Eingangstür auch, und im dunklen Treppenhaus löst sich der Sisalteppich von den knarrenden Stufen. Es riecht nach ranzigen Nüssen.

»Sag ich doch«, flüstere ich auf der halben Treppe nach oben, dann öffnet sich die Tür – und ich kneife instinktiv meine Augen zu.

»Wow!«, höre ich Sarah sagen. Noch bevor sie den Mann in der Tür begrüßt hat, läuft sie mit Klara an der Hand in den gleißend hellen Flur. »Das ist ja geil!«

»Das ist nicht geil«, sagt er, »sondern die geilste Wohnung, die ihr euch jemals angeschaut haben werdet. Ich bin Piet, hallo.«

»Und warum zieht ihr aus?«, will ich wissen, als wir uns vorgestellt und meine Augen sich an die Helligkeit gewöhnt haben. Die großen Zimmer gehen allesamt vom Flur ab und sind lichtdurchflutet.

»Wir gehen auf Weltreise«, erklärt der Typ mit den längeren Haaren, der barfuß herumläuft. »Das Leben ist einfach zu kurz für Deutschland. Aber die Wohnung ist der Hammer, kommt mal mit …«

Staunend laufen wir über die alten Dielen durch die hohen,

großen Räume, in denen fast überall Kinderspielzeug verteilt ist. Das Bad ist groß und saniert, die Wohnküche modern, und schließlich erreichen wir einen Wintergarten mit Blick auf den hellen Garten hinterm Haus. Von dort aus ist eine kleine, überdachte Terrasse zu erreichen, und von hier oben führt eine Treppe, die zur Hälfte mit einer Rutsche bebaut ist, nach unten in den etwas verwilderten Gartenanteil.

»Ich flipp aus«, sagt Sarah und greift nach meiner Hand.

»Klara!«, ruft Anton. »Komm schnell her!«

»Dürfen wir, bittebittebitte?!«, fragt Klara, als sie die Rutsche sieht. Als Piet nickt, stürzen sich beide jauchzend auf die Rutsche und schaukeln dann unten im Garten an dem Seil, das an einem Baum hängt.

»Hab ich zu viel versprochen?« Der Hippie setzt sich strahlend auf die Brüstung der Terrasse und dreht sich eine Zigarette in der Sonne. »Links nebenan wohnen Kinder, hinten wohnen Kinder, rechts wohnen Kinder und oben auch eins, und im Sommer sind die hier alle zusammen in den Gärten unterwegs – wie auf'm Dorf!« Er lacht und zündet die schräg gedrehte Zigarette an. »Die Grundschule kennt ihr?«

»Die am Wald?« Sarahs Augen leuchten, als er nickt. »Wo sind denn deine Kids überhaupt?«

»Mit meiner Frau in unserem Schrebergarten. Die verzieht sich immer, wenn der Wolf kommt. Der ist hier der Eigentümer, kommt aus'm Umland und hat permanent schlechte Laune, ist Choleriker und quasi der einzige Nachteil an der Wohnung. Mein Tipp, falls ihr die Wohnung haben wollt ...«

»Auf jeden Fall!«, unterbricht Sarah ihn. »Hör gut zu, Philipp!«

»Okay« sagt Piet, »der Wolf ist 'ne Labertasche. Hat zwar gerne schlechte Laune, kann aber ohne Punkt und Komma reden und liebt es, sich über Politik zu unterhalten ...«

»Wetten, Philipp schafft es«, sagt Sarah und streckt Piet die Hand hin, »ihn in Grund und Boden zu quatschen?«

»Das hab ich noch nie erlebt – aber bitte!« Er schlägt ein.

»Ich hab ihn jetzt schon lieb«, sage ich. »Ist der Sachse?«

»Thüringer«, sagt Piet.

»Und wie viele Bewerber habt ihr?«

»Vor euch war eine Familie da, aber das waren so Spießer, mit Hemd und geputztem Auto – furchtbar!« Er verzieht sein sonnengebräuntes Gesicht. »Die schlage ich gar nicht erst vor. Nach euch kommen noch die Leute, die die Gewerbeküche im Keller mieten, aber die sind pleite – wisst ihr aber nicht von mir.« Er zwinkert und schaut auf die Uhr. »Ihr hättet also gute Chancen – und der Wolf müsste jeden Moment hier sein.«

Der Wolf ist gute fünfzig, spricht stark thüringisch, trägt eine alte Lederjacke und riecht nach Zigaretten, was daran liegen dürfte, dass er eine nach der anderen raucht. Nachdem er mir das Grundstück gezeigt und in epischer Breite erzählt hat, wie viel Arbeit so ein altes Haus verursacht, stehe ich mit ihm auf dem hinteren Teil des großen Grundstücks. Hier hat er mir eben die Garage gezeigt, die zur Wohnung gehört, und nun schauen wir von hinten auf das etwas verwunschene Dreifamilienhaus. Die Kids tollen in dem kleinen Garten herum, während Sarah und Piet auf der Terrasse stehen und so tun, als würden sie uns nicht beobachten.

»Neee«, sagt der Wolf, als ich ihm von unserer aktuellen Wohnlage erzähle, und zündet sich die nächste Fluppe an. »Keene zehn Pferde kriegen mich mehr nach Bärliehn zum Wohnen. Da kommste dir ja nur noch vor wie im Urlaub.«

»Also wir mögen die bunte Stadt ja eigentlich, nur …«

»Bunt wär ja schön! Aber unsere Regierung kriegt ja nix mehr hin. Nix! Mehr!«, sagt er laut, dann atmet er einmal durch und lässt seine polnische Zigarette wieder knistern. »Ich reech mich jedenfalls nicht mehr auf, hier draußen ist die Welt ja noch in Ordnung – aber der Rest …« Er schüttelt den Kopf, wobei ich mir ein Grinsen verkneifen muss. »Wenn'se mich fragen: Alles im Eimer.«

»Was genau meinen Sie denn?«, frage ich beiläufig.

»Na alles!«, ruft er. »Wenn ich mir alleene diese vollkommen unkontrollierte Bevölkerungsexplosion anschaue …«

»Die ist ja gestoppt«, rutscht es mir heraus.

»Bidde?« Rauch steigt aus seinem Mund auf, während er mich mit hochgezogener Oberlippe anstarrt. »Hamm'se sich mal die Wachstumskurve angeschaut? Wo ich geboren bin, gab's halb so viele Menschen wie heude! Wir vermehren uns doch wie die Korniggel – und wenn des so weidorgeht?!«

»Geht's ja nicht«, sage ich lächelnd und nutze das Moment seiner vollkommenen Verwirrung zum Ausholen. »Erst mal werden es noch mehr, ja. Denn tatsächlich wurden 1960 durchschnittlich fünf Kinder pro Frau geboren und nur eins ist gestorben. Damit ist die menschliche Population also mit dem Faktor zwei gewachsen, und bis hierhin haben Sie ja auch recht – aber heute?« Ich grinse ihn an. »Wie viele Kinder werden heute im Schnitt pro Frau geboren?«

»Des weeß ich nicht!« Er zieht an seiner Zigarette und überlegt. »Hab ich keine Ahnung, ehrlich.«

»Genau so ging es mir bis vor kurzem auch. Ist doch spannend, oder? Wir reden alle von der unkontrollierten Bevölkerungsexplosion, aber kaum jemand kennt die weltweite Geburtenrate.«

»Na, jetzt sagen Se's aber ooch«, grinst er.

»Heute liegt sie noch bei 2,5 – Tendenz sinkend. Erstaunlich ist nämlich, wie schnell die Geburtsraten runtergehen.« Im Augenwinkel sehe ich Sarah, die uns beobachtet. »Und wenn wir eine längerfristige Prognose für die menschliche Population erstellen wollen, ist ja nicht die momentane Entwicklung wichtig, sondern die Wachstumsrate ist entscheidend. Hätten wir heute noch eine Geburtenrate von 4,0 oder mehr, dann könnten wir von einer unkontrollierten Explosion sprechen. Genau das war die Situation im Jahr 1960: Das war der Höhepunkt der Wachstumsrate, weshalb die Bevölkerung von damals 3 Milliarden bis heute auf fast 8 Milliarden angewachsen ist. Aber heute sinkt die Geburtenrate – sogar in Afrika, wenn dort auch noch viel zu langsam. Wenn man berücksichtigt, wie viele Kinder es heute gibt und wie viele geboren werden und dass die Menschen überall auch länger leben, dann landen wir laut den Vereinten Nationen im Jahr 2100 bei etwa 11 Milliarden Menschen. Ich weiß, das ist nicht wenig – kein Grund zur Entwarnung also! Aber wenn die Geburtenraten nicht wieder steigen – wonach es nicht aussieht –, dann wird sich die Weltbevölkerung bei diesem Wert einpendeln – und eben nicht unkontrolliert explodieren, wie viele denken.«[75]

»Was mochen Sie gleich beruflich?« Er schaut in unsere Bewerbungsunterlagen. »Freier Audor, hm? Na ja …« Der Wolf tritt seine Zigarette auf dem Boden aus und schaut mich streng an. »Eens müssen'se aber wissen, wenn'se hier einziehen«, sagt er wieder lauter und hebt den Zeigefinger. »Des is'n Altbau, da is immor was zu rebboriern, und ich hab keene Lust wegen jeden Fortz herzukommen. Der Nachbar oben …« Er zeigt mir eine Handfläche und einen Handrücken. »Zwee linge Hände!«

»Ich bin stolzer Besitzer eines gut sortierten Werkzeugkastens«, erkläre ich aufrichtig, »und ich weiß auch damit umzugehen.«

»Dess is selten geworn«, nickt er. »Die Leude heudzutage

könn'ja nichma mehr mit'n Schraubenzieher umgeh'n. Erwachsene Männer – nuuur am Handy! Und wenn was kaputt geht, wird's direkt in Müll gepfeffert und bei Amatzöhn neu bestellt. Die DDR«, sagt er wieder lauter, »dess sach ich Ihnen – war tausendmal nachhaltiger wie diese kronge Welt heude. Oder hamm'se dazu etwa och wieder Zahlen im Kopp?«

»Wollen wir noch über Braunkohle sprechen?«

»Nee, donge! Die dämliche Klimadiskussion geht mir richtich uff'n Keeks – die trehn doch alle dodal durch!« Er atmet tief durch die Nase ein. »Na ja, ich reech mich jedenfalls nich mehr uff. Also …« Er geht langsam Richtung Straße. »Kündigen'se ma Ihre Wohnung noch nich, aber von mir aus könn'se hier einziehen.« Er drückt mir die Hand, und ich sehe aus dem Augenwinkel, dass Sarah und der Hippie uns von der Terrasse aus beobachten. »Ich muss noch'n paar Sachen klären, aber in spätestens zwee Wochen meld ich mich, dann machen wa'n Vertrach!«, sagt er lächelnd. »Miede kenn'se?«

»Klar.«

»Jut, heb ich ooch nich an. Den Wahnsinn, was die da alle in Berlin machen, dess …« Er hebt seine Hand. »Aber ich reech mich nich länger uff, bringt ja nix – tschüs!«

Wozu noch rechnen lernen?

Lächelnd verabschieden wir uns von dem Hippie und dem Wolf, und als wir im Auto sitzen, platzt Sarah fast vor Neugier.
»Was hat er denn nun gesagt?«
»Ich reech mich nich länger uff!« Grinsend starte ich den Motor. »Ich glaube, wir haben ganz gute Chancen.«
»Was heißt das denn genau?« Sarah rüttelt an meinem Arm. »Philipp, wir suchen jetzt seit fast drei Jahren nach einer neuen Wohnung – ich kann langsam auch nicht mehr! Die Bude ist soooo schön, ich will da einfach nur noch einziehen – also?!« Sie wischt sich eine Träne von der Wange. »Was hat der Mann genau gesagt?«
»Kündigen 'Se mal noch nicht, aber von mir aus können Sie hier einzieh'n.«
Sarah fällt mir heulend um den Hals, und als sie sich beruhigt hat, fahren wir zum Eiscafé, das wir auf dem Hinweg gesehen hatten, statt zur Pferdekoppel. Die Sonne scheint noch immer, die Luft ist mild, und die Eisdiele hat ihre Außentheke schon geöffnet. Gebügelte Hemden und geputzte Autos dominieren das Bild, aber auch Eltern mit Turnschuhen und Hoodies. Wir stellen uns mit den Kids in die Schlange, und als ich die SUV-Quote auf über 50 Prozent schätze, fällt mir die junge Schwedin wieder ein, die uns – trotz aller Verbesserungen – zusammen mit den FFF-Kids jeden Freitag an die Folgen dieses Luxus erinnert.
»Krass andere Welt hier«, sagt Sarah in der Schlange, »aber

mit Kids einfach geil. Und wenn wir diese Bude kriegen – zu dem Preis!« Sie fasst sich an beide Wangen. »Anton könnte das Erkerzimmer haben, und Klara das ...«

»Ganz ruhig«, sage ich. »Noch haben wir nicht unterschrieben.«

Mit insgesamt acht Kugeln Eis sitzen wir bald vor dem Café, wärmen unser Gesicht in der noch zögerlichen, aber sehr wohltuenden Märzsonne, und als wir fertig sind, sagt Sarah, dass sie noch ein paar Sachen von der Drogerie braucht.

»Ich komm mit«, ruft Anton und rennt ihr hinterher.

»Dann schauen wir uns hier ein bisschen um, komm!« Ich lächele Klara an, die nickt. »Kommst du auf meine Schultern?«

»Ja, hurra!«

»Gefällt's dir hier?«, will ich wissen, als Klara oben sitzt.

»Total, Papa!« Sie ist so zappelig, so dass ich sie da oben gut festhalten muss. »Nur Vicki werd ich vermissen, aber sonst find ich's super hier.«

Und während sie lang und breit erzählt, was sie in dem kleinen Garten alles entdeckt hat, flaniere ich mit ihr durch meine alte Heimat, die sich massiv von unserem jetzigen Wohnort unterscheidet: keine Spielcasinos, keine Shisha-Bars, keine 99-Cent-Läden, keine Cut'n-go-Friseure. Okay, auch keine coolen Bars, keine hippen Cafés und keine schnieken Altbauten, stattdessen viel mehr alte Leute auf der Straße, drei Apotheken, ein Sanitätshaus, zwei Bio-Läden und im S-Bahnhof eine kleine Reisebuchhandlung, aus der gerade zwei Jungs kommen. Sie sind jünger als Klara und ohne ihre Eltern unterwegs. Hier lebt es sich wie auf dem Dorf, aber trotzdem fährt die S-Bahn alle zehn Minuten und braucht keine halbe Stunde bis zum Brandenburger Tor. Ich muss grinsen über mich, denn bis vor wenigen Monaten war es für mich unvorstellbar rauszuziehen. Aber zugleich habe ich bis vor wenigen Tagen auch noch eine Weltanschauung vertreten, die noch nicht einmal diese Bezeichnung verdient hat.

Klara plappert noch immer, und ich schließe lächelnd die Augen: Das Leben könnte so schön sein, wenn wir diese Bude kriegen, doch als ein schwerer Motor hinter mir ertönt und ich im Augenwinkel einen SUV hinter mir entlangfahren sehe, fällt mir wieder ein, dass die Uhr, wie meine nächste Abgeordnete von den Grünen sagt, tickt. Und zwar laut tickt. Immer lauter.

»Wir sind Greta«, lese ich auf dem Berliner Stadtmagazin *Zitty*,[76] das am Kiosk hängt. Zwei Mädchen mit Demo-Plakaten sind auf dem Cover abgebildet, was jedoch darunter steht, ist zu klein, also gehe ich mit Klara auf den Schultern näher ran. Als ich die Buchstaben entziffern kann, bleibe ich abrupt stehen.

»Scheiße«, höre ich mich sagen. »Ach! Du! Scheiße!«

»Was ist denn, Papa?«, fragt Klara, aber ich hebe sie schnell von meinen Schultern und gehe langsam auf das Cover zu.

»Schon gut«, sage ich wie benommen und krame ein bisschen Kleingeld aus meiner Hosentasche. »Du kannst dir drinnen eine Zeitschrift kaufen. Bring Anton eine mit.«

Freudestrahlend hüpft Klara in den Laden, während ich vor dem Cover stehe und die Frage, die neben den Mädels steht, dreimal lese.

»Verdammt!«, flüstere ich, denn nach Jahren der Angst enthält dieses Cover zwei Puzzleteile, von denen ich nicht einmal wusste, dass sie in meinem Weltbild fehlen. Als mein Gehirn sie eingesetzt hat, ist das Bild komplett: Stachelmann grinst mich mit blauen Augen an. Mein linkes Augenlid flattert, ich atme durch den offenen Mund und lese mir selbst vor, was auf dem Cover steht. »Schulstreik fürs Klima: Wozu noch rechnen lernen, wenn die Tage der Erde gezählt sind?« Mein Atem ist flach, während ich im Geiste wiederhole: Wenn die Tage der Erde gezählt sind – das ist reinste apokalyptische Rhetorik. Das ist die pure Androhung des Weltuntergangs. Das ist eine der Geschichten, vor denen Hans Rosling warnt, und bei der ich mich fragen muss: Ist das denn tatsächlich so? Sind die Tage der Erde wirklich *gezählt*? Bricht mit dem Klimawandel ernsthaft der Weltuntergang über uns herein, der die Erde für Mensch und Tier irreversibel unbewohnbar machen wird? Ist das wirklich die Aussage des Weltklimarats? Und wenn ja: Lässt sich die Behauptung, dass die Tage der Erde gezählt sind, die Greta Thunberg und mich und Millionen andere Menschen so sehr in Panik versetzt, tatsächlich aus den Daten des Weltklimarats ableiten? Können Klimamodelle wirklich so genau sein, dass sie den Zeitpunkt so exakt bestimmen können, bis wir den CO_2-Ausstoß weltweit verringert haben müssen, um eine irreversible Spirale der Erhitzung zu verhindern, die unseren Planeten noch zu Klaras Lebzeiten unbewohnbar macht? Und ist das nicht die beste Definition des Weltuntergangs – dass die Tage der Erde gezählt sind? Meint Stachelmann das also mit Weltuntergangssekte? Meint er genau das, wenn er mich als klimareligiös bezeichnet: dass ich an die Klimaapokalypse glaube? Ist vielleicht auch meine Angst vorm Klimawandel deswegen so ausgeprägt, weil ich – wie in so vielen anderen Punkten auch – meinen Dramenkonsum nicht im Griff habe? Und habe ich mir all diese Fragen unter Umständen nur deswegen verboten, weil ich Stachelmann und der AfD damit recht geben müsste?

»Deswegen spukst du mir die ganze Zeit im Kopf herum«, raune ich, »weil du verdammt nochmal recht hast.«

»Was?« Klara, die inzwischen auf einer Bank neben mir sitzt und ihre Zeitschrift liest, schaut mich an.

»Schon gut, Süße«, sage ich und starre wieder auf das Cover. Das ist also das fehlende Puzzleteil, um zu erkennen, dass Greta Thunberg und die Bewegung der Fridays for Future zwar ein sinnvolles Anliegen haben, mit ihrer Warnung vor dem Weltuntergang aber genauso alarmistisch und apokalyptisch sind wie meine Angst vor dem Weltuntergang. Könnte es also sein, dass der Klimawandel zwar eine große Herausforderung darstellt, meinetwegen auch eine sehr große, ich mich aber ansonsten habe verrückt machen lassen wie ein Teenager? Und dass es unzähligen Erwachsenen auch so geht? Habe ich mich also über die Jahre von einer Massenhysterie anstecken lassen? Oder noch viel schlimmer: Hat unter Umständen meine Generation ihre panische Angst bereits auf ihre Kinder übertragen? Hat meine Tochter denn überhaupt Angst vorm Weltuntergang?!

Mein Blick wandert zur Seite. Klara kaut auf ihrem Kaugummi, lässt die Beine in der Luft baumeln und blättert in ihrer bunten Zeitschrift.

»Sag mal …«

»Ja, Papa?« Sie lächelt mich an. »Was denn?«

»Erinnerst du dich an unser Gespräch in dem Café in Schöneberg – damals, nachdem du dir in der Schule in die Hosen gemacht hast?«

»Ja, du wolltest mit den Politikern schimpfen, damit sie die Toiletten reparieren.«

»Und sonst?«

»Was sonst?« Sie macht eine Kaugummiblase, und als sie platzt, lacht Klara. »Papa, wann ziehen wir hierher?«

»Mal sehen …«

Ich fress'n Besen – die hat überhaupt keine Angst! Okay, vielleicht resultiert ihre Zuversicht ja auch nur aus einem Mangel an Informationen, aber immerhin war es ja in vielen anderen Fragen bei mir und weiteren 94 Prozent der Deutschen[77] genau anders herum: Der Mangel an Informationen hat zu einem unnötig negativen Bild geführt. Würde Klara um die Erkenntnisse des Weltklimarats wissen, wäre das vielleicht anders. Aber werden darin wirklich Prognosen gestellt, die eine solche Aussage zulassen: dass die Tage der Erde gezählt sind? Oder werden diese Befunde unter Umständen in der Öffentlichkeit ... sagen wir mal: ein wenig dramatisiert?

Okay, Möller, ganz ruhig: Die AfD-Fraktion und Herr Trump behaupten, der Mensch habe gar keinen Einfluss aufs Klima, was allerdings schon in den Neunzigerjahren vom Max-Planck-Institut für Meteorologie belegt werden konnte. Insofern ist die AfD natürlich auch klimareligiös – nur eben andersherum, indem sie glaubt, wir hätten gar keinen Einfluss aufs Klima. Aber spätestens bei dieser apokalyptischen Formulierung, die Tage der Erde seien gezählt, die vom Club of Rome bis zu Greta Thunberg wiederholt wird, muss ich mich doch fragen: Ist das nicht wirklich hysterisch? Könnte es also sein, dass das Panik-Modell der Greta Thunberg genauso irrational ist wie das Scheiß-drauf-Modell von Donald Trump? Und dass es erst der verfluchten AfD bedurfte, um mich darauf aufmerksam zu machen?

»Sieht ganz so aus«, lacht Micha ins Telefon, als ich ihm all diese Fragen um die Ohren haue. »Die Erwärmung der Erdoberfläche ist von Menschen gemacht, aber der drohende Weltuntergang ist die absolute Hysterie.«

»Wie bitte?«

»Ja klar! In der Debatte ums Klima wird derzeit vieles nicht berücksichtigt. Die meisten wissen nicht einmal, dass wir in einer Eiszeit leben, was man daran erkennt, dass die Polkappen gefroren sind. Insofern sind wir alle Eiszeitmenschen.

Dass sich auf der Erdoberfläche überhaupt Eis befindet, ist in der Geschichte unseres Planeten ein absoluter Ausnahmezustand. Innerhalb der gegenwärtigen Eiszeit befinden wir uns glücklicherweise in einer Warmzeit, die allerdings dem Ende zugeht, weshalb es auf der Erde eigentlich immer kälter werden müsste. In den Siebzigern haben Forscher genauso alarmierend wie heute vor einer neuen Eiszeit gewarnt – und das wäre die eigentliche Katastrophe, die wir durch den Ausstoß von CO_2 verhindert haben.«

»Du willst also sagen«, sage ich lachend, »es ist gut, dass wir so viel CO_2 in die Luft geblasen haben?«

»Bisher ja – klar! Mit der Industrialisierung haben wir den Lebensstandard massiv erhöht und ganz nebenbei – ohne es zu wissen – ein Klima produziert, das dem sogenannten Optimum der Römerzeit entspricht: ein mildes Klima mit guten Erträgen und einer guten wirtschaftlichen Situation für die Menschen – so wie heute.«

»Willst du mich jetzt komplett verarschen?«

»Nein, Phil – dazu musst du nicht einmal Fachartikel lesen, das findest du sogar bei Wikipedia«, sagt er energisch, »inklusive seriöser Quellen.[78] Ich will ja nicht sagen, dass man einfach so weitermachen soll – das wäre das fatale AfD-Modell. Natürlich müssen wir den CO_2-Ausstoß verringern, aber wenn wir über den Klimawandel sprechen, muss uns klar sein, dass wir mit den CO_2-Emissionen bis jetzt keine Katastrophe erschaffen, sondern eher eine verhindert haben. Zwei Grad weniger hätten für uns alle ungleich dramatischere Auswirkungen als zwei Grad mehr!«

»Okay – sagen wir mal, du hast recht.« Ich reibe meine Schläfen. »Dann zeigt der Bericht des Weltklimarats doch aber deutlich, dass es jetzt wiederum zu warm wird!«

»Dass es *zu* warm wird, sagt er nicht – sondern nur *wie*

warm es werden könnte und welche Folgen dies möglicherweise haben wird.«

»Aber Micha!« Ich atme tief durch. »Ganz Deutschland ist hysterisch deswegen!«

»Das kommt dir vielleicht so vor, weil du selbst hysterisch bist. Und fürs Twitter-Gewitter ist ein Weltuntergang immer gut. Weißt du …« Jetzt klingt er, als würde er sich die Schläfen reiben. »Das ist ja dein erster Weltuntergang, und der ist bekanntlich der schwerste. Ich verstehe deine Angst total, aber sie ist wirklich unangebracht – und kontraproduktiv noch dazu! In den Achtzigern habe ich mich als Jugendlicher von den Bäumen verabschiedet, und zwar für immer, weil sich die Wissenschaftler einig waren, dass der Schwefel in der Luft zu saurem Regen führt und daraufhin erst alle Bäume und dann alle Lebewesen sterben werden. Das war die gleiche apokalyptische Rhetorik, die heute beim Klimawandel zum Einsatz kommt – vielleicht sogar noch einen Tick schlimmer.«

»Und warum gibt es heute noch Bäume?«

»Weil das Waldsterben ausgefallen ist. Der öffentliche Druck wurde irgendwann so groß, dass Gegenmaßnahmen ergriffen wurden …«

»Na siehst du – dann hat die Angst doch zu Verbesserungen geführt!«

»Es ließ sich nie nachweisen, ob diese Veränderungen wirklich einen so großen Effekt hatten oder ob die Wälder tatsächlich so sehr bedroht waren, wie es dargestellt wurde – insbesondere von den Grünen übrigens, die über dieses Thema in die Parlamente eingezogen sind.«

»Aber das ist doch hier anders: Das Klima *wird* nachweislich bedroht«, halte ich dagegen. »Das lässt sich nicht mehr von der Hand weisen. Und damit sind die Proteste doch auch wichtig!«

»Ja, die Proteste sind wichtig – aber ihre Inhalte sind deswegen noch nicht zwingend richtig!«, weist mich Micha zurecht. »Ich will ja gar nicht sagen, dass die Gründe für die Proteste komplett nichtig sind. Sie bedürfen aber einer wichtigen Kurskorrektur. Dass es auf der Erde aufgrund des menschlichen Einflusses momentan wärmer wird, ist nachgewiesen ... aber mehr eben nicht. Nicht, wie warm es wann wird, nicht, was daraus genau folgt, und nicht, wie viel CO_2 wir noch in die Luft blasen dürfen. Das sagt sogar der Direktor am Max-Planck-Institut für Meteorologie in Hamburg, und der ist einer der Leitautoren des letzten IPCC-Berichts! Warte mal eben ...« Ich höre Michas Tastatur klickern, dann liest er mir vor: »›Nach den neuesten Klimaszenarien ist die CO_2-Menge, die wir noch freisetzen können, weitaus größer als bisher angenommen – eine fundamentale Erkenntnis‹, sagt Jochen Marotzke. Oder hier: ›Weder sind wir bei 1,5 Grad auf der sicheren Seite, noch kommt es bei 2 Grad plötzlich zu gefährlichen Wetterereignissen, die nicht auch heute schon auftreten können.‹ Und weiter unten sagt er zu den Kipppunkten, vor denen Greta und Co. ja solche Angst haben: ›Wir können das nicht ausschließen, aber die Belege für solche Kipppunkte sind bisher eher schwach. Am ehesten könnte eine Erwärmung von zwei Grad dazu führen, dass der grönländische Eispanzer abschmilzt, wodurch der Meeresspiegel langfristig um sieben Meter anstiege. Das wäre eine höchst dramatische Veränderung. Aber selbst wenn es dazu käme, würde sich das Abtauen über 3000 Jahre hinziehen. Alle anderen angeblichen Kipppunkte wie das Versiegen des Golfstroms oder das Abschmelzen der Westantarktis sind auf absehbare Zeit unwahrscheinlich.‹ Und jetzt der wichtigste Satz, Phil, hör gut zu: ›Leider geht in der Klimadebatte oftmals das Augenmaß verloren.‹[79] Deutlicher geht es doch nun wirklich nicht mehr!«

»Aber so ähnlich sagt die AfD das doch auch!«

»Na und?«, ruft er ins Telefon. »Dann sagt die AfD das eben – umso wichtiger, dass wir ihnen diese Aussage nicht überlassen! Davon rede ich doch die ganze Zeit: Wir müssen Populisten recht geben, wo sie recht haben. Und wenn die AfD feststellt, dass eine Klimahysterie ausgebrochen ist, dann ist das deswegen nicht falsch. Wir brauchen eben einen aufgeklärten, pragmatischen Umweltschutz, keinen hysterischen und erst recht keinen moralischen Umweltschutz, der uns alle zu Sündern erklärt – auch, weil dadurch Kinder und Jugendliche zu Unrecht in Angst und Schrecken versetzt werden.«

»Du willst also sagen«, wiederhole ich und starre auf Klara, »der Klimaschutz ist eine wichtige Aufgabe, die wir angehen müssen, aber kein Grund zur Panik?«

»Genau! Wie sagt Douglas Adams schon in *Per Anhalter durch die Galaxis*? Don't panic!«[80] Er lacht. »Gerade heiße Eisen muss man mit kühlem Verstand anpacken! Und dazu brauchen wir das, was auch Rosling fordert: eine faktenbasierte Weltsicht.«

»Aber genau das behaupten doch all die Wissenschaftler der Scientists for Future, dass sie sich auf Fakten berufen!«

»Das tun sie ja auch, aber der Schluss, den sie daraus ziehen, ist viel zu apokalyptisch – genau das sagt doch der Mann vom MPI. Weder darf man den Klimawandel verharmlosen oder leugnen wie die AfD, noch grenzenlos dramatisieren wie Greta und die FFF. Dass die Kids sich für besseren Klimaschutz einsetzen, ist großartig – aber bitte ohne Moralismus und ohne die Angst vorm Weltuntergang!«

»Vielleicht würden sie ohne die Angst aber gar nicht auf die Straße gehen.«

»Vielleicht, ja. Das ist aber keine Rechtfertigung dafür, die Angst von Kindern als Kollateralschaden in Kauf zu nehmen.

Die Panik, die Greta Thunberg hat und verbreitet, war noch nie ein guter Ratgeber. Und wenn die Hysterie zu einem Massenphänomen ausartet, dann wird die AfD diesen politischen Fehler genauso geschickt zu nutzen wissen wie die Verharmlosung des Islam. Dann werden sie volle Breitseite gegen die Grünen gehen und versuchen, die Wähler abzuholen, die davon genervt sind, dass die anderen Parteien sich nicht trauen, die momentane Klimadebatte als das darzustellen, was sie ist: hysterisch.«

»Deswegen hat die AfD mir am ersten Tag gesagt: ›Unsere Gegner sind nicht die Linken, sondern die Grünen.‹«

»Siehst du!«

»Sag mal?« Sarah steht plötzlich vor mir vor dem Bahnhofskiosk. »Bist du die ganze Zeit am Telefon?«

»Äh, Micha, ich … ich melde mich wieder, ja?«

»Johoo!«, ruft er ins Telefon. »Tschühüüss!«

»Tut mir leid, aber ich muss dir sofort etwas zeigen!«, sage ich zu Sarah, während Anton sich über seine Zeitschrift freut. »Komm mal mit.« Ich zeige auf das *Zitty*-Cover. »Krass, oder?«

»Was denn?«

»Wenn die Tage der Erde gezählt sind?« Ich fasse mir an den Kopf. »Das ist doch nun wirklich …«

»… total übertrieben, klar.« Sie schnipst einmal vor meinem Gesicht. »Das sind Teenager, hallo?!«

»Aber die Zitty wird doch nicht von Teenagern geschrieben!«

»Nee, sondern von Leuten, die Auflage erzielen wollen – was denn sonst?«

»Aber …« Ich blinzele. »Ich dachte, dir wär' das auch wichtig.«

»Ist es mir ja auch – ich bin Hippie-Kind! Für meine Eltern

ist der Umweltschutz das, was für deine Eltern das Christentum ist. Meine Mutter betet Bäume an, weil für sie alles eine Seele hat, und mein Vater isst die Äpfel mit Griepsch, weil Verschwendung für ihn Sünde ist.« Sie zeigt auf das Cover. »Die Demos sind ja super, endlich ist mal Bewegung in der Sache ... aber der Weltuntergang?« Sie prustet. »Mega übertrieben!«

»Das hättest du mir ruhig mal früher sagen können«, protestiere ich.

»Seit wann lässt du dir denn etwas sagen?« Sie lächelt breit. »Darauf musstest du schon selbst kommen – und jetzt ab nach Hause!«

Grüner wird's nicht!

Mit einem lauten Klicken öffnet sich die Panzerglastür zur Doro101.

»Möller, guten Morgen«, sage ich durch das Mikrophon. »Ich habe einen Termin mit Lisa Badum von den Grünen.«

»Hamm Sie keen Hausausweis?«, fragt die Frau von der Security. »Ick kenn Sie doch.«

»Nicht mehr.« Ich grinse schief. »Und noch nicht.«

Nach der Sicherheitskontrolle laufe ich langsam durch die Lobby des Jakob-Kaiser-Hauses und schaue mich um. Langsam schüttle ich lächelnd meinen Kopf, als ich mir klarmache, dass all das hier nicht Ausdruck einer elitären Dekadenz ist, wie Populisten jeglicher Couleur gern behaupten, oder mehr oder weniger nutzlos, wie ich es bis vor kurzem noch gedacht habe, denn: Wenn man bedenkt, dass die Welt und damit auch Deutschland unterm Strich immer besser werden, dann ist der Bundestag eine funktionierende Institution. Und als mir dann noch wieder einfällt – woran ich mich echt noch gewöhnen muss –, dass der Klimawandel doch nicht den Weltuntergang bedeutet, schließe ich beruhigt die Augen und merke, wie ein sanftes Lächeln mein Gesicht überzieht.

»Hi, Philipp«, höre ich plötzlich Sylwias Stimme. »Hast du gute Laune?«

»Um ehrlich zu sein: ja. Guten Morgen!«

Ich erinnere mich an den Tweet von Christian Lindner vom Mai 2019 angesichts der Friday-for-Future-Demonstrationen, der Klimaschutz sei etwas für Profis, nicht für Kinder und Jugendliche.

Den Rest meiner Gedanken dazu behalte ich lieber für mich: Denn natürlich ist Klimaschutz etwas für Profis – na und? Die Sache ist schließlich kompliziert. Damit ist ja weder gesagt, dass die Kids, die jeden Freitag demonstrieren, zu Hause bleiben oder in die Schule gehen sollten noch dass der Klimawandel kein Problem sei. Es fühlt sich sonderbar an, Lindner recht zu geben, und doch spüre ich nun, da ich der apokalyptischen Filterblase entfliehen konnte, wie stark ich noch in diesen Mustern denke und wie stark der unsichtbare Gruppendruck auf mich wirkt. Denn inzwischen weiß ich ja aus eigener Erfahrung, wie leicht es ist, sich von der Hysterie anstecken zu lassen – und wie schwer, sie loszuwerden. Nun besteht Deutschland zwar nicht nur aus Grünen und deren Wählerinnen und Wählern, aber bei aktuellen Umfragewerten von etwa 20 Prozent,[81] die innerhalb des Milieus, aus dem ich stamme, noch deutlich höher sein dürften, spüre ich sehr deutlich, wie schwer mir meine Kritik gegenüber einer Haltung fällt, die mir in den kommenden zwei Wochen vielfach begegnen wird: Umweltschutz funktioniere vor allem durch Verzicht, und damit eben auch im Rückbau der Wirtschaft. Dass alle, die diesen Weg nicht gehen wollen, als Umweltsünder bezeichnet werden sollten – nach dem Motto: Wer nicht für uns ist, ist gegen uns. Und angeblich seien in der jetzigen Situation theoretisch auch Notstandsgesetze legitim, denn wenn alles auf dem Spiel steht, sei schließlich auch alles erlaubt.

»Guten Morgen allerseits«, grüße ich in die Runde, als wir oben im Büro angekommen sind. »Toll, dass ich bei euch sein kann – danke!«

Als mir auch das restliche Team die Hand schüttelt und

mich so herzlich empfängt wie vor ein paar Wochen, spüre ich schon jetzt, dass es schwerer ist, netten Menschen zu widersprechen. Dazu kommt ja noch: Nach Hans Roslings Buch habe ich in den letzten Tagen angefangen, Steven Pinkers *Aufklärung jetzt!*[82] zu lesen – »das Buch gegen Fake News, Halbwahrheiten und gefühlte Tatsachen«, wie es auf dem Buchrücken heißt. Und während die supernette Lisa, die hier als Referentin arbeitet, mir einen Kaffee anbietet, fühle ich mich richtig schlecht, als ich an die Passagen denke, die Pinker über die Umweltbewegung geschrieben hat: »Die romantische Grüne Bewegung betrachtet die Nutzbarmachung von Energie durch den Menschen nicht als Weg, der Entropie zu entgehen«, also dem natürlichen Energieverlust, der Menschen dazu zwingt, Energie von außen aufzunehmen, »und menschliches Wohlergehen zu fördern, sondern als schreckliches Verbrechen wider die Natur, die grausame Vergeltung üben wird in Gestalt von Ressourcenkriegen, vergifteter Luft und Wasser, sowie dem Klimawandel, der das Ende der Zivilisation bedeutet.«[83] Ein ganzes Kapitel widmet Pinker dem Umweltschutz, das ich in Vorbereitung auf meine Zeit hier verschlungen habe. Darin stellt er ein Konzept vor, das als Ökomodernismus oder auch Ökopragmatismus bezeichnet wird. Dessen »Schlüsselidee ist, dass Umweltprobleme, genau wie andere Probleme, lösbar sind, wenn man über das dazu erforderliche Wissen verfügt.«[84]

Mit Pinkers Argumentation im Kopf setze ich mich zu dieser ausgesprochen sympathischen Truppe. Mir ist schon jetzt schlecht, wenn ich nur daran denke, folgende Fragen tatsächlich zu stellen: Wie steht ihr denn eigentlich zu Greta Thunbergs Forderung an die Weltpolitik, nicht hoffnungsvoll zu sein, sondern in Panik zu verfallen? Was haltet ihr von ihrer Idee, den Klimawandel zu nutzen, um einen Systemwandel zu vollziehen? Was sagt ihr zu ihrem höchst moralischen Vorwurf, der Luxus einiger weniger sei schuld an der Armut der vielen anderen? Fordert auch ihr eine Öko-Diktatur, wie *Der Freitag* im Februar titelte: »Tempolimit, Flugverbot, Kohleausstieg: Hartes Eingreifen rettet den Planeten«.[85] Und wenn ihr Deutschland komplett auf erneuerbare Energien umstellen wollt, wie sieht denn die konkrete Planung dazu aus? Wie viele Windräder, Wasserkraftwerke und Photovoltaikanlagen braucht es dazu? Wie viel Fläche wird dafür benötigt? Liefern diese Energiequellen überhaupt die nötige Stromstabilität, die wir für die meisten industriellen Zwecke brauchen? Was soll das am Ende gekostet haben, und wie werden sich diese Kosten auf den Strompreis auswirken, der jetzt schon deutlich teurer ist als in benachbarten Industrienationen? Welche ökologischen Nebenwirkungen haben Wind- und Sonnenenergieparks? Wie sehr greifen Wasserkraftwerke in die Aquabiotope ein? Wie sollen die riesigen Mengen der Photovoltaikmodule, in denen durchaus auch problematischer Sondermüll vorhanden ist,[86] nach ihrer Lebensspanne entsorgt werden? Und vor allem: Wie soll das zentrale Problem gelöst werden, dass Strom aus erneuerbaren Energien nicht konstant geliefert werden kann, weil der Wind nicht immer weht, die Sonne nicht immer scheint und Speicherlösungen, mit denen eine Wirtschaftsnation wie Deutschland versorgt werden könnte, in technisch weiter Ferne und noch dazu arschteuer sind? Oder vielleicht etwas polemisch gefragt: Wie stellt ihr euch das eigentlich vor, Leute?!

Klar: Für den Kohleabbau werden ganze Landstriche zerstört und Milliarden Tonnen CO_2 in die Luft geblasen, weshalb es natürlich richtig ist, aus der Kohle auszusteigen. Aber müssen wir um jeden Preis sofort aus der Kohle aussteigen, oder so schnell wie möglich? Denn wie wir es auch drehen und wenden: Ohne stabilen und bezahlbaren Strom verlieren wir vor allem weltweit nicht nur ein bisschen unnötigen Luxus, sondern die zwingende Grundlage für ein Leben über der Armutsgrenze. Mag das Ziel also noch so wichtig und nobel sein, das Klima um jeden Preis zu schützen: Solange regenerative Energien noch keine tragfähige Alternative zu fossilen Brennstoffen darstellen – und dazu gibt es eben sehr kontroverse Aussagen –, werden uns vor allem Schwellenländer, die sich mit der Energieversorgung gerade aus der Armut befreien, einen Vogel zeigen, wenn wir sie vom Bau neuer Kohlekraftwerke abhalten wollen. Und das führt unweigerlich zu einer weiteren Frage, die in meinem Notizbuch steht: Gehen wir mal einen Moment von dem nicht unwahrscheinlichen Fall aus, dass mit modernen Kernkraftwerken tatsächlich die vier Probleme alter Meiler gelöst würden. Dass sie erstens »inhärent sicher« seien, in ihnen also gar keine Kernschmelze stattfinden könne. Dass sie zweitens nicht nur ihren eigenen, sondern auch bereits vorhandenen Atommüll so lange recyceln könnten, bis er zu ungefährlichem Metall wird, so dass wir damit auch die scheinbar unlösbare Frage der Endlagerung sehr elegant gelöst hätten. Und gehen wir drittens theoretisch davon aus, dass aus der Technik, die in diesen Generation-IV-Kernkraftwerken zum Einsatz kommt, kein Know-how für Atomwaffen gewonnen werden könnte. Und dass sie viertens klein und kostengünstig in Serie produziert werden könnten. Wenn solche Kernkraftwerke ready to rock sind, liebe Grüne, sprecht ihr euch dann für diese Möglichkeit aus, CO_2-freien Strom zu produzieren, oder lehnt ihr sie aus ideologischen Gründen ab?

Lisa Badum eröffnet die Besprechung. »Starten wir gleich mit der Teamsitzung, oder?«

Himmel, Arsch und Zwirn: Bei der AfD sind mir kritische

Fragen ja leichtgefallen. Aber hier wird mir heiß und kalt, wenn ich nur daran denke, mich mit einer abweichenden Haltung zu outen. Und wie soll das erst werden, wenn ich am Freitag zum ersten Mal bei einer Demo der Fridays for Future mitlaufen werde? Wenn um mich herum vermutlich Tausende Kinder und Jugendliche, deren Eltern, Großeltern, Lehrer und Erzieher skandieren? Etwas benommen sitze ich nun mit den zwei Lisas, mit Sylwia, Benjamin, Joachim und einem jungen Praktikanten im Teammeeting und nicke so viel wie möglich, um nicht aufzufallen. Ganz schnell sind wir natürlich bei dem einen großen, vielleicht größten Thema der letzten Wochen: den Fridays for Future, die hier mit FFF abgekürzt werden.

Meine Frage, wie die Grünen zu FFF stehen, hat sich also schon beantwortet: weil die Ziele der Bewegung mit den Zielen der Grünen zu großen Teilen deckungsgleich sind und weil man zumindest hier im Büro in harter Opposition zu denjenigen steht, die ein kritisches Wort über die Bewegung verlieren. Und hier zeigt sich auch wieder der Empörialismus: Entweder man steht auf der richtigen Seite oder auf der falschen. Und ich bin bis jetzt unschlüssig, wie ich vermitteln kann, dass ich nicht gegen die FFF-Bewegung bin, nur weil ich nicht zu 100 Prozent dafür bin. Wie kann ich klarmachen, dass die Haltung der Rechtspopulisten, der Mensch hätte gar keinen Einfluss aufs Klima, nicht die einzige Alternative zum radikalen Klimaschutz der FFF ist? Und wie kann ich mich der Sympathie für eine Bewegung widersetzen, die zwar ein sinnvolles Ziel hat, die Weltpolitik aber zu Panik auffordert, und stattdessen eine rationale Position zum Klimaschutz einnehmen? Denn in genau diesem gesellschaftlichen Raum, jenseits von Trump auf der einen und Thunberg auf der anderen Seite, hält sich scheinbar niemand auf.

Aber immerhin werden nicht nur Tweets anderer Parteienvertreter hier kritisch beleuchtet, sondern auch eine Äußerung, die aus den eigenen Reihen kommt. Sie stammt ganz frisch vom Grünen Dieter Janecek, der in der Bundestagsfraktion der Grünen für Luft- und Raumfahrt zuständig ist.[87] »Die Lust-Vielfliegerei muss eingedämmt werden«,[88] so Janecek, und greift den Vorschlag eines Mobilitätforschers auf, nach dem jede Person drei internationale Hin- und Rückflüge pro Jahr zum normalen Preis kaufen kann. »Wer mehr fliegen will, muss die Flüge dann von anderen kaufen, die ihr Budget nicht ausschöpfen«, erklärt Janecek. »Dadurch würde die Vielfliegerei teurer.«

Genau das wäre doch eine erste Übung in Roslings *factfulness*, also der Kunst, die Welt genau so zu sehen, wie sie ist. Daraus ergeben sich für mich drei Fragen, die ich zwischen der Teamsitzung und dem anschließenden Treffen der Arbeitsgruppe Energie und Klima beantworten möchte: Was hat Dieter Janecek genau gesagt? Und am wichtigsten: Stimmt denn die landläufige Behauptung überhaupt, Flugreisen seien der Klimakiller Nummer eins?

Aber auch die weitere Teamsitzung zeigt, dass ich hier ganz nah am Puls der Zeit gelandet bin: Erneuerbare Energien im Stromsektor sind ein Thema, bei dem die Grünen die Position vertreten, die Strompreise würden durch sie sinken – was im Rahmen der bisherigen Energiewende leider nicht stimmt. Außerdem stellt sich die Frage: Wenn sich demnächst eine Gruppe des Namens Scientists for Future gründet, um den jugendlichen Demonstranten von Fridays for Future wissenschaftlich den Rücken zu stärken, wäre es dann nicht auch sinnvoll, die Politicians for Future zu gründen? Die Frage wird von Lisa und dem Team immer einmal wieder diskutiert, aber während meines Praktikums nicht entschieden. Passen würde es ja dennoch, finde ich, zumal Lisa Badums MdB-Motto. lautet: »Die Uhr tickt«, und von genau diesem Drohszenario lebt schließlich die gesamte FFF-Bewegung. Ebenso, wie ich es bei der FDP und der AfD erlebt habe, wird sehr genau beobachtet, was die anderen Fraktionen tun, und da bilden die Grünen keine Ausnahme.

Nach der Besprechung rauschen alle an ihre Schreibtische zurück, weil ich aber hier keinen Arbeitsplatz habe, setze ich mich mit dem Laptop auf dem Schoß an den büroeigenen Couchtisch.

Bei den Fraktionskolleginnen und -kollegen der Grünen wurde nur über einen Teil von Janeceks Aussage diskutiert. Er will also, dass jeder Bürger drei Flüge buchen kann, danach soll es richtig teuer werden. Das ganze Interview mit ihm liest sich aber deutlich differenzierter.[89] Zuerst einmal spricht er sich nämlich dafür aus, die Zugverbindungen in Deutschland zu verbessern, um Inlandflüge zu vermeiden. »Ich glaube nicht daran«, so Janecek außerdem, »dass wir das Klima retten, indem wir individuelles Verhalten geißeln«, was mir im Zusammenhang mit dem Vorwurf an die Grünen, sie seien eine moralisierende Verbotspartei, auch viel besser gefällt. Aus dem Rest seines Interviews geht hervor, dass er so etwas wie einen kleinen Emissionshandel für Flüge einführen würde. Dabei müsste jeder, der mehr als dreimal hin und zurück fliegt, das Recht auf weitere Flüge bei denjenigen kaufen, die ihre Flüge nicht wahrnehmen. Dabei entstände ein freier Markt, an dem die Nichtflieger verdienen würden. Ob dadurch unterm Strich tatsächlich erheblich weniger geflogen werden würde? Genau hier komme ich zu meiner nächsten Frage: Von welchem Problem reden wir hier eigentlich? Spätestens mit dem Auftreten von Greta Thunberg schämen sich viele Menschen regelrecht fürs Fliegen. Dass Fliegen sozial höchst ungerecht ist, weil es ohnehin nur für einen kleinen Teil der Weltbevölkerung erschwinglich ist, sei mal dahingestellt, ebenso dass der Flugverkehr immer weiter zunimmt, wie DIE ZEIT in ihrem biblisch betitelten Beitrag »Die Hölle am Himmel«[90] darlegte. Aber gehen wir mal für einen Moment von dem gänzlich unrealistischen Szenario aus, der gesamte Flugverkehr würde von heute auf morgen eingestellt, und die Reisen würden nicht auf andere Verkehrsmittel verschoben werden, sondern einfach wegfallen … Wie groß wäre der Anteil an CO_2, den wir dadurch einsparen würden? Die Antwort darauf lautet: 2,69 Prozent,[91] auch wenn der Anteil am Klimawandel durch die Emission im empfindlichen Teil der Atmosphäre höher eingeschätzt wird.[92] Natürlich kann man sagen: Jedes bisschen zählt – aber sollten wir uns beim Bekämpfen des Klimawandels nicht vor allem um die großen Schwungräder kümmern?

In Europa kommt noch ein weiterer Aspekt hinzu: Alle inneneuropäischen Flüge nehmen am Emissionshandel der EU teil. Für jede Tonne Treibhausgase, die durch Flugzeuge in die Luft geblasen werden, müssen die Fluggesellschaften Zertifikate kaufen, die dann auf dem Markt fehlen, wodurch ihr Preis steigt. Weil der Emissionshandel an die Klimaziele vom Pariser Abkommen angepasst wird, also weniger Zertifikate vergeben werden, steigt der Druck in den anderen teilnehmenden Sektoren zunehmend, klimaneutrale Alternativen zu entwickeln. Stimmt es also gar nicht, dass man dem Problem mit Verzicht wirksam begegnen kann? Der Kfz-Verkehr nimmt an diesem Emissionshandel hingegen nicht teil, so dass ein innereuropäischer Flug zwar pro Kilometer deutlich mehr CO_2 verursacht als eine Autofahrt, aber – so paradox das klingen mag – unterm Strich sogar klimafreundlicher ist. Eine Zugfahrt würde natürlich Abhilfe schaffen, weshalb der erste Teil von Janeceks Vorschlag sinnvoll ist. Wer aber beispielsweise von Berlin nach Portugal mit der Bahn fahren möchte, muss in Köln, Brüssel und zweimal in Paris umsteigen und kann in den knapp 33 Stunden locker den *Nachtzug nach Lissabon* lesen – oder kritische Literatur zum Thema Klimaschutz.

»Wir würden dann in die AG Energie und Klima gehen«, sagt Lisa Badum im Vorbeigehen zu mir. »Kommst du mit?«

Mit meinem Notizbüchlein in der Hand laufe ich neben ihr auf den Fahrstuhl zu, aber Lisa biegt rechts ab und nimmt die Treppen, was Strom spart und außerdem gut für die Kondition ist. Im Sitzungsraum angekommen, stelle ich mich den etwa zehn Anwesenden mit meiner üblichen Weltrettungs-Floskel vor, die hier natürlich gern gehört wird. Hier stelle ich schnell einen weiteren gravierenden Unterschied zu den anderen Fraktionen fest: Die Frauenquote ist, wie schon in Lisas Büro, deutlich höher als in den anderen Fraktionen, und auch der Altersdurchschnitt dürfte irgendwo um die vierzig liegen. Neben Lisa sitzt Julia Verlinden, eine sympathische Frau, die mir zuerst durch ihre angenehme Stimme auffällt. Mir gegenüber sitzt Ingrid Nestle, die ebenfalls höchstens einen Tick älter als ich sein dürfte und eine genauso ruhige Art am Leibe hat wie ihre Kolleginnen hier. Einen der Typen neben mir ist in sein Handy vertieft und hackt zwischendurch lautstark auf seinem Laptop herum. Ungestört davon entwickelt sich in dieser Runde nun ein Gespräch über den Referentenentwurf eines Klimaschutzgesetzes aus dem Hause Svenja Schulze. Dem kann ich erst einmal nicht inhaltlich folgen, weil ich erschrocken feststellen muss, wie sympathisch die Grünen mir doch sind: Alle lassen sich ausreden, äußern sich fachlich und unaufgeregt, lachen miteinander, und trotz der Hierarchie herrscht hier ein fast verdächtig gutes Klima. Abgesehen von meinem Nachbarn gibt es noch einen Unterschied zu den anderen Fraktionen: Niemand starrt während des Meetings unentwegt auf irgendein Display, statt zuzuhören. Das gefällt mir so sehr, dass ich eine böse Ahnung entwickle, die sicher nicht revolutionär ist, für meinen Ausflug in die Politik aber doch relevant: In der Politik geht es eben nicht nur um Inhalte, um harte Fakten und gute Argumente, sondern es menschelt auch hier, und zwar nicht zu knapp und in Form des Halo-Effekts. Sozialpsychologen zufolge schließen wir nämlich von bekannten auf unbekannte Eigenschaften – obwohl diese Eigenschaften überhaupt nichts miteinander zu tun haben. Hart ausgedrückt bedeutet das, dass wir uns sympathische und attraktive Personen für fleißig und schlau und unsympathische und unattraktive Menschen für faul und dumm halten.

»Der Franz kommt ja heute noch zu uns.« Lisa zeigt auf den leeren Stuhl, der neben ihr am Kopf des Besprechungstisches steht. Die anderen Anwesenden nicken. »Er wird ja heute Abend noch beim Fachgespräch über den Atomausstieg reden.«

Lisa schaut in ihre Notizen. »Aber zurück zum Klimaschutzgesetz: Leider sind die Sektorziele nicht konform mit dem Pariser Abkommen. Außerdem ist es als einfaches Gesetz nicht ausreichend. Deswegen sollten wir uns jetzt mit aller Kraft dafür einsetzen, dass der Klimaschutz ins Grundgesetz aufgenommen wird. Nur so kann …«

Der Auftritt eines älteren Herren im Anzug unterbricht Lisas Satz, und als er neben ihr Platz genommen hat, schüttelt er demonstrativ sein Handgelenk, an dem eine große Uhr hängt. Vorstellen muss der Mann mit der schweren Stirn sich offenbar nicht, und auch eine freundliche Begrüßung scheint in seinem Zeitplan nicht vorgesehen zu sein. Stattdessen fragt er kurz nach, ob es gerade um das Klimaschutzgesetz geht.

Wer mag das wohl sein? Wer kann einfach so in diese Arbeitsgruppe spazieren, in der eben noch wohlige Atmosphäre herrschte, und so lange Mansplaining betreiben, bis die Damen, die sich bis eben so rege wie fair am Gespräch beteiligt hat, jetzt nur noch in die Ferne schauen und die Dinkel-Doppelkekse aus dem Bioladen knabbern?

Lange redet der Herr über das Gebäudeenergiegesetz, das in Baden-Württemberg seit 2015 jedem Häuslebauer vorschreibt, bei der Sanierung seiner Heizung mindestens 15 Prozent aus erneuerbaren Energien zu produzieren – und diese Regelung würde er auch auf Bundesebene bevorzugen.

Als der Herr geht, packt auch der junge Mann neben mir sein mobiles Büro zusammen, fischt unter dem Tisch einen Fahrradhelm und eine Regenjacke hervor, nickt kurz in die Runde, dann ist er weg.

»Wer war denn der Typ eben?«, frage ich Lisa leise, als die Runde sich auflöst, und zeige auf den Platz neben ihr.

»Der Typ?« Sie muss kichern. »Franz Untersteller ist Umweltminister in Baden-Württemberg und Mitglied im Bundesrat.«

»Verstehe.« Ich grinse. »Das beruhigt mich ja etwas …«

»Was denn?«

»Dass es auch bei den Grünen Patriarchen gibt.«

Die Gretchenfrage mal anders

Der große Sitzungssaal im Marie-Elisabeth-Lüders-Haus, dessen riesige Fensterfronten einen phantastischen Blick über die Spree auf das Reichstagsgebäude erlauben, ist unten wie oben voll besetzt, als ich mir einen Platz auf der Zuschauertribüne suche. »Atomausstieg weltweit – utopisch oder logisch?«, steht auf einem Banner hinter dem Rednerpult. Dazu haben die Graphiker gelbe Radioaktivitätszeichen auf einen roten Globus gebastelt. »Deutschland hat fraktionsübergreifend den Ausstieg aus der Atomkraft beschlossen«, lese ich in der Veranstaltungsbeschreibung, »doch das weltweite atomare Karussell dreht sich nach wie vor kräftig weiter.«[93]

Über vier Stunden sitzen hier schon Mitglieder der Grünen aus Bund und Ländern zusammen, unter anderem Toni Hofreiter, die Leiterin des Umweltausschusses Silvia Kotting-Uhl und die Parlamentarische Staatssekretärin beim Bundesministerium für Umwelt, Naturschutz und nukleare Sicherheit, Rita Schwarzelühr-Sutter. Große Namen also, die sich hier versammelt haben, aber was mich viel eher interessiert: Findet hier eine kritisch-rationale, evidenzbasierte und ergebnisoffene Auseinandersetzung mit dem Thema statt? Oder dient die Sitzung hier dazu, dass sich die Grünen in ihrer Haltung gegenseitig bestätigen? Letztere Vermutung liegt nahe, denn natürlich ist der Kampf gegen die Atomkraft ein ureigenes Thema der Partei, vielleicht sogar das grüne Thema schlechthin, weil sie unter anderem aus der Anti-AKW-Bewegung hervorgegangen ist.

Ich selbst habe diese Haltung ja auch mein Leben lang vertreten, aber nachdem ich schon lernen musste, dass ich mich beim anstehenden Weltuntergang mächtig getäuscht habe, habe ich auch bei der Auseinandersetzung mit dem Forschungsstand in der Kernkraft Bauklötze gestaunt. Meine Annahmen über diese Art der Energiegewinnung, das muss ich mir heute eingestehen, speisten sich bis dahin nämlich aus drei wesentlichen Quellen: aus meinen diffusen Erinnerungen an mein sechstes Lebensjahr, als wir wegen der nuklearen Apokalypse in Tschernobyl bei Regen nicht draußen spielen durften, aus zahllosen Bildern von Gasmasken und Geigerzählern vor gigantischen Schornsteinen, und nicht zuletzt aus dem Job einer Zeichentrickfigur, die mich viele Jahre meines Lebens begleitet hat – Homer Simpson, der saublöde Sicherheitsbeauftragte in Sektor 7G des Atomkraftwerks von Springfield, in dem der neongrün leuchtende Atommüll in offenen Fässern gelagert wird. In den 1980er und 1990er Jahren waren meine Eltern, Tanten, Onkel, Lehrerinnen und Lehrer allesamt vollkommen selbstverständlich AKW-Gegner – das war noch sicherer als das Amen in der Kirche. Als Jugendlicher, fern von jeglichem technischen Verständnis, das über mein Fahrrad und meine E-Gitarre hinausging, stellte ich noch viel wichtigere Dinge fest: Die Eltern meiner Freunde, die VW-Busse mit Atomkraft-nein-danke-Aufklebern fuhren, spielten nicht nur das gleiche Instrument wie ich, sondern rauchten auch das gleiche Kraut. Die lebten in Kreuzberger WGs, hörten coole Musik, waren schon gechillt, als es das Wort noch gar nicht gab, und erzogen ihre Kinder so antiautoritär, dass wir dort wirklich alles tun konnten, was wir wollten. Und mit wem wir wollten. Und so oft wir wollten. Wozu hätte ich mich also mit Atomkraft auseinandersetzen sollen, wenn so klar war, dass die richtigen Leute dagegen sind?

Entsprechend wundert es mich nicht, dass ich bis vor kurzem nicht einmal wusste, wie Kernkraft überhaupt funktioniert, sondern irgendwie geglaubt habe, man könne an das strahlende Uran quasi direkt ein Kabel anschließen. Ganz ehrlich: mir war nicht klar, dass mit dem gigantischen Maß an Energie, das bei der Kernspaltung freigesetzt wird, das Gleiche geschieht wie in einem Kohlekraftwerk: Wasser wird erhitzt, verdampft daraufhin, und mittels dieses Wasserdampfs werden Turbinen angetrieben, die in gigantischen Fahrraddynamos Strom erzeugen – that's it. Aber auch einen wichtigen Unterschied zu den Kohlekraftwerken habe ich mir damit nie vergegenwärtigt: Aus den Schornsteinen der Kernkraftwerke kommt oben reiner Wasserdampf heraus. Ein weiterer Unterschied wiederum besteht darin, dass sich die Energiemenge aus dem Produkt der winzigen Masse des bei der Spaltung freigewordenen Atoms und der Lichtgeschwindigkeit im Quadrat berechnet. Die genaueren Formeln dazu erinnern böse an den Physikunterricht,[94] aber das Ergebnis ist bombastisch: Aus einem einzigen Gramm Uran können knapp 20000° Kilowattstunden Strom gewonnen werden, also etwa so viel, wie zwölf Menschen in einem ganzen Jahr zu Hause verbrauchen. Für die gleiche Menge Energie wären 2,5 Tonnen Steinkohle nötig, also die 2,5-millionenfache Menge.

Auch wenn es im ersten Moment pervers klingt, die Zahl der Todesopfer miteinander zu vergleichen, die die verschiedenen Arten der Energieproduktion fordern, schneidet die Kernkraft dabei schockierend gut ab: Die Kohlekraft verursacht etwa 170 Tote pro produzierter Terawattstunde, Öl hingegen 36 Tote, Wasserkraft verursacht 1,4 Tote, Solarenergie 0,44 und die Kernkraft 0,09 Tote.[95] Und an dem Gedanken, diese Zahlen als Indikator für ihre Nutzbarkeit heranzuziehen, kann ich auch nach langem Nachdenken nichts Problematisches feststellen. Natürlich ist das Verhindern menschlicher Opfer nicht das einzige Ziel, aber auch wenn es verrückt klingt: In allen anderen Disziplinen scheint die Kernkraft erst recht eine zuverlässige und bezahlbare Ergänzung auf dem Weg zu sein, die schmutzige Kohlekraft abzuschaffen und auf saubere, aber unzuverlässige und auf Dauer teure erneuerbare Energien umzustellen. Und wenn der Bundestag ein Ort sein soll, an dem die verschiedenen Aspekte eines Phänomens gleichermaßen und vorurteilsfrei beleuchtet werden, um auf diese Weise ein Problem wie den Klimawandel zu lösen, wäre eine evidenzbasierte und ergebnisoffene Diskussion genau das, was ich von jeder einzelnen Partei hier erwarte.

Meine Erwartungen daran sind jedoch spätestens nach einem Gespräch auf null gegangen, das ich kurz zuvor draußen geführt habe.

»Die Debatte brauchst du in Deutschland nicht mehr zu führen«, erklärte mir eben noch ein Mann. »Jede Partei, die das Thema auch nur anrührt, ist sofort verbrannt – dabei wäre Kernkraft der momentan einzig verfügbare Weg, aus der Kohle auszusteigen, ohne dass in Süddeutschland bald zwischenzeitlich die Lichter ausgehen.«

»Und woher weißt du das so genau?«

»Du sagtest eben, du willst ein Buch schreiben?« Als ich nicke, lächelt er. »Dann sagen wir es mal so: Ich arbeite seit vielen Jahren für die Regierung in der Energiepolitik – ich weiß, wovon ich rede, würde meinen Job aber gern behalten.«

Gedämpft werden diese Erwartungen auch, als ich mir die

Flyer und Broschüren anschaue, die ich mir von der Auslage vor dem Saal mitgenommen habe. Hier werden sämtliche graphischen und sprachlichen Register der Apokalypse gezogen: »Ihr steigt schon mein ganzes Leben lang aus«, steht neben der rothaarigen Zora (18) auf dem einem Flyer der Organisation *.ausgestrahlt – gemeinsam gegen Atomkraft.*[96]

Um die »unbeherrschbare Hochrisikotechnologie« Atomkraft geht es heute, und auch wenn ich kein Atomphysiker bin, der die Folgen genau abschätzen kann, zeigt sich auch hier wieder: Die Welt ist nicht so einfach problematisch, wie ich bisher dachte.

»Wir Grüne stehen für eine Welt ohne Atomkraft«, ist auf der parteieigenen Homepage unter einem Bild zu lesen, auf dem dichter Qualm aus den Schloten eines Kernkraftwerks aufsteigt. Der Himmel ist bedrohlich rot, weiter hinten stehen zwei Windräder.[97]

Als ich die Zeitschriften und mein Handy weglege, fragt eine Frau aus dem Plenum gerade, wie es sein könne, dass der ITER nun als Klimaprojekt bezeichnet und daher mit 20 Milliarden Euro vom Europäischen Parlament gefördert werde – woraufhin im Saal ungläubig gelacht wird, was ich jedoch überhaupt nicht witzig finde, denn:

ITER steht für *International Thermonuclear Experimental Reactor* und ist das vielleicht spannendste Projekt, an dem momentan weltweit geforscht wird: die Kernfusion. In einem Forschungsreaktor in Südfrankreich arbeitet ein internationales Team daran, eben nicht durch die Spaltung von Atomkernen, sondern durch ihre Verschmelzung Energie zu gewinnen – so, wie es die Sonne tut. Und so wundert mich kaum, was ich auf der letzten Seite des letzten Buchs von Stephen Hawking *Kurze Antworten* lese:

»Von welcher – kleinen oder großen – Idee, welche die

Welt verändern kann«, wird Hawking gefragt, »wünschen Sie, dass die Menschheit sie umsetzt?«

»Das ist einfach zu beantworten«, sagt er geradeheraus. »Ich wünsche mir die Weiterentwicklung der Fusionsenergie, die uns ein unbegrenztes Quantum an sauberer Energie liefern würde. Und den Umstieg auf Elektroautos. Kernfusion würde zu einer praktischen Energiequelle und uns – ohne Umweltverschmutzung oder globale Erwärmung – mit einem unerschöpflichen Vorrat an Energie versorgen.«[98]

»Es gibt keine Position gegen die Kernfusion im Deutschen Bundestag«, antwortet Frau Kotting-Uhl, aber: »Die Grünen sind gegen die Kernfusion, Die Linken auch, die SPD ist ein bisschen dagegen, ist aber für die Grundlagenforschung. Wir sagen aber schon lange: das ist eine unglaubliche finanzielle Falle. Bis die Kernfusion mal da ist – wenn sie denn kommt, also frühestens 2055 –, müssen wir längst eine andere Energieversorgung haben. Erneuerbare Energien werden bis dahin so spottbillig sein«, erklärt sie, »dass niemand mehr eine solche Riesenanlage braucht – also auch das ist rausgeschmissenes Geld.«[99]

Lange Erklärvideos zur Kernkraft folgen und dann der Vortrag von Hubert Weiger, Vorsitzender des BUND, der ebenfalls erklärt, dass Atomkraftwerke viel zu teuer seien, um sie wirtschaftlich sinnvoll nutzen zu können. Ganz anders sieht das ein Yin Jun von der chinesischen Botschaft. Stolz erklärt er, dass in China allein im Jahr 2018 der Bau sieben neuer Atomkraftwerke gestartet wurde. »Wir bauen Kernkraft als saubere Energiequelle aus«, sagt er in gebrochenem Englisch, »weil wir uns dem Klimawandel stellen.«

Ein Raunen geht durch den Saal, als er anhand von Graphiken zeigt, wie der Anteil der durch Kohle gewonnenen Energie herunter- und der Anteil der sauberen Energie in Form von Kernkraft und erneuerbarer Energie hochgeht. Dabei verfolgt China eine Strategie, die mir sehr plausibel erscheint: An der stark bevölkerten Küste, wo viel Energie benötigt wird und der Wind stark weht, werden Windkraftwerke gebaut. Im Landesinneren hingegen setzt China auf Atomkraft.

Bevor China also für fast 1,5 Milliarden Menschen weiterhin Kohlestrom produziert und damit den jetzt schon gigantischen Anteil am weltweit produzierten CO_2 noch erhöht, könnte man sich schon fragen, finde ich, ob moderne und sichere Atomkraftwerke die bessere Alternative wären.

Jetzt ist aber erst Valérie Faudon an der Reihe. Sie vertritt die französische Vereinigung für Nuklearenergie und ist, wie zu erwarten, Befürworterin der Kernkraft. Zu der sei sie geworden, weil sie erkannt habe, dass der Klimawandel unsere größte Herausforderung sei, der wir durch eine Kombination aus Wind-, Solar und Kernenergie effizient und sicher begegnen könnten. Siebzig Prozent der weltweit produzierten Energie, sagt sie, komme momentan aus Kohle und Gas, und nun blieben uns noch 30 Jahre, um diesen Wert auf null zu senken. Dazu käme das Problem, dass der weltweite Energiebedarf sich innerhalb exakt dieser 30 Jahre verdoppeln werde. Angesichts dieser Tatsachen halte sie die Forderung, eine verfügbare, zuverlässige und CO_2-freie Energieproduktionsweise aus der Liste der Möglichkeiten zu streichen, für ein vollkommen unnötiges Risiko. Das könne bedeuten, den Kampf gegen den Klimawandel zu verlieren. Deshalb habe sie vier Botschaften: Zuerst sei Kernkraft ein effizienter Weg, CO_2 einzusparen, was man daran erkenne, dass Kernkraft seit ihrer Erfindung so viel CO_2 eingespart habe, wie die gesamte Welt in fünf Jahren an Energieproduktion verbrauche. Vier europäische Länder hätten es bereits geschafft, erklärt sie auf

Englisch in die absolute Stille im Raum hinein, ihren Strom komplett CO_2-frei zu produzieren: Norwegen, wo 100 Prozent aus Wasserkraft gewonnen werden, sowie Schweden, Frankreich und die Schweiz, die allesamt eine Kombination aus erneuerbaren Energien und Nuklearkraft einsetzten. »So you can do it!«, sagt sie. Zweitens, so die Französin, solle man sich die Länder anschauen, in denen man entschieden habe, aus der Kernkraft auszusteigen. Mit Ausnahme des sehr reichen Deutschlands, in dem die Menschen bisher offenbar bereit und in der Lage seien, die teure Energiewende durch höhere Stromkosten zu tragen, werde die benötigte Energie in allen anderen Ländern, etwa den USA oder Japan, durch Gaskraftwerke ersetzt. Daran zeige sich drittens, dass die Lösungen hier gegeneinander ausgespielt werden, statt sie miteinander zu kombinieren – und der Verlierer sei das Klima. Zuletzt verweist Madame Faudon auf den letzten Weltklimarat-Report, der für alle Emissionspfade, die die Erderwärmung auf 1,5 Grad begrenzen, einen zwei- bis fünffachen Ausbau der Kernkraft vorsehe. Sie sei davon überzeugt, schließt sie ihren Vortrag ab, dass Klimaschutzziele nur erreicht werden könnten, indem man alle verfügbaren Möglichkeiten der Stromproduktion nutze. Damit lächelt sie in den Saal – und erntet absolute Stille. Kein anerkennendes Nicken, kein einziges Klopfen, nicht einmal als rein menschliche Anerkennung dafür, dass sie es gewagt hat, vor einer ganzen Gruppe Kernkraftgegner diese Position einzunehmen.

Betreten schaut die Dame in den Raum, aber an ihrem Lächeln meine ich zu erkennen, dass sie mit genau dieser Reaktion schon gerechnet hat.

Franz Untersteller wird nun losgelassen und hält der Französin entgegen: Viel zu teuer sei das alles, das habe man doch gesehen, und ohne die Betrachtung der Risiken sei die Kernkraft allein schon aus ökonomischen Gründen vollkommen abwegig.

Drei interessante Fragen kommen aus dem Publikum: Wie gedenkt China mit dem nuklearen Restmüll umzugehen? Was sagt Madame Faudon zu den Störfällen in den französischen Kraftwerken? Und was bedeutet Bill Gates' Engagement für Kernkraft innerhalb der Atompolitik?

Yin Jun antwortet frei heraus: »I don't know.« Er wisse es einfach nicht. Es täte ihm auch sehr leid, aber da müsste er seine Kollegen in Peking fragen und würde die Antwort dann gern schriftlich nachreichen. Valérie Faudon erklärt, dass der Umgang mit Atommüll auch dank der Arbeit der Grünen, die diesbezüglich viel Druck auf die Industrie ausgeübt hätten, inzwischen sehr gut laufe. Die geringe Menge des Mülls sei durch ein gutes Management so gelagert, dass wir ihm nicht ausgesetzt seien. Sobald wir jedoch diesen Raum verließen, hält sie dagegen, seien wir alle der Luftverschmutzung durch fossile Brennstoffe ausgesetzt, die die Gesundheit von viel mehr Menschen beträfe. »Think about it«, fügt sie zum Abschluss hinzu, »there will be no climate change and no air pollution!«

Was Bill Gates angeht, wirft der Mann von Greenpeace noch ein, so wolle der vermutlich bloß seine Milliarde wieder reinkriegen, die er in Kernkraft investiert habe. Ich persönlich halte das angesichts des Vermögens, das Bill Gates hat und in zahlreiche andere Weltrettungsprojekte investiert, für sehr unwahrscheinlich. Doch auch hier legt Madame Faudon Widerspruch ein und erklärt, dass es in den USA inzwischen über 50 Start-ups der Nuklearindustrie gebe, inklusive TerraPower von Bill Gates, und dass auch China längst viel Geld in die Erforschung und Entwicklung neuartiger Kernkraftwerke stecke. Dass sie mit solchen Argumenten aber nicht zu den Grünen vordringt, beweist nicht nur Franz Untersteller, der noch einmal regelrecht sauer wird, sondern auch die Vorsitzende des Umweltausschuss des Deutschen Bundestags, die das Schlusswort hält.

»Ich will allen, die hier waren, danken, und auch ausdrücklich denjenigen, die hier pro Atom argumentiert haben«, betont Frau Kotting-Uhl, »weil es auch für uns wichtig ist, uns immer wieder mit den Argumenten auseinanderzusetzen. Es wird Sie vielleicht trotzdem nicht wundern«, sagt sie in Richtung der Französin, »dass mich die Argumente nicht überzeugt haben.« Dann wendet sie sich an den restlichen Saal. »Auch den Menschen in der Bewegung, die heute in der Mehrzahl da sind, will ich noch mal sagen: Sie haben den Atomausstieg bewerkstelligt, und ich glaube, Sie wissen nach wie vor, und egal wie viele Gegenargumente kommen, warum.«

Genau das ist vielleicht auch die Definition für eine Sichtweise, die man ja nicht gleich als ideologisch bezeichnen muss, die aber blind für eine andere Perspektive und taub für neue Argumente ist – und damit immun dagegen, die eigene Meinung kritisch zu hinterfragen. Nach zwei Stunden verlasse ich den Saal, greife im Foyer einen Weißwein ab und halte Ausschau nach Madame Faudon. Durch die Glasscheiben beobachte ich, wie sie von mehreren Leuten belagert wird, und während ich auf sie warte, trinke ich mir ein bisschen Mut an. Nicht weil ich zu schüchtern wäre, sie anzusprechen, sondern weil ich in der Gemeinde der Grünen schon allein durch ein Gespräch mit ihr als jemand wahrgenommen werden könnte, der sich – Achtung! – nicht vollends gegen die Nutzung von Kernkraft ausspricht. Denn so ist das ja im Empörialismus: Wer nicht komplett auf der richtigen Seite steht, der steht eben auf der falschen. Ich schaue mich um: Ist jemand aus dem Büro Badum in der Nähe? Oder sonst jemand, der mich schon kennt?

»Excuse me«, spreche ich Madame Faudon so freundlich wie möglich an, als sie plötzlich an mir vorbeiläuft, sehe allerdings, dass sie zwar lächelt, aber schon leicht mit den Augen rollt. »I wanted to thank you«, sage ich, woraufhin sie stehen bleibt.

»Thank me?« Sie blinzelt. »Are you serious? Because you would be the first one today.«

»Yes, I …« Ich schaue mich nervös um. »I think you have very good arguments, and …«

»I may have good arguments«, sagt sie lächelnd, »but I don't have a wine – shall we?«

Mit diesen Worten besorgen wir auch ihr ein Glas Weißwein und stellen uns mitten im grünen Getümmel an einen der Bistrotische. Aus dem Augenwinkel nehme ich skeptische bis ablehnende Blicke wahr, denn ganz offensichtlich führen wir das Gegenteil eines Streitgesprächs, aber so werden wir wenigstens in Ruhe gelassen. Madame Faudon berichtet mir, dass sie viele Länder bereise, um über Kernkraft zu sprechen, doch das deutsche Publikum sei mit Abstand das ideologischste. Wie ein Gottesdienst komme ihr diese Veranstaltung vor, woraufhin wir feststellen, beide vom Ökomodernismus angetan zu sein, der davon ausgeht, dass die Menschheit in der Lage ist, durch Kreativität und mit Innovationen Umweltprobleme zu lösen.

Lukas nervt

Die AG Umwelt der Grünen ist so groß, dass sie in einer der Rotunden des PLH stattfindet. Die Abgeordnete Steffi Lemke berichtet davon, dass das Waldsterben immer schlimmer werde, und daraufhin die Grundsatzfrage debattiert wird, wie die Menschheit solche Dinge verhindern könne, fällt mir ein herrlich verrückter Typ ein: Michael Braungart.

Dem damaligen US-Präsidenten George W. Bush hat der Chemiker vorgeschlagen, die elektrischen Stühle mit Solarstrom zu betreiben, und der deutschen Umweltbewegung hält er vor, die Welt retten zu wollen, dabei aber alles nur noch schlimmer zu machen.[100] Sein Gegenentwurf zu einem Lebensstil des Verzichts kürzt er mit C2C ab – Cradle to Cradle, und das knüpft bei genau dieser Freundschaft zwischen Ökologie und Ökonomie an. Statt auf Recycling, bei dem aus dem Rest schlecht entworfener Produkte irgendwie versucht wird, das Beste zu machen, setzt Braungart auf Upcycling, bei dem Produkte von Anfang an so entworfen werden, dass sich ihre Einzelteile zu 100 Prozent wieder in den Kreislauf einfügen. »Weniger schlecht ist noch lange nicht gut!«, lautet das Motto der Cradle-to-Cradle-Bewegung, die international immer mehr Fürsprecher findet. Und so wurden auf der Basis dieses Konzepts Häuser gebaut, die mehr Energie produzieren, als sie verbrauchen, oder Fabriken, aus denen das Wasser sauberer herausfließt, als es zuvor hineingeflossen ist. Es gibt inzwischen auch C2C-Windeln, die nach ihrem eher beschissenen

Dasein nicht die städtischen Müllberge füllen, sondern Bäumen in Trockengebieten Nahrung bieten ... Und weil Michael Braungart meint, dass wir nicht unseren negativen Fußabdruck verkleinern, sondern unseren positiven Fußabdruck vergrößern sollten, lautet der Titel seines Buches: *Intelligente Verschwendung – der progressive Gegenentwurf zum Verzicht*.[101]

Als die Themen der AG durch sind, öffnen sich die Türen, und nach und nach betreten immer mehr Leute den Saal – unter anderem Cem Özdemir und Renate Künast. Oli Krischer, der gestern schon die Atomdebatte moderiert hat und bei den Grünen für Umwelt, Energie, Landwirtschaft und Verkehr zuständig ist, leitet den großen AK2, und so sind wir natürlich wieder schnell bei Dieter Janeceks Flugverbotsvorschlag.

Man sollte nicht über Lebensstil diskutieren, hält Cem Özdemir dagegen, sondern über strukturelle Fragen, etwa warum es billiger sei, zu fliegen, als Bahn zu fahren.

Danach fragt man sich, wie man die Debatte über die FFF ins Plenum bekäme. Dies gehe nämlich vermutlich nur über eine aktuelle Stunde, also ein kurzfristig eingereichtes Diskussionsformat, aber dafür müsste man die Debatte zum Jahrestag über Fukushima rausschmeißen. Dass man die FFF nicht vereinnahmen wolle, ist hier klar, und Renate Künast stellt fest, dass der Vorwurf der Kids schließlich an das gesamte politische System gehe, also auch an die eigene Partei, aber genau das wird natürlich heftig diskutiert hier. Und so lausche ich dem AK2 der Grünen noch weitere zwei Stunden bei ihren Debatten, und dann geht es auch schon weiter in den Umweltausschuss, wo der Klimaschutzbericht der Bundesregierung diskutiert wird.

Dort angekommen, sehe ich unten zwei alte Bekannte: Judith Skudelny und Dr. Lukas Köhler.

»Wie ist es bei den Grünen?«, schreibt Lukas mir per WhatsApp, als er mich auf der Zuschauertribüne entdeckt.

»Sehr interessant«, antworte ich und sehe ihn grinsen, dann lauschen wir Anja Weisgerber von der CDU, die die alte Leier von der Wirtschaftsnation bringt, die gleichzeitig aus der Kohle- und der Kernkraft aussteigt.

»Es tut mir ja ehrlich leid«, holt Lukas danach aus, »und ich weiß, ich nerve Sie längst damit, aber ich muss hier schon wieder das Hohelied auf den Emissionshandel singen.« Er hebt einen Bogen mit Tabellen hoch. »Wir können anhand der Zahlen ganz eindeutig belegen, dass die CO_2-Werte in allen Sektoren, die am Emissionshandel der EU teilnehmen, sinken, wohingegen in allen anderen Sektoren, die nicht im Emissionshandel integriert sind, entweder Stillstand herrscht oder die CO_2-Werte sogar steigen – vor allem im Verkehrssektor. Wie deutlich muss ich es Ihnen denn noch sagen?«, ruft er in den Raum. »Der Emissionshandel ist unser momentan nachweislich wirksamstes Instrument zur CO_2-Reduzierung, und ich habe kein Verständnis mehr dafür, dass Sie das einfach nicht kapieren wollen!«

»Wir wollen das Wirtschaftswachstum vom CO_2 entkoppeln«, entgegnet Lisa.

»Wir auch!«, ruft Lukas dazwischen, und so lehne ich mich auf das Geländer der Zuschauertribüne, und während Lukas und Lisa sich da unten streiten, freue ich mich hier oben einfach nur darüber, mit den beiden genau die Abgeordneten erwischt zu haben, die in den spannendsten Oppositionsparteien sitzen: Sie verfolgen, so wie ich das verstehe, das gleiche Ziel – raus aus dem CO_2! –, schlagen dafür aber höchst unterschiedliche Wege vor. Die einen über den Appell auf Verzicht, kombiniert mit dem Streben danach, die Energiewende um jeden Preis durchzuführen, und die anderen, die der Privatwirtschaft die Pflicht und zugleich die Chance auferlegen wollen, den Klimawandel durch technische Innovationen zu meistern.

»Wir sind ja ein SPD-geführtes Haus«, sagt nun ein Mitarbeiter des Umweltministeriums, »deswegen mag es Ihnen ungewöhnlich vorkommen, aber ich muss jetzt hier mal etwas feststellen.« Er räuspert sich, und Ruhe kehrt ein. »Wenn Lukas Köhler hier ständig das Lied vom Emissionshandel singt, dann mag das nerven – aber er hat recht. Es gibt natürlich verschiedene Formen der CO_2-Bepreisung, aber aufgrund der nackten Zahlen ist der Emissionshandel tatsächlich wirksam.«

Glückwunsch, schreibe ich Lukas.

Sag ich doch, antwortet er mit Sonnenbrillen-Smiley.

Schichtwechsel ist unten angesagt: Das Umweltministerium zieht ab, und ein älterer Herr betritt nun den Raum, dessen Gesicht ich irgendwoher kenne. Als ihm sein Namensschild gereicht wird, mache ich große Augen, denn es ist Klaus Töpfer, der zu meiner Kindheit und Jugend Umweltminister unter Helmut Kohl war. Nicht, dass ich mich damals auch nur die Bohne für Politik interessiert hätte, aber dieser Mann ist 1988 vor laufenden Kameras im Rhein schwimmen gegangen, um zu beweisen, dass die Arbeit seines Ministeriums den längsten deutschen Fluss nach einem Chemieunfall wieder sauber bekommen hat. Für die Einführung des gelben Sacks ist er auch verantwortlich, und heute sitzt er hier, mit strammen 80 Jahren, als ehrenamtlicher Vorsitzender des Nationalen Begleitgremiums, das die Bundesgesellschaft für Endlagerung bei der Suche nach einem Endlager für radioaktiven Müll unterstützt. Und die Aufgabe, die diese Gremien gemeinsam mit dem Bundestag zu erledigen haben, klingt absolut wahnwitzig: Sie müssen einen Ort finden, der für die nächsten eine Million Jahre sicher ist.

»Eine Million Jahre!«, kichere ich vor mich hin, woraufhin mich meine Sitznachbarin hier oben, eine junge Frau mit Presseausweis, irritiert anschaut. »Sorry«, sage ich leise, »aber die können sich nicht mal auf eine Wahlperiode einigen – das ist doch totaler Bullshit!«

»Da ist ja unser Grüner«, begrüßt Lukas mich schon von weitem lachend. »Bist du morgen auch bei den FFF-Kids?«
»Hier? Im Bundestag?!«
»Ja, die wollten eigentlich eine Rede vorm Plenum halten.« Er zwinkert mir zu. »Bist wohl nicht der Einzige, der denkt, er kann hier einfach so hereinspazieren und uns vollquatschen. Stattdessen dürfen sie an einem erweiterten Berichterstattergespräch teilnehmen, da sind dann alle klimapolitischen Sprecher der Fraktionen dabei.«
»Geil – dann bis morgen!« Ich will gerade wieder zur Zuschauertribüne gehen, bevor Lisa mich hier mit den Liberalen erwischt, da fällt mir noch etwas ein. »Lukas, eine Frage. Die Anzahl der Personen, die in extremer Armut leben – hat die sich in den letzten 20 Jahren ...«
»Halbiert«, sagt er. »Rosling – saugeiler Typ.«
»Kennste?«
»Klar! Junge, ich bin MdB und sitze im Parlamentarischen Beirat für nachhaltige Entwicklung – ich muss so was wissen.« Er holt tief Luft. »Außerdem hab ich dir doch die ganze Zeit versucht zu sagen, dass dein Weltrettungsplan fragwürdig ist – wir sind doch längst dabei! Da gibt's natürlich Luft nach oben, und zwar massig, deswegen stänkern wir als Opposition ja auch immer, weil die GroKo einfach Stillstand bedeutet. Aber das Gerede vom Weltuntergang ist doch Bullshit!« Er geht wieder rein. »Bis moin ...«

Todesangst im Bundestag

»Die Anzahl der Menschen, die in extremer Armut leben«, frage ich einen jungen Mann auf dem Weg zum FFF-Meeting am nächsten Tag, »hat sich in den letzten 20 Jahren halbiert, ist gleich geblieben oder verdoppelt?«

»Hm.« Er kaut auf seiner Unterlippe. »Was meinst du mit extremer Armut?«

»Unter zwei Dollar am Tag, unbefestigte Hütte, keine Matratzen, kein Strom, keine Schuhe, barfuß zum nächsten Brunnen laufen, offene Kochstelle in der Hütte, viele Kinder, hohe Kindersterblichkeitsrate, keine Schule und bei schlechter Ernte mehrere Monate im Jahr kein Essen.«

»Das sind mehr geworden«, schätzt er, »wie viele, weiß ich aber nicht.«

»Aber mehr?«

»Auf jeden Fall!«, ist er sich sicher.

»Und wie sieht's mit der Bevölkerungsexplosion aus?«

»Das ist eines unserer größten Probleme. Immer mehr Menschen verbrauchen immer mehr Ressourcen, Abfall, CO_2, vergiftete Böden …«

»Und unterm Strich?«, unterbreche ich ihn. »Wird die Welt immer besser, bleibt sie gleich, oder wird sie immer schlechter?«

»Für wen?«, hakt er nach.

»Unterm Strich – für alle.«

»Das kann man so nicht sagen«, hält er dagegen. »Ich

würde sagen, für einen kleinen Teil immer besser, für alle anderen immer schlechter – deshalb fordern wir ja auch Klimagerechtigkeit. Denn wenn wir die Klimakatastrophe nicht verhindern, wird's am Ende natürlich für alle ganz mies.«
»Wann ist das Ende?«
»Wird das hier ein Test, oder was?«
»Ja.« Ich grinse ihn an. »Für mein Buch.«
»Also der Weltklimarat sagt, wir müssen in zehn bis zwölf Jahren massiv CO_2 reduziert haben.«
»Sonst?«
»Schmelzende Permafrostböden, Kipppunkte, Kettenreaktionen – Leben wird dann kaum noch möglich sein auf der Erde.«
Junge, Junge, denke ich mir, als ich in einer der Rotunden Platz nehme, so hab ich bis vor wenigen Tagen auch noch gedacht. Kein Wunder, dass die FFF-Kids so durchdrehen! Die meisten Politiker haben sich schon gesetzt, und aus dem Umweltausschuss kenne ich ja inzwischen meine Pappenheimer: Ralph Lenkert und Lorenz Gösta Beutin von den Linken und Lisa Badum von den Grünen sitzen von mir aus gesehen links von der Ausschussleitung. Die besteht aus Silvia Kotting-Uhl und Rita Schwarzelühr-Sutter, und rechts von denen sitzen zuerst Marie-Luise Dött und Anja Weisgerber von der CDU, daneben Carsten Träger von der SPD, und die AfD hat Karsten Hilse geschickt. Und wer fehlt? Lukas. Ich sitze in der zweiten Reihe, also auf den hinteren Stühlen, werde aber von irgendjemandem dazu aufgefordert, mit an die große Tafel zu kommen. Und dann geht die Tür auf.
Zuerst betreten zwei Kameramänner und ein Tonmann den Saal, und hinter ihnen folgen drei Schüler: ein großer, schlanker Kerl mit einem dunklen Lockenschopf, eine eher

zarte Schülerin mit Brille und Kurzhaarschnitt und einer, der hier mit Mütze auftaucht. Sie nehmen neben der Ausschussleitung Platz, die die drei herzlich willkommen heißt und uns erklärt, dass Luisa Neubauer noch fehlt, sie aber später noch eintreffen werde. Weil der Präsident des Bundestags der Forderung von FFF nicht nachgekommen sei, ihnen eine Rede im Plenum einzuräumen, habe man sich heute für dieses erweiterte Beratertreffen entschieden. Hier haben die Aktivisten die Möglichkeit, ihre Anliegen direkt vor Teilen des Umweltausschusses vorzutragen.

Die Rede übernimmt das Mädchen in der Runde. Nach den schweren Vorwürfen, die sie gegen alle Anwesenden im Raum erhebt, seit vielen Jahren schon vom Klimawandel zu wissen, aber dennoch nicht gehandelt zu haben, bringt sie ihr Anliegen sehr genau auf den Punkt: »Ich mache das, weil ich hier in zehn Jahren noch atmen können möchte!«

Ich atme tief durch. Okay, das FFF-Mädchen ist etwa 16 Jahre alt, ich bin 38, womit sie ohne weiteres meine Tochter sein könnte. Und so weit ich es von hier aus beurteilen kann, hat sie tatsächlich Angst. An dieser Angst sehe ich nichts Gespieltes, weshalb mein Wunsch, ihr diese Angst zu nehmen, umso stärker wird. Und eigentlich müsste jetzt doch auch mal einer der Politiker aufstehen und rufen: »Du brauchst keine Angst zu haben, – du wirst in zehn Jahren noch Luft zum Atmen haben! Du wirst sogar sehr gute Luft zum Atmen haben, und zwar bessere als wir und erst recht unsere Eltern in deinem Alter hatten. Denn dank der politischen Maßnahmen, die eure Elterngeneration angestoßen hat, wird die Luftqualität immer besser. Den Klimawandel nehmen wir ernst, und wir müssen zugeben, dass wir das in den letzten Jahren längst nicht im nötigen Maße getan haben. Aber selbst wenn wir die sehr engagierten Klimaziele nicht erreichen, ist noch immer unklar, um wie viel Grad die Temperaturen an welchem Ort und zu welcher Jahreszeit in welchem Maße steigen werden. Die sogenannten Kipppunkte jedoch, vor denen ihr solche Angst habt, weil sie angeblich unkontrollierbare Kettenreaktionen hervorrufen können, die sind unwahrscheinlich.[102] Also beruhigt euch, denn selbst wenn es um 2,7 oder 3,4 Grad wärmer wird, dann wird die Erde davon nicht untergehen![103] Es kann dann an einigen Orten auf der Erde sehr heiß werden, das ist richtig, an anderen Orten wiederum wird es wärmer, aber erstens wird es dazu nicht kommen, weil unsere Profis mit Hochdruck an klimaneutralen Technologien arbeiten, und zweitens wäre selbst das nicht das Ende der Welt. Okay? Also keep cool!«

Aber keiner der anwesenden Politiker sagt so etwas, und ich, der selbsternannte Weltrettungspraktikant der Grünen, bin ganz sicher der Falsche, um das hier in offener Runde kundzutun. Stattdessen stänkert Karsten Hilse von der AfD wie erwartet und will einfach nur wissen, ob die Kids in der Schule lernen würden, dass Klimawissenschaftler unterschiedliche Meinungen in der Frage haben, ob menschliches Verhalten in Form des CO_2-Ausstoßes überhaupt zur Erderwärmung beitragen würde. Die CDU redet sich raus, Lisa sichert den FFFs Unterstützung zu, Lukas fehlt, aber den Vogel schießt einer von den Linken ab.

Die Elterngeneration der FFF-Kids habe schlicht und ergreifend versagt, meint er, und dann legt er über mehrere Minuten ein Schuldbekenntnis über die Luxusverwahrlosung seiner Generation hin, die mit ihrem Lebensstil erst für den ganzen Schlamassel gesorgt habe, so dass ihm nichts weiter dazu einfalle, außer sich schuldig zu bekennen.

»Amen«, rutscht es mir heraus, und zwar so laut, dass der Mann mich direkt böse anschaut. Und als dann auch Rita

Schwarzelühr-Sutter in ihrer nicht gerade emotionalen Art darlegt, was sie und ihr Ministerium schon alles für den Klimaschutz angestoßen hätten, da platzt dem FFF-Mädchen der Kragen.

»Wissen Sie, was für mich am schlimmsten ist?«, fragt sie die Ausschussleitung, »das Gefühl, hier rauszugehen und nichts als warme Worte und leere Versprechen bekommen zu haben – das macht mich fix und fertig!«

»Erstaunlich«, sagt ein junger Mann neben mir, der die Debatte genauso gebannt verfolgt wie ich, »dass hier eine Sechzehnjährige ankommen muss, um alle anderen rhetorisch in die Tasche zu stecken.«

Hier sitze ich also gegenüber Jugendlichen, die regelrecht Angst haben, und muss weder wie ein Linker eine Beichte ablegen noch wie eine Lisa Badum meine Kernwählerschaft von morgen züchten. Zugleich verstehe ich, wie die Populisten der AfD sich wiederum komplett auf die andere Seiten stellen, um dort den Rahm der Protestwähler abzuschöpfen, denen der ganze Klimahype zu bunt und vor allem zu teuer wird. Und das ist wiederum die schöne Seite der Medaille, keine Angst mehr zu haben: die Gelassenheit. Und genau deswegen werde ich Klara und Anton morgen auch nicht mit auf die Demo nehmen: weil ich nicht will, dass sie Angst bekommen, und weil ich nicht bereit bin, die Angst meiner Kinder zum Teil einer im Kern guten, aber leider hysterischen Bewegung werden zu lassen. Wie ich mich selbst konstruktiv daran beteiligen kann, dem Klimawandel Einhalt zu gebieten – und zwar über nutzlose symbolische Askese hinaus –, das weiß ich auch noch nicht. Aber meine Kinder werden ab jetzt lernen, dass sie voller Zuversicht in die nähere Zukunft der Welt schauen können – weil diese, verglichen mit früheren Zeiten, verdammt gut aussieht.

Lächelnd lehne ich mich zurück und folge dem politischen Schauspiel, in dem eine anwesende Politikerin jetzt eine pädagogische Glanzleistung hinlegt.

»Also da muss ich dich leider mal ein bisschen aufklären«, sagt sie freundlich, aber bestimmt zu dem FFF-Mädchen. »Du siehst ja, mit welchem Spektrum an Positionen wir es hier zu tun haben« erklärt sie und weist dabei von der AfD zu den Linken. »Dieses Spektrum müssen wir in einem parlamentarischen Prozess Tag für Tag aufs Neue aushandeln.« Dann bekundet sie ihre persönliche Nähe zu den Anliegen der Schüler und fährt fort: »So wie du meinst, funktioniert Demokratie eben nicht: Du kannst hier nicht hereinspazieren, deine Forderungen stellen und erwarten, dass die alle sofort umgesetzt werden – das tut mir leid. Der Bundestag ist ein höchst komplexes System, und wer sich daran beteiligen möchte, der muss sich in Bescheidenheit üben und anerkennen, dass jeder nur einen gewissen Teil zum Gelingen der Bundesrepublik Deutschland und der Welt beitragen kann – und das ist schon viel.«

Lukas betritt den Raum und nimmt neben Lisa Platz, so dass er fast genau neben den FFF-Kids sitzt.

»Sorry für die Verspätung«, entschuldigt er sich, als die Ausschussleitung ihm das Wort erteilt. »Ich weiß, das klingt jetzt bescheuert, aber ich hatte noch ein Meeting zur Klimapolitik. Darf ich auch noch eine Frage stellen?«

Frau Kotting-Uhl erteilt ihm lächelnd das Wort, doch jetzt geht wieder die Tür auf, und diesmal betritt Luisa Neubauer den Saal. Auch sie nimmt neben ihren Kolleginnen Platz, entschuldigt sich kurz, und dann kann Lukas seine Frage stellen.

»Danke und toll, dass ihr hier seid. Ich möchte mit euch keine Debatte übers Schwänzen führen – das ist euer Problem, das ihr mit euren Eltern und euren Lehrern lösen müsst, mich langweilt das total. Ich nehme euch aber sehr ernst und habe daher ganz konkrete Fragen an euch. Wie lauten eure genauen Forderungen? Fordert ihr nur das, was wir ohnehin schon in Paris beschlossen haben, oder gehen eure Forderungen darüber hinaus? Und wenn wir diese Forderungen umsetzen sollen, an welcher Stelle seid ihr dann zu Kompromissen bereit? Ihr sagt ja, wir müssen auf Net-Zero kommen, deep decarbonization, dann frage ich euch: Wie? Sollen wir bis dahin alle Kraftwerke und Heizungen abstellen? Wodurch ersetzen wir die zuverlässig? Sollen wir die erneuerbaren Energien auf 100 Prozent bringen, dann müssen wir grundlastfähigen Kohle- oder Atomstrom aus dem Ausland einkaufen. Ist das okay für euch? Was haltet ihr vom Emissionshandel und was spricht aus eurer Sicht dagegen, das EU-Emissionsrechtehandelssystem auf die anderen Sektoren auszuweiten? Oder seid ihr vielleicht sogar bereit, wie es im Bericht des Weltklimarats steht, euch auf Kernkraftwerke im eigenen Land einzulassen? Ich frage das nicht, weil ich euch ärgern will, sondern weil ich hier wirklich Nägel mit Köpfen machen will. Ich bin selbst Vater und will der Generation meiner Kinder und Enkel eine intakte Erde hinterlassen. Aber wenn wir das schaffen wollen, müssen wir eben irgendwo Kompromisse machen. Zu welchen seid ihr bereit?«

Kernkraft, erklärt Luisa Neubauer, sei es jedenfalls nicht, aber Studien hätten ja längst belegt, dass der Ausbau erneuerbarer Energien bis 2050 bei 100 Prozent liegen könne – und das müsse dann eben auch getan werden.

»Die 100 Prozent gelten für Deutschland«, hält Lukas dagegen, »und selbst in der Studie vom Fraunhofer-Institut, die du wahrscheinlich meinst, sind noch riesige Hürden genannt, vor allem was Speicherlösungen betrifft. Aber was ist mit dem

Rest der Welt? Was ist mit China, die etwa ein Drittel aller Emissionen verursachen? Was mit den USA? Der Klimawandel kennt keine Grenzen – was, wenn die anderen nicht mitspielen?«

Eine wirklich befriedigende Antwort hat natürlich keiner der FFF-Aktivisten – weil es diese Antworten noch nicht gibt. Und in der direkten Konfrontation zwischen den jugendlichen Demonstranten und den erwachsenen Politikern wird mir etwas klar: Demonstrieren ist leichter als regieren. Forderungen sind leichter aufgestellt als umgesetzt. Und Demo-Plakate sind leichter geschrieben als Gesetze.

Als die Sitzung vorbei ist, schlage ich mich zu Luisa durch.

»Dein Foto hängt übrigens in einem AfD-Büro«, erzähle ich ihr. »Und darunter steht: blöd aber geil!«

»O mein Gott, wie eklig!« Sie verzieht die Oberlippe. »Woher weißt du das denn?«

»Ich bin freier Autor, habe meiner Tochter versprochen, die Welt für sie zu retten, und absolviere dafür Praktika in den verschiedenen Fraktionen«, erkläre ich ihr.

»Wie cool, dann kannst du uns ja mal in deinem Buch erwähnen«, sagt sie, wird dabei aber schon von ihrem in die Höhe geschossenen Kollegen weggezogen.

»Ein Gedanke noch, bevor du losmusst«, sage ich. »Müsst ihr wirklich so sehr auf Weltuntergang setzen? Kommt eure Bewegung wirklich nicht ohne die Apokalypse aus?«

»Hast du mal den Bericht vom Weltklimarat gelesen?«, will sie mit hochgezogenen Augenbrauen wissen, woraufhin sich ein paar Jugendliche um uns versammeln und zuhören. »Weißt du, was das bedeutet? Wir werden von über 20 000 Wissenschaftlern unterstützt!«

»Ich weiß, und ich will ja auch nicht sagen, dass die falschliegen, nur dass sie etwas übertreiben. Ich find's auch gut, dass ihr so'n Krawall macht, gerne auch zu Schulzeiten – aber vielleicht ohne diese Panik und ohne den moralischen Vorwurf an alle, die nicht so denken wie ihr.«

»Komm jetzt, Luisa, das bringt nichts«, sagt der Große und zieht sie weg.

»Sind Sie von der AfD?«, fragt mich ein anderer.

FFF-Demo

Jetzt ist es so weit: Ich bin umzingelt. Tausende Kinder und Jugendliche und dazwischen viele Erwachsene stehen dicht gedrängt um mich herum vor dem Naturkundemuseum und warten mit zahlreichen Plakaten darauf, dass sich die Demo in Gang setzt. Als vielleicht Einziger, der kein Plakat mit sich trägt, schiebe ich mich durch die Massen ganz nach vorne, zur Klima-Kavallerie also, denn eines interessiert mich brennend: Mit welcher Kernbotschaft startet diese Bewegung? Welche Message transportieren sie ganz vorne und zuallererst? Und da haben wir es:

System change, not climate change!, steht auf dem riesigen Frontbanner. *There's no Planet B* kommt dahinter, und auch andere Kreativleistungen wie *Destroy my Pussy, not my world* entdecke ich im Getümmel, aber die Kernbotschaft ist klar: Systemwandel statt Klimawandel. Und was das System ist, ist auf weiteren Plakaten zu lesen: *Fuck Capitalism, Globalisierung tötet, Konzerne sind Schweine.*

Das bestätigt meine Vermutung, denn noch bevor Greta Thunberg berühmt wurde, hat Steven Pinker schon geschrieben, dass der Begriff *Klimagerechtigkeit*, den die Schwedin im ersten Satz ihrer ersten Rede in Kattowice verwendet hat, von der Autorin Naomi Klein entwickelt wurde. In ihrem Bestseller *This Changes Everything: Capitalism vs. the Climate*[104] etabliert sie ihn und fordert, die Menschheit solle den Klimawandel nicht als Herausforderung ansehen, ihm vorzubeugen, sondern ihn als Gelegenheit nutzen, die freien Märkte abzuschaffen, die Weltwirtschaft umzustrukturieren und unser politisches System zu erneuern.[105]

Passend dazu hat Greta Thunberg in Kattowice gesagt, dass »unsere Biosphäre geopfert (wird), damit reiche Menschen in Ländern wie meinem im Luxus leben können. Es ist das Leiden der vielen, die für den Luxus der wenigen bezahlen.«

Nun ist zwar nicht von der Hand zu weisen, dass in der EU und den USA global betrachtet tatsächlich die wenigen Reichen leben, die besonders viel CO_2 pro Kopf ausstoßen. Allerdings ist Katar auf dem ersten, die Vereinigten Arabischen Emirate sind auf dem zweiten und Saudi-Arabien ist auf dem dritten Platz, gefolgt von Australien, USA und Kanada; Thunbergs Heimat Schweden hingegen liegt auf Platz 67.[106] China und Indien freilich stoßen gemeinsam inzwischen über ein Drittel der weltweiten Treibhausgase aus,[107] und alleine in diesen beiden Ländern leben fast drei Milliarden Menschen – und davon sicherlich nicht alle in Saus und Braus. Ein reiner Luxus ist dies also sicher nicht, sondern für gigantisch viele Menschen ist der Weg aus der Armut an CO_2-Emissionen gekoppelt. Und damit ist auch der Hinweis auf die Notbremse nicht ganz so simpel, wie es mir damals vorkam – denn wir befinden uns hier nicht auf einer Vergnügungsfahrt, sondern auf dem besten Wege, viele Menschen aus der bitterer Armut zu befreien. Das funktioniert nun mal über Prozesse, die beim jetzigen Stand der Technik CO_2 verursachen. Aber in der Frage, ob Greta Thunberg sich an Naomi Kleins Konzept des Umbaus des politischen Systems orientiert haben könnte, fällt noch ein Satz aus ihrer Rede auf: »Die Lösungen sind innerhalb dieses Systems so unmöglich zu finden, dass wir vielleicht das System selbst ändern sollten.«

Und genau hier schließt sich auch der Kreis zwischen Roslings und Pinkers Erkenntnissen über die immer besser werdende Welt. Denn wenn man wie Greta Thunberg und ihre Fans, zu denen ich bis vor kurzem auch noch gehört habe, glaubt, dass die Welt immer schlechter wird, dann ist die Folgerung klar: Das System muss abgeschafft werden. Aber aus falschen Erkenntnissen folgen eben auch falsche Forderungen, und selbst wenn ich es niemals gedacht hätte, einen solchen Satz zu schreiben, mein Eindruck ist: Das System funktioniert – keineswegs perfekt, aber es funktioniert! Das System aus gesellschaftlichem Wohlstand, intelligent regulierten Märkten und internationaler Zusammenarbeit in Forschung und Technik funktioniert. Und auch wenn wir die CO_2-Emissionen natürlich in den Griff kriegen müssen, lässt sich nicht behaupten, der Zustand des Planeten werde immer schlechter, denn dieser Trend hat sich längst umgekehrt: Flüsse werden renaturiert, Wälder aufgeforstet, Naturschutzgebiete an Land und im Wasser erweitert, so dass ich Pinkers Argumentation sehr gut folgen kann, wenn er schreibt: »Aus vielen Gründen ist es [...] an der Zeit, sich von dem Moralitätenspiel zu verabschieden, in dem die modernen Menschen eine niederträchtige Brut von Plünderern sind, die die baldige Apokalypse heraufbeschwören, solang sie nicht die industrielle Revolution ungeschehen machen, der Technologie abschwören und zur asketischen Harmonie mit der Natur zurückkehren.«[108]

Natürlich ist längst noch nicht alles geschafft, und es besteht kein Anlass, die Hände in den Schoß zu legen – aber der Trend stimmt: Die Welt wird besser, und zwar für Mensch, Tier und Natur. Das System kann und muss natürlich verbessert werden, aber ein grundsätzlich funktionierendes System umzuschmeißen wäre saudumm.

Beruhigend finde ich wiederum, dass sich die meisten Plakate tatsächlich auf den Klima- oder auf Umweltschutz im Allgemeinen beziehen und nicht auf die Abschaffung »des Systems«. Die Menge umschließt mich inzwischen, ist laut, auch wütend, und vor allem ein Motto wird jetzt von unzähligen Kinderstimmen skandiert: »Wir sind hier und wir sind laut, weil ihr uns die Zukunft klaut«, was einfach sonderbar klingt, wenn man bedenkt, dass diese Generation in einer Welt aufwachsen wird, die so gut sein wird wie keine Welt zuvor. Um mich herum: Kinder, Jugendliche, allesamt friedliche, bunte Leute, Eltern wie ich, und sie alle werden jetzt so laut und so eindringlich, dass ich mich vorerst wieder an den Rand des Demonstrationszuges stelle. Sich von einem Mob nicht anstecken zu lassen ist ja schon schwer, und bei einem jungen Mob ist es noch schwerer; sich aber vom Hype eines jungen und sympathischen Mobs nicht anstecken zu lassen – das kostet mich ehrlich gesagt furchtbar viel Kraft.

Mit pochendem Herzen stehe ich am Straßenrand und bin innerlich so zerrissen, wie noch nie in meinem Leben zuvor. Noch nie hatte ich so viel Sympathie für eine Bewegung und ihre Ziele. Wie also soll ich erklären, dass ich den Weg, auf dem sie ihre Ziele zu erreichen meint, für falsch halte? Dass ich den Moralismus ablehne, mit dem hier alle als Sünder bezeichnet werden, die nicht bereit sind, ihren grünen Glauben mit moralischen Handlungen nach außen zu tragen? Und dass ich vor allem die Angst, die hier unter Tausenden Anwesenden herrscht und mit Sprechchören, Megaphonen und Plakaten verbreitet wird, losgeworden bin? Wie soll ich es schaffen, brüllt mein Hirn, mich von diesen Menschen hier nicht anstecken zu lassen? Die sind doch wie ich! Und auch wenn ich die Angst, die sie zu dieser Demo bewegt, nicht mehr habe, so kann ich sie doch verstehen. Ich bin doch Vater, verdammt nochmal – müsste ich nicht eigentlich volle Pulle für die FFF sein?! Rechts und links neben mir stehen andere Erwachsene und beobachten die Masse, die an uns vorbeizieht.

»Leute, lasst das Glotzen sein«, werden wir jetzt von Hunderten Stimmen angebrüllt, »reiht euch in die Demo ein!« Mit jeder Wiederholung und jedem Augenpaar, das mich dabei direkt anschaut, fällt es mir schwerer, dem Aufruf nicht zu folgen. An einem Augenpaar bleibe ich hängen. Es ist kristallblau, schaut nicht weg und gehört einer schönen, jungen Frau mit blonden Locken. Als sie auf meiner Höhe ist, löst sie sich aus dem Demozug und kommt direkt auf mich zu.

»Komm mit!«, sagt sie mit sanfter Stimme und hält mir ihre Hand hin. »Los, komm schon!« Sie schaut sich nach ihren Freunden um, die schon ein paar Meter weiter sind, dann greift sie nach meiner Hand und will mich mit sich ziehen. »Was ist denn?«, will sie wissen. »Warum kommst du nicht mit mir?«

»Weil ich …« Ich löse meine Hand aus ihrer. »Weil ich keine Angst mehr habe.«

Ein Musikwagen nähert sich, und als er direkt vor mir ist, setzt ein mir sehr bekannter Beat ein. Unweigerlich beginnt mein Kopf, im Takt zu wippen, und weil ich ja ohnehin mit zur Abschlusskundgebung gehen will, laufe ich neben dem Wagen her.

»Und wir singen im Atomschutzbunker«, erklingen jetzt die Stimmen der Jungs von K.I.Z, »Hurra, diese Welt geht unter«, und die Kids um mich herum grölen den größten Denkfehler des Refrains dieses verflucht guten Lieds am lautesten mit: »auf den Trümmern das Paradies.«

Mit sehr gemischten Gefühlen folge ich dem Wagen und laufe zwischen all diesen bunten Leuten mit, deren Meinung ich so gern teilen würde – es aber einfach nicht mehr kann. Jetzt ist es überdeutlich: Ich vermisse meine Weltuntergangsstimmung. Ich vermisse die Leute aus dem Club der Apokalypse. Ich vermisse das Gefühl, Teil dieser Community zu sein. Und dabei wird ein Gedanke immer lauter, der nun schon ein paar Tage in mir gärt: Wie soll ich meine innere Zerrissenheit nur zu Papier bringen? Wie erzähle ich, dass ich mit der Angst vor dem Weltuntergang losgezogen bin, um dann festzustellen, dass sie keineswegs kurz vorm Untergang steht, sondern langsam, aber sicher besser wird? Soll ich das wirklich tun? Kann ich angesichts dieser Massen wirklich ein Buch schreiben, in dem ich zum Ausdruck bringe, dass ich keine Angst mehr vor der Klimaapokalypse habe, weil ich sie für ein weiteres lösbares Problem der Menschheit halte? Damit mache ich mich hier doch zum Aussätzigen! Damit gelte ich doch sofort als potentieller AfD-Wähler, verdammt nochmal! Wenn ich angesichts der in scheinbar allen Medien herrschenden Meinung, der Klimawandel überschatte alle anderen Probleme, auch nur andeute, die Sache könnte dramatisiert sein, dann war's das doch mit mir! Dann kommen die mir mit 23 000 Wissenschaftlern und Hunderttausenden Anhängern dieser Bewegung. Und dann will nie wieder jemand auch nur ein einziges Wort von mir lesen! Bei der Religion war mir das ja egal, denn an Gott glaubt doch eh kein vernünftiger Mensch mehr. Aber an den drohenden Weltuntergang offenbar schon. Soll ich jetzt öffentlich zugeben, dass ich nicht mehr dazugehöre?

Das Gebrüll um mich herum wird immer lauter, die Menschen kommen immer näher, mein Herz rast. Ich löse mich aus der Menschenmasse, lehne mich an eine Laterne, atme tief durch und beobachte die Demo von dort aus. Nein. Ich kann das nicht aufschreiben. Das geht nicht. Das geht mir nicht über die Finger. Allein bei dem Gedanken daran, dass theoretisch jeder Mensch die Gedanken lesen kann, die ich jetzt gerade habe, wird mir heiß und kalt. Hinter mir entdecke ich die Stufen eines Hauseingangs und setze mich hin. Ich reibe mir lange die Augen und spüre einen gigantischen Kloß in meinem Hals entstehen. Wie soll ich das denn bitte jemandem klarmachen? Außer den Arschlöchern von der AfD hat gefühlt die ganze Nation Angst vorm Klimawandel, und ich soll mich jetzt plötzlich hinstellen und sagen, dass Panik kontraproduktiv ist? Dass wir das schon schaffen werden? Und selbst wenn nicht, dass die Welt davon nicht untergehen wird?

Wie in Trance erreiche ich mit der Masse der Wütenden und Ängstlichen, unter denen ich gerade vielleicht der Ängstlichste bin, das Bundeskanzleramt. Hier findet die Abschlusskundgebung statt, und auf der kleinen, improvisierten Bühne steht bereits ein junger Schönling, spielt Moll-Akkorde auf der Gitarre und singt traurige Lieder über die Zerstörung des Planeten. Wenn ich den jetzt ein bisschen lächerlich finde – bin ich dann schon ein reaktionäres Arschloch?

»Hey, Philipp!« Als ich mich umdrehe, sehe ich Lisa und stehe vor ihrem gesamten Team. »Wo warst du denn die ganze Zeit?«

»Ich …« Himmel, die Truppe hatte ich ja für einen Moment schon fast vergessen! »Ich bin von Anfang an mitgelaufen«, stammele ich, und nach meiner Zustimmung hat auch schon jemand ein Gruppenselfie von uns gemacht.

»Wo sind denn eigentlich deine Kinder?«, will Lisa wissen.

»Die sind …« Ich lächele schief. »… im Kindergarten und in der Schule!«

»Ach, nee?« Lisa stemmt ihre Hände in die Hüften. »Warum hast du die denn nicht mitgebracht?«

»Weil …« Es brummt in meiner Tasche. »Sorry, ich bin gleich wieder da!«

Mit dem Handy in der Hand entferne ich mich so schnell

wie möglich von der Bühne und schaue auf mein Display. Was will Lukas denn jetzt von mir?

»Yo!«, rufe ich gegen den Hintergrundlärm ins Telefon.

»Alder, wo bist du denn?« Er lacht. »Etwa auf der Demo?«

»Ja ja, genau …« Ich laufe noch weiter von dem Pulk weg auf den Platz der Republik zu, bis ich endlich Ruhe zum Telefonieren habe. »So – was gibt's denn?«

»Einen Job für dich in meinem Büro.«

»Ei…« Mein Atem stockt. Ich starre auf das Reichstagsgebäude.

»Hallo? Philipp?!«

»Ja. Ja, ich bin dran!«

»Gut. Armin geht zurück in seinen Wahlkreis, und ich will mit Steffen das Büro personell umstrukturieren. Du hattest mal am Rande erwähnt, dass du überlegst, dir neben dem Schreiben eine halbe Stelle zu suchen – die kann ich dir jetzt anbieten. Kannst du dir grundsätzlich vorstellen, für mich zu arbeiten?«

»Ich? Für dich arbeiten?!« Ich stehe jetzt mitten auf dem Platz der Republik und lache. »Okay, das klingt jetzt verrückt, aber ich muss dir eine Frage stellen.«

»Schieß los.«

»Du bist ja Klimapolitiker …«

»Richtig. Gut aufgepasst!«

»Wenn ich jetzt sage, dass ich den Klimawandel als ernsthafte Herausforderung betrachte, aber trotzdem keine Angst davor habe. Und dass ich das Ziel der Grünen, den Klimawandel zu bekämpfen, für richtig halte, aber ihren Weg dorthin für moralisch und falsch, und die Hysterie erst recht …«

»… dann bist du ganz meiner Meinung.« Er lacht. »Ist das ein Ja?«

»Das kann doch nicht wahr sein!« Ich reibe mir die Augen.

Ich? Bei der FDP arbeiten? »Aber ich bin doch gar kein Parteimitglied!«

»Scheißegal«, beruhigt mich Lukas. »Niemand erwartet von dir, dass du alles super findest, was die FDP sagt. Mach ich ja auch nicht! Pass auf, ich muss jetzt ins Plenum. Lass es dir doch übers Wochenende mal durch'n Kopf gehen, okay?«

»Okay, ja – hau rein!«

Ich starre auf mein Telefon. Philipp Möller, Mitarbeiter beim klimapolitischen Sprecher der FDP-Fraktion im Deutschen Bundestag. Kann ich das bringen? Ist das mein Weg? Vom Grünen-Sympathisanten mit Angst vorm Weltuntergang zum Progressiv-Liberalen mit einer neu entdeckten Begeisterung für den Ökomodernismus? Aber damit eben auch von der 20-Prozent-Partei zur 8-Prozent-Partei? Von den netten Frauen zu den steifen Wirtschaftsprüfern? Von den FFF zu einer Organisation, die bei den FFF total verschrien ist?

Ich atme einmal durch. Ja. Es klingt absurd, aber ja. So stehe ich also vor dem Bundestag und ziehe Bilanz:

Isch geh Bundestag?

Check, wenn auch ganz anders als gedacht!

Für Klara die Welt retten? Die steht zwar nicht vorm Untergang, aber an der stückweisen Verbesserung könnte ich mich ab jetzt beteiligen: Check!

Nur von meiner Rede vorm Bundestag bin ich noch meilenweit entfernt.

Der Abschied von den Grünen

»Na dann – erzähl doch mal!« Lisa schlägt die Beine übereinander. »Die zweite Woche ging ja jetzt schnell vorbei. Irgendwie hab' ich das Gefühl, dich kaum noch gesehen zu haben. Aber sag mal: Wie hat's dir bei uns gefallen?«

»Bei euch voll gut«, sage ich aufrichtig und lächele erst sie und dann Sylwia an, die mit uns hinter verschlossener Tür am Konferenztisch sitzt. »Wirklich gut, ich mag euch total gern und kann mich mit den Zielen der Grünen voll identifizieren.«

»Das klingt irgendwie nach einem – aber?« Sylwia lacht, hört aber auf, als sie meinen Gesichtsausdruck sieht.

»Stimmt.« Ich nicke und atme einmal durch. »Ich habe vorgestern einen Job bei Lukas Köhler angenommen.«

Stille. Beide starren mich an. Mir schnürt sich die Kehle zu.

»Wow, das ist jetzt …« Lisa zieht die Augenbrauen hoch. »Das ist jetzt krass!«

»Ja, ich weiß, das ist jetzt total strange.«

»Allerdings!«, sagt Sylwia und legt ihre Hand aufs Brustbein. »Wie … Wann …?«

»Das war nie so geplant«, erkläre ich aufrichtig. »Als ich mich um das Praktikum bei euch beworben habe – eigentlich sogar schon früher –, hatte ich wirklich den heimlichen Plan, irgendwann mal bei den Grünen einzutreten und vielleicht sogar zu arbeiten.«

»Und dann?« Lisa verschränkt die Arme.

»Dann ...« Ich seufze und muss an Madame Faudone denken, »dann habe ich festgestellt, dass ich eine gänzlich andere Haltung zum Umweltschutz habe als ihr, und das hat sich mir vor allem an Greta Thunberg und den Fridays for Future gezeigt. Ich war ja selbst bis vor kurzem genau so drauf und hab nicht nur in Sachen Klima, sondern insgesamt geglaubt, dass es mit der Erde steil bergab ginge – aber auch wenn der Klimawandel Fakt ist, dann ist eben das Gegenteil der Fall. Ich sehe das nicht mehr pessimistisch und ich sag euch ganz ehrlich: Wenn man die Angst vorm Weltuntergang erst mal verloren hat, dann wirkt vieles von der Politik der Grünen leider total alarmistisch. Ich bin natürlich genau so wie ihr der Meinung, dass wir den CO_2-Ausstoß hart reduzieren müssen, um den Klimawandel zu bremsen. Aber ich habe gemerkt, wie mir dieser Alarmismus für die Klimakrise und die Klimakatastrophe jegliche Kraft raubt, über andere Probleme nachzudenken – und davon gibt's echt genug. Ich finde es auch unverantwortlich, Kinder in dieser Angst vor der Apokalypse zu lassen, und will mich eher daran beteiligen, ihnen diese Angst zu nehmen. Ich will ihnen Mut machen, die Welt nicht mit Askese und Minuswachstum, sondern mit klugen Ideen zu verbessern. Ich will mehr vom Richtigen tun, statt weniger vom Falschen. Ich tue mich schwer mit eurem moralistischen Ansatz, die Verantwortung für den angeblichen Weltuntergang ins Verhalten des Einzelnen zu schieben. Ich weiß, das ist nicht bei allen Grünen so, aber mit genau dieser Haltung von FFF – vegan essen, kein Auto fahren, nicht fliegen, weil wir alle Sünder sind, und weil wir alle sterben werden, wie Steffi Lemke es vorgestern im AK2 gesagt hat, wenn wir die Grenzen der heiligen Mutter Erde ausreizen ... Damit kann ich nichts anfangen, das ist mir zu religiös gefärbt und zu misanthropisch. Wenn Eckart von Hirschhausen, der die

FFF ja voll unterstützt, bei Maybritt Illner sagt, der Mensch sei der Krebs der Erde geworden,[109] dann müsste man ihn doch direkt fragen, welche Therapie er vorschlagen würde. Wegschneiden? Vergasen? Verstrahlen? Ich bin ja in anderen Fragen ganz bei euch – offene Gesellschaft, Menschenrechte, Sozialpolitik –, aber ich finde, als seriöse Politikerinnen und Politiker müsstet ihr euch klipp und klar von solchen menschenfeindlichen Aussagen distanzieren. Stattdessen ist der antihumanistische Hirschhausen aber einer eurer Vorzeigewissenschaftler, und so sympathisch ich euch finde: Das geht gar nicht! Ich weiß, ihr seid deutlich erfolgreicher und hipper als die FDP. Ihr habt das bessere Image und vielleicht auch die sympathischeren Persönlichkeiten. Ich sage auch nicht, dass eure Politik grundfalsch ist, aber euer süßes Image täuscht mich leider nicht mehr über diesen moralinsaueren Beigeschmack hinweg. Und es fällt mir verdammt schwer, so netten Menschen wie euch das zu sagen, aber ich finde es unlauter, wie ihr aus der Angst vorm Weltuntergang politisches Kapital schlagt. Das solltet ihr eigentlich anderen überlassen.«

»Na gut, ähm …« Lisa schaut mich an. »Das war deutlich.«

»Ich meine das nicht persönlich, sondern rein politisch!«, füge ich hinzu.

»Schon okay«, sagt Lisa. »Man muss ja im Leben Entscheidungen treffen, und wenn man sich für eine Sache entscheidet, dann entscheidet man sich eben auch gegen alle Alternativen. So ist das halt. Es fühlt sich für uns nur komisch an, dass du jetzt die ganze Zeit dabei warst.« Sie streckt mir die Hand entgegen. »Trotzdem alles Gute!«

Sahra Wagenknecht

»Wie schön, dass das noch klappt – danke!«, sage ich, als mich eine junge Frau von der Lobbycouch abholt. Es ist inzwischen Anfang April, und mein etwas unschöner Abgang bei den Grünen halbwegs verdaut – zumindest bei mir. »Ist ja inzwischen eine ganze Weile her, dass ich Frau Wagenknecht gesehen habe …«, sage ich zu ihr, während mich Sandy Stachel zu Sahra Wagenknechts Büro führt. Es befindet sich im Altbau des Jakob-Kaiser-Hauses und hat im Gegensatz zu allen anderen Räumlichkeiten, die ich hier bisher gesehen habe, richtig Charme: Holzvertäfelungen zieren den Vorraum, und in Frau Wagenknechts Büro selbst hängt ein großes Kunstwerk des von Christo verhüllten Reichstags.

»Herzlich willkommen, Herr Möller«, sagt Sahra Wagenknecht, als ich den Raum betrete, und reicht mir ihre Hand. »Bitte, nehmen Sie doch Platz.« Sie zeigt auf ein Sofa und setzt sich selbst in einen Sessel daneben. »Unsere Kaffeemaschine ist leider kaputt, aber Sandy hat sehr leckeren Apfeltee da – wie wäre das?«

»Ganz phantastisch – genauso phantastisch übrigens, dass Sie Zeit für mich haben.«

»Gerne doch. Was macht denn Ihr Buchprojekt?« Sie zieht eine Augenbraue hoch. »Haben Sie die Welt schon gerettet?«

»Gewissermaßen.«

»Oh!« Sie lächelt. »Wie schön.«

»Und ich bin auch fast fertig mit meiner Recherche – das

hier ist mein letzter Termin. Wie Sie sehen, komme ich ohne ausformulierte Fragen, ohne Aufzeichnungsgerät und ohne Notizbuch, sondern würde einfach gern mit Ihnen über Politik reden.« Ich räuspere mich. »Aber zuerst einmal: Wollen Sie sich wirklich aus der Politik zurückziehen?!«

»Erst mal zumindest, ja.« Sie nickt entspannt. »Ausschlaggebend für diese Entscheidung waren mehrere Dinge. Zum einen der ungeheure Zeitdruck, der in der Politik und im Bundestag herrscht. Man hat so viele Termine, Meetings, Podiumsdiskussionen, Interviews und Talkshows, dass man kaum mehr dazu kommt, in Ruhe etwas zu überlegen – ganz zu schweigen davon, etwas Ausführlicheres zu lesen oder zu schreiben. Das ist mir aber sehr wichtig, damit man nicht Politik wie im Hamsterrad betreibt.«

»Kann ich sofort unterschreiben«, sage ich. »Ich war ja nur als Praktikant dabei, aber nach acht oder zehn oder zwölf Stunden in Sitzungen kriege ich keinen geraden Satz mehr zusammen. Und das Lesen ...« Ich muss ein bisschen lachen. »Ich bin ja nun wahrlich kein Intellektueller, aber manchmal hatte ich schon den Eindruck, dass ein einziges Kapitel aus einem guten Sachbuch Stoff für ein halbes Jahr Politik hergäbe.«

»Es ist ein großes Manko in der heutigen Politik, dass es oft einfach keine Zeit für wirkliche Auseinandersetzungen mit einem Thema gibt. Selbst die Referenten stehen unter einem großen Druck. Auf Dauer ist der permanente Stress nicht nur unproduktiv, er macht auch krank. Das ist eigentlich kein Zustand. Ich habe mich deshalb entschieden, die Notbremse zu ziehen. Ich bin jetzt froh, dass ich bald wieder mehr Kontrolle über meine Zeit bekomme, um so wieder neue Ideen entwickeln zu können. Ich habe ja weiterhin vor, mich politisch einzumischen.« Sie lächelt zufrieden, dann nehmen wir dankend unseren Tee entgegen. »Hinzu kommt, dass man in einer exponierten Position wie meiner nichts, aber auch wirklich gar nichts sagen kann, dass nicht sofort in einer Schublade landet. Das verhindert eine offene Diskussion, die aber gerade angesichts der vielen und großen Probleme wirklich dringend nötig wäre.«

»Ein Freund von mir nennt das Empörialismus: Wenn Argumente nichts mehr zählen, sondern nur noch die Frage, ob man laut und empört genug auf der richtigen Seite steht ...«

»Genau – und was die richtige Seite ist, entscheidet der jeweilige Resonanzraum, in dem man sich befindet.«

»In der einen Filterblase kann man noch nicht einmal den Begriff ›Islamkritik‹ zu Ende sprechen, da gilt man schon als Islamophob«, fällt mir dazu ein, »der eigentlich auch gleich die AfD wählen könne, und im gegenüberliegenden Milieu braucht man nur zu sagen, dass nicht jeder schwarzhaarige Mensch Muslim ist und nicht jeder Muslim Dschihadist ist ...«

»... dann ist man die Linksgrüne, die das christliche Abendland verrät.« Frau Wagenknecht schüttelt den Kopf. »So wird jede differenzierte Debatte im Keim erstickt. Das ist doch das Gegenteil von Streitkultur!«

»Und ich befürchte, dass wir damit auch die Populisten stark machen. Denn das führt doch in der Konsequenz dazu, dass wir bestimmte Themen – wie den politischen Islam – einfach nicht mehr anpacken, weil sie von der AfD quasi vergiftet sind.«

»Das ist ein weiterer Punkt«, fährt Sahra Wagenknecht fort. »Ich halte es für falsch, reflexartig alles blind abzulehnen, was von der AfD kommt, das stärkt doch nur ihre Opferrolle. Mir geht es darum, die AfD als das zu entlarven, was sie ist: eine Partei, die als Protestpartei gilt, obwohl sie zutiefst unsozial ist und sich in ihrer neoliberalen Ausrichtung nicht von den Regierenden unterscheidet. Für die drängenden Probleme der Zeit hat die AfD keine Lösung. Sie setzt stattdessen nur auf üblen Rassismus, der die Gesellschaft vergiftet und spaltet.«

»Gibt es denn neben dem Islam noch ein Thema, mit dem es die AfD schaffen könnte, in der Gunst bestimmter Wähler zu punkten, weil die anderen damit konsequent falsch umgehen?«

»Das klingt, als hätten Sie die Antwort schon parat.« Sie lächelt.

»Ich habe eine starke Vermutung, aber ich muss Sie warnen – Empörialismus-Gefahr.«

»Keine Sorge, wir sind ja hier nicht im Plenum – dort ist Show. Also?«

»Gehen wir mal davon aus, dass der Klimawandel tatsächlich eine große Herausforderung für uns darstellt«, formuliere ich vorsichtig, »aber vielleicht nicht die Apokalypse, von der die Grünen reden.«

»Klimapolitik und soziale Politik müssen zusammengehen, und das machen die Grünen eben nicht«, unterbricht sie mich. »Sicherlich ist es gut, auf Flugreisen und Einweg-Kaffeebecher zu verzichten. Und ich finde es toll, dass so viele junge Menschen bei Fridays for Future auf die Straße gehen. Aber eine CO_2-Steuer, die diejenigen am meisten belastet, die ohnehin am unteren Ende der Gesellschaft sind, während Unternehmen und Reiche das Klima weiterhin überproportional schädigen, ist alles andere als gerecht. Es kann nicht darum gehen, teure E-Autos herzustellen, damit die Elite ein gutes Gewissen hat. Wir brauchen neue Konzepte und eine größere Umverteilung, denn auch Umweltschutz muss man sich leisten können.

Für mich sind die Grünen leider verlogen.«

»Das sind harte Worte.«

»Die tun nach außen auf links und sozialverträglich, machen aber seit jeher Klientelpolitik für die grüne Elite. Da ist mir die FDP noch lieber. Bei denen weiß man wenigstens, woran man ist.«

»Und was ist mit dem Klimawandel?«

»Ich bin keine Klimaexpertin«, antwortet sie abwägend, »aber es ist klar, dass wir vor einer riesigen Herausforderung stehen. Zumal die Folgen ja wohl vor allem die Menschen in den armen Ländern treffen werden. Aber es stimmt natürlich: Die Apokalypse an die Wand zu malen hilft niemandem …«

»… außer vielleicht der AfD, die weltuntergangsgenervte Wählerinnen und Wähler mit ihrer kompletten Klimaleugnung abholen könnten«, ergänze ich. »Und ich befürchte, die Linken werden nicht diejenigen sein, die das heiße Eisen aus dem Feuer der AfD holen können?« Während ich das sage, zieht Frau Wagenknecht nur beide Augenbrauen hoch.

»Klingt jedenfalls nach einem spannenden Buch, Herr Möller!« Sie nimmt einen letzten Schluck Tee. »Und der Titel? Konnten Sie den einlösen?«

»Möglich.« Ich schmunzele. »Sagen wir's mal so: Die Chancen, dass mein nächstes Buch *Isch bin Bundestag* heißen wird, stehen recht gut.«

»Na dann? Glückwunsch!« Mit der Haltungsnote einer Ballerina steht sie auf und reicht mir die Hand. »Kommen Sie gern mal wieder auf einen Apfeltee vorbei.«

»Herzlich gern, danke.« Ich schlendere nach draußen, wobei mir noch etwas einfällt. »Schade übrigens.«

»Was denn?«

»Dass ausgerechnet Sie sich zurückziehen.«

Von ihrer Büroleiterin werde ich zum Ausgang begleitet.

»Sie sind bald öfter hier im Haus, wenn ich das richtig verstanden habe?«, fragt Sandy Stachel, als wir an der Doro101 ankommen. »Dann schauen Sie gern, wirklich gern mal wieder rein – ich bin schon gespannt aufs Buch!«

»Ich auch. Bis dahin, ciao!«

Mit diesem Wort verlasse ich den Bundestag, bis auf weiteres zumindest, und als ich den S-Bahnhof erreiche, wäre ich fast auf der falschen Seite eingestiegen – die Macht der Gewohnheit eben –, aber unsere neue Wohnung liegt genau in der anderen Richtung. Bald verlässt die Bahn den Tunnel, die dichte Häuserbesiedlung lockert sich auf. Einfamilienhäuser liegen neben der Bahntrasse, und kurz bevor ich meine neue und alte Heimat erreiche, schreibt Sarah mir.

Es gibt eine Überraschung, wenn du ankommst. Nicht übersehen!

Die Türen öffnen sich, doch auf dem Bahnsteig sieht alles ganz normal aus. Auch am Ausgang kann ich nichts entdecken, doch als ich den Bahnhof verlasse, sitzt Klara auf der Bank, auf der ich meine Greta-Erkenntnis hatte, und wartet auf mich.

»Papaaa!«, ruft sie, als sie mich sieht, und springt in meine Arme. »Warst du schon wieder in diesem Bundestag?«

»Ja.« Ich umarme sie. »Und in ein paar Wochen fange ich da richtig an zu arbeiten – komm, wir fahren nach Hause!«

Schnell schnallt Klara sich ihren Fahrradhelm wieder auf, ich schließe mein Fahrradschloss auf, und so radeln wir zusammen durch die Straßen zu unserem neuen Zuhause.

»Wie geht's denn Anton eigentlich?«

»Gut, der war den ganzen Tag im Trampolin«, lacht sie. »Und jetzt ist ihm schlecht und er liegt im Baumhaus.«

»Der muss es ja auch immer übertreiben! Und Mama?« Ich zwinkere Klara zu. »Sieht man schon was?«

»Ein bisschen«, sagt sie mit funkelnden Augen. »Aber sie sagt, wir müssen noch über zweihundertmal schlafen, bis das Baby kommt.«

»Ja, das dauert noch – freust du dich?«

»Und wie, Papa!« Sie jauchzt. »Können wir durch den Schulwald fahren?«

»Natürlich!« Wir biegen von der Straße auf einen Waldweg ab, von dem mein Blick auf den Schulhof fällt, der zwischen hohen Tannen liegt. »Gehst du gern zur neuen Schule, Süße?«

»Ich vermisse Vicki«, sagt sie, doch dann hellt sich ihre Miene auf. »Aber die Toiletten sind ganz neu, Papa, und nichts stinkt, und hier sind sogar die Jungs in meiner Klasse nett. Die Lehrerin muss gar nicht schimpfen, und ich hab auch schon drei neue Freundinnen und …« Sie jauchzt noch einmal vor Freude. »Weißt du, was hier einfach am schönsten ist, Papa?«

»Nein, Klara – sag's mir.«

Sie atmet tief durch die Nase ein. »Wie schön es hier nach Bäumen riecht!« Plötzlich bremst sie, stellt ihr Fahrrad ab, rennt zu mir und drückt mich, so doll sie kann. »Danke, Papa!«

»Gern, mein Schatz!« Ich drücke sie zurück. »Versprochen ist versprochen.«

Anmerkungen

1 Philipp Blom: Was auf dem Spiel steht. München: Hanser 2017
2 Isch geh Schulhof. Unerhörtes aus dem Alltag eines Grundschullehrers. Köln: Bastei Lübbe 2012
3 ebd. S. 196
4 https://www.infratest-dimap.de/umfragen-analysen/bundesweit/sonntagsfrage/
5 https://www.youtube.com/watch?v=XLJi_bCVmVY
6 Philipp Blom: Was auf dem Spiel steht. München: Hanser 2017
7 ebd. S. 16
8 ebd. S. 16
9 ebd. S. 219
10 https://www.youtube.com/watch?v=-VSpG-sCcv8, abgerufen am 14. Februar 2019
11 https://www.bundeswahlleiter.de/bundestagswahlen/2017/ergebnisse/bund-99.html, abgerufen am 16. Mai 2019
12 https://grenzen-der-toleranz.de/buch, abgerufen am 29. Mai 2019, S. 7
13 https://www.giordano-bruno-stiftung.de/beirat/moeller-philipp abgerufen am 20. Mai 2019
14 https://www.afd.de/wp-content/uploads/sites/111/2018/01/Programm_AfD_Druck_Online_190118.pdf, abgerufen am 28. Mai 2019
15 https://www.tagesspiegel.de/gesellschaft/medien/reaktion-auf-online-petition-markus-lanz-entschuldigt-sich bei-wagenknecht/9380952.html, abgerufen am 29. Mai 2019
16 https://weltanschauungsrecht.de/blinder-fleck-des-deutschen-rechtssystems, abgerufen am 29. Mai 2019
17 https://www.spiegel.de/spiegel/print/index-2018-32.html
18 https://www.infratest-dimap.de/umfragen-analysen/bundesweit/sonntagsfrage/ 15. April 2019

19	https://de.wikipedia.org/wiki/Mitgliederentwicklung_der_deutschen_Parteien#Sozialdemokratische_Partei_Deutschlands_(SPD), abgerufen am 29. Mai 2019
20	https://www.spiegel.de/politik/deutschland/bundestagswahl-die-ergebnisse-seit-1949-a-1169586.html, abgerufen am 29. Mai 2019
21	https://www.youtube.com/watch?v=cH2kcmiKzYk, abgerufen am 15. April 2019
22	https://orange.handelsblatt.com/artikel/34490, abgerufen am 15. April 2019
23	https://www.giordano-bruno-stiftung.de/buecher/manifest-des-evolutionaeren-humanismus, abgerufen am 29. Mai 2019, S. 7
24	https://dipbt.bundestag.de/dip21/btp/19/19048.pdf, abgerufen am 25. Mai 2019
25	https://www.youtube.com/watch?v=78spEzkbUAM, abgerufen am 25. Mai 2019
26	https://dipbt.bundestag.de/dip21/btp/19/19048.pdf, abgerufen am 25. Mai 2019
27	https://dipbt.bundestag.de/dip21/btp/19/19048.pdf, abgerufen am 25. Mai 2019
28	https://dipbt.bundestag.de/dip21/btp/19/19048.pdf
29	https://dipbt.bundestag.de/dip21/btp/19/19048.pdf
30	https://dipbt.bundestag.de/dip21/btp/19/19048.pdf
31	https://lukaskoehler.de/, abgerufen am 30. Mai 2019
32	https://dipbt.bundestag.de/dip21/btp/19/19048.pdf, abgerufen am 25. Mai 2019
33	https://www.unteilbar.org/uber-unteilbar/positionen/aufruf-13-102018/aufruf-13-10-2018-erstunterzeichnende/, abgerufen am 25. Mai 2019
34	https://www.unteilbar.org/uber-unteilbar/positionen/aufruf-13-102018/, abgerufen am 30. Mai 2019
35	https://www.youtube.com/watch?v=QCZQowyvkD0&t=17793s, abgerufen am 25. Mai 2019
36	https://www.youtube.com/watch?v=qvmwt8iJIB4, abgerufen am 29. Mai 2019
37	https://deutscherimkerbund.de/161-Imkerei_in_Deutschland_Zahlen_Daten_Fakten 16. April 2019

38	https://www.handelsblatt.com/unternehmen/energie/energiepolitik-deutschland-treibt-den-ausstieg-voran-doch-weltweit-boomt-die-kohle/23141178.html abgerufen am 29. Mai 2019
39	https://www.iwd.de/artikel/klimapolitik-die-CO_2-welt-366033/ abgerufen am 29. Mai 2019
40	dipbt.bundestag.de/dip21/btd/19/076/1907684.pdf abgerufen am 29. Mai 2019
41	https://www.bundestag.de/umwelt abgerufen am 29. Mai 2019
42	https://www.bundestag.de/resource/blob/586874/e98cbcde84fcff142a6c523e4fdd6e37/to_026Sitzung_16-01-19-data.pdf
43	dipbt.bundestag.de/dip21/btd/19/025/1902512.pdf abgerufen am 29. Mai 2019
44	http://www.taz.de/!5543744/abgerufen am 25. Mai 2019
45	https://www.greenpeace.de/themen/energiewende/tschernobyl abgerufen am 29. Mai 2019
46	dipbt.bundestag.de/dip21/btd/19/031/1903142.pdf abgerufen am 29. Mai 2019
47	https://dip21.bundestag.de/dip21/btd/19/002/1900216.pdf abgerufen am 29. Mai 2019
48	http://dip21.bundestag.de/dip21/btd/19/002/1900226.pdf abgerufen am 29. Mai 2019
49	http://dip21.bundestag.de/dip21/btd/19/002/1900230.pdf abgerufen am 29. Mai 2019
50	https://www.bundestag.de/resource/blob/589438/68eba3fe6ca538af2b746448a681bbc3/to_21-data.pdf abgerufen am 29. Mai 2019
51	https://www.bundesregierung.de/breg-de/service/steffen-seibert-377052 abgerufen am 29. Mai 2019
52	https://www.un.org/ga/search/view_doc.asp?symbol=A/RES/70/1&Lang=E, abgerufen am 1. Juni 2019
53	https://www.bmz.de/de/ministerium/ziele/2030_agenda/index.html abgerufen am 29. Mai 2019
54	http://dip21.bundestag.de/dip21/btp/19/19074.pdf abgerufen am 29. Mai 2019
55	ebd.
56	ebd.
57	http://www.johanneshuber.bayern/index.php/johanneshuber, abgerufen am 29. Mai 2019

58 http://www.johanneshuber.bayern/index.php/johanneshuber/team-berlin, abgerufen am 29. Mai 2019
59 https://www.youtube.com/watch?v=zrF1THd4bUM&vl=de, abgerufen am 22. April 2019
60 Weil die Untertitel im genannten Video von einer Spracherkennungssoftware stammen (https://support.google.com/youtube/answer/6373554?hl=en), habe ich sie per deepl.com übersetzt und dann die gröbsten sprachlichen Fehler eigenhändig geglättet.
61 https://www.bundestag.de/resource/blob/592988/89262c66ad25c2a8a0a9728bd60a55ff/Protokoll-19-028-data.pdf
62 https://weltanschauungsrecht.de/meldung/strafverfahren-219a-kristina-haenel, abgerufen am 29. Mai 2019
63 https://www.gesetze-im-internet.de/stgb/__219a.html, abgerufen am 12. Juni 2019
64 https://www.bundestag.de/resource/blob/633164/a32706d3fefcc1643a694330dfcc3f37/wortprotokoll-data.pdf, abgerufen am 21. Mai 2019
65 https://www.openpetition.de/petition/online/operation-todesstern-eine-raumstation-fuer-deutschland, abgerufen am 29. Mai 2019
66 http://forms.gapminder.org/s3/test-2018
67 https://de.wikipedia.org/wiki/Hans_Rosling, abgerufen am 29. Mai 2019
68 https://de.wikipedia.org/wiki/Hans_Rosling, abgerufen am 29. Mai 2019
69 Hans Rosling: Factfulness. Ullstein, Berlin: 2018, S. 20
70 ebd. S. 24
71 ebd. S. 27
72 ebd. S. 28
73 https://ourworldindata.org/grapher/child-mortality?tab=chart&time=1836..2016&country=DEU, abgerufen am 12. Juni 2019
74 https://www.deinefreunde.info, abgerufen am 13. Juni 2019
75 https://www.youtube.com/watch?v=FACK2knC08E, abgerufen am 13. Juni 2019
76 https://shop.zitty.de/zitty-magazine/503-ausgabe-37.html, abgerufen am 29. Mai 2019
77 Hans Rosling: Factfulness. Ullstein, Berlin: 2018, S. 17

78 https://de.wikipedia.org/wiki/Klimageschichte#Das_aktuelle_Eiszeitalter, abgerufen am 27. Mai 2019
79 https://www.spiegel.de/plus/klimawandel-galgenfrist-verlaengert-a-00000000-0002-0001-0000-000159786817, abgerufen am 12. Juni 2019
80 https://en.wikipedia.org/wiki/Phrases_from_The_Hitchhiker%27s_Guide_to_the_Galaxy#Don't_Panic, abgerufen am 12. Juni 2019
81 https://www.infratest-dimap.de/umfragen-analysen/bundesweit/sonntagsfrage/, abgerufen am 12. Juni 2019
82 Steven Pinker: Aufklärung jetzt! Fischer, Frankfurt am Main: 2018
83 ebd., S. 49
84 ebd., S. 160
85 https://www.facebook.com/derfreitag/photos/a.401082522921/10157358920152922/?type=3&theater, abgerufen am 22. Mai 2019
86 https://www.forbes.com/sites/michaelshellenberger/2018/05/23/if-solar-panels-are-so-clean-why-do-they-produceso-much-toxic-waste/#2fd00cf8121c, abgerufen am 12. Juni 2019
87 https://www.gruene-bundestag.de/abgeordnete/dieter-janecek.html, abgerufen am 22. Mai 2019
88 https://www.merkur.de/politik/gruene-vielflieger-sollen-deutlich-mehr-zahlen-zr-11834447.html, abgerufen am 21. Mai 2019
89 https://www.merkur.de/politik/janecek-will-flugverkehr-reduzieren-11835782.html, (abgerufen am 21.05.2019)
90 https://www.zeit.de/2018/33/flugverkehr-fliegen-flughafen-chaos-billigflieger-vielflieger, abgerufen am 21. Mai 2019
91 https://www.bdl.aero/de/publikation/klimaschutzreport/, abgerufen am 29. Mai 2019
92 https://wiki.bildungsserver.de/klimawandel/index.php/Auswirkungen_des_Luftverkehrs#Bewertung, abgerufen am 29. Mai 2019
93 https://www.gruene-bundestag.de/atomausstieg/atomausstieg-weltweit-utopisch-oder-logisch/atomausstieg-weltweit-utopisch-oder-logisch.html, abgerufen am 22. Mai 2019
94 https://physikunterricht-online.de/jahrgang-12/kernspaltung/, abgerufen am 22. Mai 2019
95 https://de.wikipedia.org/wiki/Sicherheit_der_Kernenergier#Ver-

gleich_mit_der_Sicherheit_anderer_Energiequellen, abgerufen am 29. Mai 2019
96 https://www.ausgestrahlt.de/mitmachen/atomausstieg-jetzt/, abgerufen am 25. Mai 2019
97 https://www.gruene-bundestag.de/atomausstieg.html, abgerufen am 22. Mai 2019
98 https://www.blick.ch/life/wissen/weltraum/heute-erscheint-stephen-hawkings-76-letztes-buch-handelt-jetzt-id8969935.html, abgerufen am 29. Mai 2019
99 https://www.youtube.com/watch?v=cBpOM1LtTVU, abgerufen am 29. Mai 2019
100 http://www.taz.de/!5166699/, abgerufen am 29. Mai 2019
101 https://www.oekom.de/nc/buecher/vorschau/buch/intelligente-verschwendung.html, abgerufen am 29. Mai 2019
102 https://www.spiegel.de/plus/klimawandel-galgenfrist-verlaengert-a-00000000-0002-0001-0000000159786817, abgerufen am 12. Juni 2019
103 https://www.spiegel.de/plus/klima-und-erderwaermung-wir-sind-immer-noch-da-a-00000000-0002-00010000-000163279518, abgerufen am 12. Juni 2019
104 Naomi Klein: This Changes Everything: Capitalism vs. the Climate. New York, NY: Simon and Schuster 2018
105 Steven Pinker: Aufklärung jetzt! Fischer, Frankfurt am Main: 2018, S. 181
106 https://de.statista.com/statistik/daten/studie/167877/umfrage/coemissionen-nach-laendern-je-einwohner/, abgerufen am 17. Mai 2019
107 https://de.statista.com/statistik/daten/studie/179260/umfrage/die-zehn-groessten-CO_2-emittenten-weltweit/, abgerufen am 17. Mai 2019
108 Steven Pinker: Aufklärung jetzt! Fischer, Frankfurt am Main: 2018, S. 176
109 https://www.welt.de/vermischtes/article191016777/Maybrit-Illner-Stefan-Aust-Eckart-von-Hirschhausen-und-Paul-Ziemiak-diskutieren-Klimaschutz.html, abgerufen am 29. Mai 2019

Philipp Möller
Gottlos glücklich
Warum wir ohne Religion besser dran wären

»*Bei Philipp Möller wäre selbst Jesus zum Atheisten geworden.*« Vince Ebert, Physiker und Kabarettist

Auch wenn es uns nicht auffällt, unser Alltag ist durchdrungen von Religion. Vom Kirchengeläut bis zum Kopftuch der Kindergärtnerin, das Religiöse behelligt auch die, die nicht an Gott glauben. Philipp Möller, überzeugter Atheist, steht als Berliner Familienvater mitten im Leben. Er zeigt uns streitlustig, unverkrampft und anhand vieler Fakten, wie es geht: Sich von den Zumutungen des Religiösen nicht einschüchtern zu lassen – und gleichzeitig die Menschen gelten zu lassen, ob sie nun an einen Gott glauben oder nicht.

307 Seiten, Klappenbroschur

Weitere Informationen finden Sie auf
www.fischerverlage.de

AZ 596-29880/1